RESEARCH ON THE THEORY AND
IMPLEMENTATION OF ECOLOGICAL
PROTECTION OF ARCHIVES INFORMATION

档案信息生态性保护理论与实现研究

麻新纯　徐辛酉　归吉官　著

北京理工大学出版社
BEIJING INSTITUTE OF TECHNOLOGY PRESS

版权专有 侵权必究

图书在版编目（CIP）数据

档案信息生态性保护理论与实现研究/麻新纯，徐辛酉，归吉官著. --北京：北京理工大学出版社，2021.12

ISBN 978-7-5763-0804-4

Ⅰ.①档… Ⅱ.①麻… ②徐… ③归… Ⅲ.①档案保护-研究 Ⅳ.①G273.3

中国版本图书馆 CIP 数据核字（2021）第 279839 号

出版发行 / 北京理工大学出版社有限责任公司
社　　址 / 北京市海淀区中关村南大街 5 号
邮　　编 / 100081
电　　话 / （010）68914775（总编室）
　　　　　（010）82562903（教材售后服务热线）
　　　　　（010）68944723（其他图书服务热线）
网　　址 / http://www.bitpress.com.cn
经　　销 / 全国各地新华书店
印　　刷 / 三河市华骏印务包装有限公司
开　　本 / 710 毫米×1000 毫米　1/16
印　　张 / 16.25　　　　　　　　　　　责任编辑 / 徐艳君
字　　数 / 257 千字　　　　　　　　　　文案编辑 / 徐艳君
版　　次 / 2021 年 12 月第 1 版　2021 年 12 月第 1 次印刷　责任校对 / 周瑞红
定　　价 / 86.00 元　　　　　　　　　　责任印制 / 李志强

图书出现印装质量问题，请拨打售后服务热线，本社负责调换

前　言

　　档案信息生态性保护是把生态学、系统论与档案保护知识相结合，在遵循生态保护基本规律的前提下，协调档案信息保护的主体、保护的对象和保护的环境之间的关系，合理使用自然和社会两种资源，构建一种绿色、平衡、有序的保护系统。最终目标是维护档案的载体安全和档案信息内容安全，以达到最大限度延长档案寿命，并保证档案信息内容的长期可读性、可用性与安全性。

　　本书研究档案信息生态性保护理论与实践，总体分为两大模块：一是理论研究，二是实践研究。两者之间前者指导后者，后者实现了从前者的理论到实践的转化，并在本书最后部分通过广西壮族自治区档案馆的实证，进一步验证和修正了上述研究思路。

　　具体而言，本书研究了如下内容：

　　一是现状梳理。对国内外有关档案信息生态性保护的研究现状进行了梳理与对比，发现目前缺乏系统性的、有针对性的理论指导，同时档案信息生态性保护的实践尚处于起步阶段，急需进一步改进。我们认为应避免传统档案信息保护存在的片面追求保护结果而损害生态环境、强调局部保护而忽视整体保护的问题。呼吁应当从保护的有机整体观、全面发展观、生态伦理观和生态科技观出发，全面研究档案信息生态性保护的理论与实践。

　　二是理论研究。我们深入追溯并分析了生态文明建设理论、生态性管理思想、信息生态保护理论、档案生态性保护理论。在理论分析基础上，提出了系统性保护、可持续性保护、预防性保护、主动性保护、无公害性保护和可循环性保护等具体保护理念。在上述研究基础上，我们提出应当坚持档案信息本体生态性保护、自然环境生态性保护和社会环境生态性保护"三位一体"的全面保护理念。

　　三是实践研究。我们基于对档案信息生态性保护的概念界定，具体设计了基于档案信息内容及其载体耐久性的生态性保护模式、基于保护人的生态性保护模式和生态性的组织实施等技术路线；强调在具体的档案信息生态性保护过程中，需要把微观的社会管理与宏观的社会治理结合起来，做到预防、治理与修复的全面防护；并详细展示了迄今为止在实践中得到了检验的各类有效保护技术，包括档案载体生态性保护技术、数字档案信息生态性保护技术和自然环境生态性保护技术；最后从控制论的视角，分析了档案信息生态性保护中可能出现的风险点，并根据风险点，从保护控制的主体、保护控制的具体内容和保护控制的目标等三个维度设计档案信息生态性保护的立体框架体系，并设计了详细的风险评估指标，包括物理安全风险指标、管理安全风险指标、信息实存状态风险指标和系统安全风险指标等。

四是实证研究。我们以广西壮族自治区档案馆为例，重点剖析其在数字档案馆的建设试点过程中，对档案信息生态性保护的具体做法，探讨了其中的经验、教训和影响。

目 录

第1章 绪论 ... 1
1.1 研究背景 ... 1
1.2 研究现状 ... 2
1.2.1 国外研究状况 ... 2
1.2.2 国内研究状况 ... 3
1.2.3 国内外研究状况评述 ... 4
1.3 研究内容 ... 4
1.3.1 研究对象 ... 4
1.3.2 总体框架 ... 5
1.4 研究方法 ... 6
1.5 创新之处 ... 7

第2章 档案信息生态性保护的提出 ... 8
2.1 档案信息生态性保护的界定 ... 8
2.1.1 信息生态 ... 8
2.1.2 档案保护 ... 9
2.1.3 信息生态性保护理念与档案信息保护新命题 ... 11
2.2 档案信息生态性保护的范围 ... 13
2.2.1 档案信息本体生态性保护 ... 13
2.2.2 自然环境生态性保护 ... 13
2.2.3 社会环境生态性保护 ... 14
2.3 档案信息生态性保护的条件 ... 14
2.3.1 坚持生态文明建设 ... 15
2.3.2 实现多元共治 ... 17

2.3.3 加强预防性保护 …… 18
2.3.4 构建可持续发展生态圈 …… 20
2.4 档案信息生态性保护的规律 …… 21
2.4.1 可持续发展规律 …… 21
2.4.2 延展性规律 …… 22
2.4.3 协同性规律 …… 23
2.4.4 综合性规律 …… 24
2.4.5 平衡性规律 …… 25

第3章 档案信息生态性保护的价值维度 …… 27

3.1 生态性保护的价值态 …… 27
3.1.1 系统性保护价值 …… 27
3.1.2 能动性保护价值 …… 31
3.1.3 可持续性保护价值 …… 35
3.1.4 无公害性保护价值 …… 39
3.1.5 可循环性保护价值 …… 42
3.2 生态性保护的价值律 …… 46
3.2.1 保护的结构优化律 …… 46
3.2.2 保护的素质优化律 …… 49
3.2.3 保护的功能释放律 …… 51

第4章 档案信息生态性保护的理论维度 …… 55

4.1 生态文明建设理论 …… 55
4.1.1 马克思主义生态文明思想 …… 56
4.1.2 社会主义生态文明建设思想 …… 59
4.1.3 生态保护思想 …… 64
4.2 生态性管理思想 …… 67
4.2.1 生态管理观脉络 …… 67
4.2.2 行政生态管理思想 …… 70
4.3 信息生态保护理论 …… 74
4.3.1 信息生态学理论 …… 74
4.3.2 信息生态系统保护理论 …… 78
4.4 档案生态性保护理论 …… 83

  4.4.1 "以防为主，防治结合"的保护原则 …………………… 84
  4.4.2 档案制成材料生态性保护思想 …………………………… 86
  4.4.3 生态性档案库房建筑思想 ………………………………… 91
  4.4.4 档案自然与社会环境生态性保护思想 …………………… 93

第5章 档案信息生态性保护的系统维度 …………………………… 97

5.1 生态性保护系统构建原则 ………………………………………… 97
  5.1.1 系统生态性与功能生态性相结合 ………………………… 97
  5.1.2 资源生态性与开发生态性相结合 ………………………… 99
  5.1.3 行政生态性与市场生态性相结合 ………………………… 100
  5.1.4 科技生态性与管理生态性相结合 ………………………… 101
  5.1.5 预防生态性与修复生态性相结合 ………………………… 102

5.2 生态性保护系统构成 ……………………………………………… 103
  5.2.1 系统总体架构 ……………………………………………… 104
  5.2.2 系统组成要素 ……………………………………………… 105
  5.2.3 系统要素之间相互关系 …………………………………… 113

5.3 生态性保护系统功能 ……………………………………………… 120
  5.3.1 档案保护功能 ……………………………………………… 120
  5.3.2 信息安全功能 ……………………………………………… 122
  5.3.3 知识管理功能 ……………………………………………… 123
  5.3.4 生态治理功能 ……………………………………………… 125
  5.3.5 社会控制功能 ……………………………………………… 126
  5.3.6 文化生态保护功能 ………………………………………… 128

第6章 档案信息生态性保护的管理维度 …………………………… 130

6.1 基于耐久性的生态性保护模式 …………………………………… 130
  6.1.1 预防生态性保护模式 ……………………………………… 130
  6.1.2 治理生态性保护模式 ……………………………………… 134
  6.1.3 修复生态性保护模式 ……………………………………… 140

6.2 基于保护人的生态性保护模式 …………………………………… 145
  6.2.1 政府组织生态性保护模式 ………………………………… 145
  6.2.2 民间组织生态性保护模式 ………………………………… 147
  6.2.3 企事业单位生态性保护模式 ……………………………… 150

　　　　6.2.4　公民个人生态性保护模式 …………………………… 152
　　6.3　生态性保护的组织实施 …………………………………… 153
　　　　6.3.1　统一领导，分级管理 …………………………………… 153
　　　　6.3.2　公共服务，依法保护 …………………………………… 155
　　　　6.3.3　建设队伍，创新科技 …………………………………… 158
　　　　6.3.4　资源共享，协同保护 …………………………………… 160
　　6.4　生态性保护的微观社会管理 ……………………………… 162
　　　　6.4.1　生态性保护的组织结构 ………………………………… 162
　　　　6.4.2　生态性保护的组织制度 ………………………………… 163
　　　　6.4.3　生态性保护的组织文化 ………………………………… 164
　　　　6.4.4　生态性保护的组织管理 ………………………………… 165
　　6.5　生态性保护的宏观社会治理 ……………………………… 166
　　　　6.5.1　生态性保护的经济环境 ………………………………… 166
　　　　6.5.2　生态性保护的人文环境 ………………………………… 167
　　　　6.5.3　生态性保护的法规环境 ………………………………… 168
　　　　6.5.4　生态性保护的科技环境 ………………………………… 170

第7章　档案信息生态性保护的技术维度 …………………………… 172
　　7.1　载体生态性保护技术 ……………………………………… 172
　　　　7.1.1　载体生态性保护技术使用的总体要求 ………………… 172
　　　　7.1.2　载体保护技术生态性分析 ……………………………… 173
　　7.2　数字档案信息生态性保护 ………………………………… 186
　　　　7.2.1　数字档案信息生态性保护原则 ………………………… 186
　　　　7.2.2　数字档案信息生态性保护技术 ………………………… 187
　　7.3　自然环境生态性保护技术 ………………………………… 189
　　　　7.3.1　库内自然环境生态性保护 ……………………………… 190
　　　　7.3.2　库外自然环境生态性保护 ……………………………… 198

第8章　档案信息生态性保护的控制维度 …………………………… 203
　　8.1　档案信息生态性保护中的"风险点" ……………………… 203
　　　　8.1.1　档案实体安全隐患 ……………………………………… 203
　　　　8.1.2　档案信息内容安全问题 ………………………………… 204
　　　　8.1.3　档案信息网络安全隐患 ………………………………… 206

8.1.4 档案信息管理风险 ·············· 208
　　　8.1.5 档案信息生态环境风险 ············ 212
　8.2 档案信息生态性保护的控制原则 ············ 220
　　　8.2.1 档案信息生态性保护的完整性控制原则 ····· 220
　　　8.2.2 档案信息生态性保护的准确性控制原则 ····· 221
　　　8.2.3 档案信息生态性保护的真实性控制原则 ····· 221
　8.3 档案信息生态性保护的控制方法 ············ 222
　　　8.3.1 明确档案信息生态性保护的控制主体 ······ 223
　　　8.3.2 明确档案信息生态性保护的控制内容 ······ 224
　　　8.3.3 明确档案信息生态性保护的控制目标 ······ 225
　8.4 档案信息生态性保护的风险控制评估 ·········· 225
　　　8.4.1 物理安全风险控制评估 ············ 225
　　　8.4.2 管理安全风险控制评估 ············ 227
　　　8.4.3 网络安全风险控制评估 ············ 228
　　　8.4.4 信息实存状态风险控制评估 ·········· 229
　　　8.4.5 系统安全风险控制评估 ············ 231

第9章 广西壮族自治区档案馆实证研究 ············ 233

　9.1 广西档案馆档案信息生态性保护现状 ·········· 233
　　　9.1.1 广西档案馆档案信息生态性保护的具体措施 ··· 233
　　　9.1.2 广西档案馆档案信息生态性保护的综合效益 ··· 235
　9.2 广西档案馆档案信息生态性保护障碍 ·········· 236
　　　9.2.1 技术风险难以规避 ·············· 236
　　　9.2.2 管理风险存在不确定性 ············ 236
　　　9.2.3 组织风险传导压力 ·············· 237
　9.3 广西档案馆开展档案信息生态性保护的策略分析 ···· 237
　　　9.3.1 广西档案馆档案信息生态性保护的整体指导思路 · 237
　　　9.3.2 广西档案馆档案信息生态性保护中的风险应对举措 · 238

参考文献 ··························· 240

后记 ····························· 246

第 1 章 绪 论

我们正处在信息时代,档案信息生态系统的重要性也日趋凸显。如果档案信息生态系统严重失衡,就会阻碍一个国家或地区的档案事业发展,同时对社会的档案信息需求与社会运行造成巨大的负面影响。因此,加强档案信息生态性保护,维持档案信息生态系统的平衡,就具有非常重要的现实意义。

1.1 研究背景

随着现代档案信息保护理念和技术的广泛应用,档案信息保护需求日益多元化,档案信息生态性保护应运而生。知识经济时代,生态性保护理论对保持档案信息生态系统平衡,实现档案信息资源的长期保存和永续利用具有重要的指导作用。档案信息保护的根本宗旨是维护档案的实体安全和信息安全,最大限度延长档案实体寿命,保证档案信息内容的长期可读性、可用性与安全性,最终实现档案信息的价值。虽然传统的档案信息保护已经积累了很多经验和研究成果,但是档案信息保护的复杂性、系统性,尤其是数字档案信息的脆弱性、非直观性,给档案信息保护带来了包括理念创新、技术更新、资源配置等诸多挑战。档案信息生态性保护强调各种保护要素、保护资源以及生态环境的和谐共生,注重对信息生态系统平衡的维系,对于解决档案信息保护过程中所面临的挑战与威胁、推动档案信息保护的高效管理、促进档案信息保护的可持续发展具有重要指导意义。这主要体现在两个方面:

一是具有重要理论价值。生态性保护是把生态学、系统论与保护学结合起来,遵循生态保护规律,协调保护主体、保护对象和保护环境之间的关系,合理使用自然和社会两种资源,构建一种绿色、平衡、有序的保护系统,既要实现对保护对象的高效保护,又要营造一个自然、和谐、健康、舒适的生态环境,促进档案信息保护的可持续发展,以适应生态文明对档案保护的新要求，最大限度地保护档案并实现其文化价值的理论与技术。因此，在这个意义上，档案信息生态性保护的研究成果将为档案信息保护提供新的理论视角和实践空间，形成一个全新的档案信息安全保护理论体系。

二是具有重要实践意义。档案信息生态性保护的研究在分析档案信息生态环境的基础上，建构档案信息生态性保护系统，制定保护系统立体推进策略和实现方法。其研究成果将为档案信息保护提供理论指导，特别是它所强调的档案信息安全保护的协调性、系统性、公平性、持续性、绿色性和循环性，将为档案信息保护提供新的评价指标体系。

1.2 研究现状

1.2.1 国外研究状况

通过数据库 Proquest、Web of Science 等，选取使用频率最高的"保护"一词的英文"protection""conservation"和"preservation"为题名检索词进行检索，共检索到 3 篇题名与本书研究主题有关的文献；但若以本书研究主题及其相关知识体系为参照标准进行检索，则没有内容与本书研究主题有关的文献，如表 1-1 所示。

表 1-1 国外文献调查结果

检索词	题名与本书研究主题有关的文献数量	内容与本书研究主题有关的文献数量
file+ecological+protection	0	0
file+ecological+conservation	0	0
file+ecological+preservation	0	0
archives+ecological+protection	0	0
archives+ecological+conservation	1	0
archives+ecological+preservation	0	0
record+ecological+protection	2	0
record+ecological+conservation	0	0
record+ecological+preservation	0	0

1.2.2 国内研究状况

通过中文数据库（CNKI）、中国学术文献总库、维普中文期刊全文数据库等，以"档案+生态+保护"和"信息+生态+保护"为题名检索词进行检索，再以本书研究主题及其相关知识体系为参照标准进行检索，对检索到的题名和内容分别与本书研究主题有关的文献进行研究性阅读，结果如下表1-2所示。

表1-2 国内文献调查结果

检索词	题名与本书研究主题有关的文献数量	内容与本书研究主题有关的文献数量
档案+生态+保护	20	4
信息+生态+保护	44	7

在内容与本书研究主题有关的全部11篇文献中，有7篇以"信息生态保护"为主题，其主要观点认为：其一，信息生态保护可以保障信息传递及时、准确、安全，促进档案信息共享，维护公民档案信息权利[1]；其二，档案信息生态保护存在信息生产监管不力、信息传递缓慢、信息加工处理不善、信息产销脱节等问题[2]；其三，信息生态保护应采取相应的策略，如加强监控、提高传递速度、做好处理工作、促进供需平衡等[3][4]。此外，还有少数研究论文以"文化生态环境下"的"档案保护"为主题，其主要观点认为：一是加强基于民族文化生态环境变迁的少数民族历史档案政策保护的力度，构建有效的保护政策体系[5][6]；二是加强文化生态保护视域下的民俗档案工作，建立和完善民俗档案工作业务体系[7]。

---

[1] 张东华，等.基于信息生态系统的档案信息资源共建共享[J].档案，2011（1）：7-9.
[2] 张东华，等.数字档案馆信息生态平衡及其策略研究[J].湖北档案，2010（8）：12-14.
[3] 王运廷.对档案信息传播中信息生态保护问题的思考[J].兰台内外，2017（1）：53.
[4] 孟瑞芳.信息生态视角下档案保护生态系统的变迁及维护研究[D].沈阳：辽宁大学，2019.
[5] 华林，等.基于民族文化生态环境变迁的云南少数民族历史档案政策保护研究[J].楚雄师范学院学报，2014，19（4）：51-55.
[6] 郭胜溶，等.民族文化生态变迁视角下少数民族口述档案保护研究[J].档案与建设，2019（9）：31-34.
[7] 李琳.文化生态保护视域下的民俗档案工作[J].前沿，2013（13）：199-200.

1.2.3 国内外研究状况评述

通过对国内外相关文献的调查与分析，笔者认为，目前，无论是信息生态保护研究，还是文化生态环境下的档案保护研究，抑或是整个档案保护理论与技术研究，都存在以下主要问题：

一是缺乏系统性的档案信息生态性保护理论。虽然在若干篇论文中引入了"信息生态保护"和"文化生态环境"的概念，但远未形成载体生态性保护理论、信息生态性保护理论、库房环境生态性保护理论、社会环境生态性保护理论等理论。

二是保护技术体系的非生态性。表现在档案信息生态性保护的实现上，就是档案保护技术设计、保护技术材料、保护技术流程、保护技术产品的非生态性，导致保护成本高、能耗大、污染强。

三是长期忽视信息人安全和信息权利安全的保护，可能导致信息人异化为信息破坏者。

当然，在某些学科领域，如信息学、非物质文化遗产等，成功运用了生态学理论和方法，并取得了一些理论成果，如信息生态学理论、生态博物馆理论等。这些成果对档案信息生态性保护研究具有一定的借鉴意义。

1.3 研究内容

本书所研究的档案信息生态性保护，既包括档案实体保护，也包括档案信息内容保护，还包括档案信息所处自然生态和社会生态等环境保护。总体而言，研究内容涉及本体生态性保护、自然环境生态性保护和社会环境生态性保护三个子系统。具体来说，本书研究内容主要包括现状研究、理论研究、系统研究、方法研究等研究对象，其总体研究框架包括理论依据、现状分析、理论体系、保护系统、保护模式与实现、案例分析等内容。

1.3.1 研究对象

一是现状研究：分析国内外档案信息的保护现状，包括社会环境状况、自然环境状况、载体保护现状、信息保护现状以及现实保护中存在的主要问题和原因，为推进下一步研究奠定基础。

二是理论研究：探讨档案信息生态性保护的理论体系，包括生态保护学理论、深层生态保护学理论、档案载体生态性保护理论、档案信息生态性保护理论、档案库房环境生态性保护理论、档案社会环境生态性保护理论，以及各理论对档案信息生态性保护的价值律。

三是系统研究：构建生态性保护系统，形成良性保护运行机制，包括生态性保护体系构建的原则，生态性保护体系的总体架构，生态性保护各个子系统的构建，具体研究载体与记录材料、数字化信息、库内自然环境、库外自然环境、微观社会环境、宏观社会环境等要素的生态性保护，研究生态性保护系统的主要功能。

四是方法研究：探索生态性保护的模式和实现方法，包括档案信息生态性保护的模式、生态性保护模式的选择、生态性保护的具体实现方法，以及建立生态性保护评价指标体系等方面。

五是实证研究：以某省档案馆为试点，以档案信息生态性保护的实现为目标，开展实证研究，验证档案生态性保护理论与实现方法的实施效果。

1.3.2 总体框架

本书将主要围绕下面六个部分展开研究工作：

第一部分：档案信息生态性保护概述。包括研究背景、概念界定、研究现状、研究意义、研究内容、研究思路和方法等。

第二部分：档案信息生态性保护的现实状态。分析现有档案信息保护的理论、模式和技术现状，厘清存在的问题及其原因，总结档案信息保护的总体特征、时代要求和发展规律。

第三部分：建立档案信息生态性保护理论体系。以生态学理论、档案学理论、信息学理论、保护学理论以及系统论为基础，发掘档案载体生态性保护理论、档案信息生态性保护理论、档案库房环境生态性保护理论、档案社会环境生态性保护理论等，探索这些理论的价值实现规律。

第四部分：构建档案信息生态性保护系统。生态性保护系统主要有载体生态性保护、信息生态性保护、自然环境生态性保护和社会环境生态性保护四个子系统，每个子系统有若干个小系统，每个小系统又包含若干个要素，如图1-1所示。

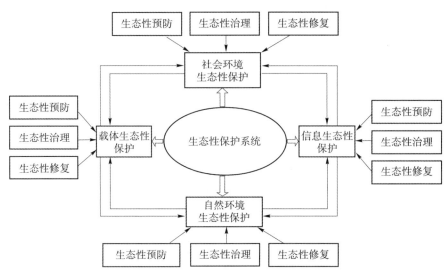

图 1-1 生态性保护系统总体架构图

第五部分：探索生态性保护的模式和实现方法。研究每个子系统的各个要素的保护模式，主要有生态性预防、生态性治理和生态性修复等，探讨每种模式的具体实现方法，并建立相应的生态性保护评价指标体系。

第六部分：以某档案馆为试点进行实证研究。以此来验证档案信息生态性保护理论体系和技术方法的有效性，找到存在的问题，探寻完善的方案，探讨在其他省市区推广档案信息生态性保护理论与实现方法的必要性与可能性。

1.4 研究方法

本书以档案信息生态性保护系统要素作为观测点，综合运用哲学、社会学、管理学、档案学、文献学、信息学、生态学、计算机科学、生物学、物理学、化学等学科的理论进行研究。具体研究方法主要包括：

其一，实地调查方法。对政府机关、企事业单位以及公共档案馆等机构进行实地调研，深入分析档案信息的保护现状、存在问题以及发展趋势，为后续理论和方法研究提供依据。

其二，文献研究方法。系统梳理档案保护研究的学术史，对档案保护研究进行文献回溯与分析，研究其主要成果和存在的主要空白点，汲取当前档案保护最新理念与方法，为本书研究奠定翔实的文献基础。

其三，比较研究方法。从理念、方法与技术等不同维度分析和研究档案信息生态性保护与传统保护的区别与联系，明确档案信息生态性保护研究的内容，以体现研究对象选取的科学性。

其四，系统研究方法。运用系统论方法研究档案信息的本体保护、自然生态环境、社会生态环境、生态性保护系统及其具体实现，分析体系各个要素之间的关系及其在生态系统中的影响机理。

其五，实证研究方法。将档案信息生态性保护的理论和方法，应用到具体建构某档案馆档案信息生态性保护系统中，实现理论与实践的有机结合。

1.5 创新之处

一是学术思想新：为适应生态文明对档案保护的新要求，以全新的理论视角，解决传统档案信息保护存在的片面追求保护结果而损害生态环境、强调局部保护而忽视整体保护带来的问题，强调档案信息保护的有机整体观、全面发展观、生态伦理观和生态科技观，具有保护的生态自觉性、整体协调性、科技高效性、公平和谐性等特征。这是一种具有可持续性的保护思想。

二是学术观点新：首次系统地提出了构建档案信息生态性保护系统，为档案信息保护提供了一个新的发展空间，具有系统创新的意义；首次提出以生态学为视角构建档案信息生态性保护理论体系，具有理论创新的意义；首次提出了档案信息生态性保护的模式和实现方法，具有方法创新的意义。

三是研究方法新：既有理论研究，又有实证研究，整个研究过程始终伴随着"提出问题→分析问题→解决问题"的求解过程和"理论→实践→理论→实践→理论"的螺旋上升过程。

第 2 章　档案信息生态性保护的提出

从世界范围的档案信息保护来看，无论是传统载体档案还是新型的数字档案，其保护理论与技术面临着越来越多的挑战。一方面，面对新理念、新方法、新技术，档案信息保护该如何借鉴、消化和吸收；另一方面，档案信息保护本身就是一个复杂多样又互联的动态系统，诸多问题亟待寻求新的破解之道。

2.1　档案信息生态性保护的界定

追溯档案信息生态性保护的源头，不难发现生态文明建设理论、生态性管理思想和信息生态保护理论与之具有千丝万缕的关系。

2.1.1　信息生态

信息生态源于生态学，是从生态学基本概念衍生出来的新概念，同时也是学科交叉融合的产物，是生态学研究成果运用于信息管理学科的结果。生态学主要研究生态系统，其研究重点是构成系统的各个组成要素及其相互关系和作用规律。由此，与信息生态相关的一些概念也一并被提出来，如信息生态学、信息生态系统等。

1989 年，德国学者拉斐尔·卡普罗在论文《信息生态学进展》中正式提出"信息生态"一词，并对该概念进行了定义[1]。1998 年，美国学者博尼·纳迪认为"信息生态（系统）是由某一环境下人、行为价值和技术共同构成的有机整体。"[2] 随着国外学者对信息生态研究的深入，其研究成果

---

[1] 葛岩,等. 信息生态视角下社会网络伦理规约模型构建研究 [J]. 图书情报工作, 2016, 60（14）: 56-66.

[2] BONNIE A, NARDI. Information Ecologies Reference& User Services Quarterly [M]. Chicago: Fall, 1998: 49-50.

被广泛运用于信息管理、文化产业、新闻传播等领域,并被世界各国所传播和接受。

在我国,20世纪90年代中国科学院张新时院士首次提出了信息生态概念,不过其研究对象是生态信息,关注的焦点是运用现代信息技术解决自然生态系统的信息处理和建模等问题[1]。也即当时研究侧重于生态的信息,而非信息的生态,主要用于解决自然生态系统的问题,而非解决社会生态系统的问题。不过,重视现代信息技术的运用以及发现自然生态系统的构成要素、运行机制与发展规律对后续的信息生态研究有很大的启发意义。进而,张福学认为,信息生态是由特定环境中的人、时间、价值和技术组成的系统[2]。靖继鹏认为,信息生态系统是由信息、人、信息环境组成的具有自我调节能力的人工系统[3]。娄策群等认为,信息生态学是运用生态学的理论与方法研究信息生态系统的构成、特征、运行机制和发展规律的学科[4]。

尽管我国学者对信息生态存在不尽相同的表述,但是对其本质的理解并没有太大差异。他们大多赞同信息生态是由信息、信息主体和信息环境等要素构成的一个有机整体,而且各构成要素之间具有一种相互作用、相互依赖、相辅相成的内在关系,是一个无法分割的整体。

综上所述,信息生态以信息生态系统的构建及应用为基础,核心思想是强调系统各构成要素之间保持均衡状态。其中,信息生态系统的构成要素主要包括信息本体、信息主体和信息环境。信息本体即信息本身,包括各种载体、形式的信息。信息主体既包括个人,也包括机关企事业单位以及各种组织。信息环境主要包括伦理、政策、法律以及技术等环境。

2.1.2 档案保护

1961年,冯乐耘主编的《档案保管技术学》的出版,标志着我国档案保护技术学学科的诞生。几十年来,随着档案保护所面临的内外部环境的变化,我国档案保护研究在对象、技术、管理方法、制度环境、指导思想等领域进行了广泛探索,并已取得重要进展。综观现有研究成果,可以从微观视角、宏观视角、技术视角和管理视角进一步阐释档案保护。

---

[1] 张新时. 信息生态学研究 [M]. 北京:科学出版社,1997:8-9.
[2] 张福学. 信息生态学的初步研究 [J]. 情报科学,2002(1):31-34.
[3] 靖继鹏. 信息生态理论研究发展前瞻 [J]. 图书情报工作,2009(2):5-7.
[4] 娄策群,等. 我国信息生态学学科建设构想 [J]. 情报科学,2013(2):13-18.

第一，档案保护的微观视角。传统的档案保护思想与措施主要是从细微处入手，立足于档案保护对象，对其载体材料、记录材料的耐久性及其影响因素进行全面考量；关注的焦点集中在档案库房、档案装具等档案设施的内理化，包括温湿度控制、有害生物防治、有害气体等自然环境因素的调节与优化，以及档案安全管理的各种具体预防和治理措施。微观视角下的档案保护一般只关注档案本身，尤其是档案的制成材料。正因为如此，传统的档案保护无论是从管理上还是技术上，保护的对象均是处于文件生命周期后端的档案，而且局限于档案实体安全或物理安全。

第二，档案保护的宏观视角。随着档案保护实践的深入、人们认识的不断深化以及传统档案保护局限性的显现，档案保护出现了由微观到宏观的转向。宏观视角下的档案保护使得人们开始把视线转向更广的数字档案领域和档案库房外的大环境，逐渐将档案信息内容安全、数字档案长期保存、档案灾害防治、重点档案抢救等更广义的档案安全管理纳入研究范畴。档案保护的宏观性还体现在档案保护主体在组织层面的跨界合作和互操作性，传统档案保管员的身份和角色在此将得到转型，档案保护也将前移至档案形成阶段，并覆盖全生命周期。

第三，档案保护的技术视角。在传统的档案保护技术学视野下，人们主要关注档案保护技术的研究，采取技术手段以最大限度地延长档案载体材料的寿命[1]。传统档案保护技术是关于传统档案载体材料和记录材料安全保管的相关技术和修复技术，包括脱酸、去污、防氧化、修裱和加固等技术。档案载体材料保护首要是纸张保护技术的应用，通过技术手段对纸张载体材料及记录材料的性能进行测定，防止不良影响因素的破坏，以保持档案材料的稳定与耐久，延长档案的寿命。数字环境下，随着档案保护对象的变化，还出现了元数据、仿真、区块链等技术，并应用于数字档案的保护。数字档案保护技术主要用于维护数字档案的真实性、完整性、可靠性和安全性等。

第四，档案保护的管理视角。档案保护依靠技术，但更需要管理，正所谓"三分技术，七分管理"。传统档案保护对技术的依赖性更强，但也离不开法律法规、标准制度等管理手段的支持。再到数字时代涌现的数字档案，档案保护出现了新变化，那就是由传统的重技术转向技术和管理并重，甚至

---

[1] 钟万梅.1980年以来我国档案保护技术学研究发展趋势——基于人大版档案保护技术学教材参编者论文统计分析[J].档案，2017（11）：17-22.

更注重发挥管理手段的作用。数字档案面临的安全威胁不是载体材料和记录材料寿命过短,而是技术的更新迭代,不是自然的理化因素,而是人为因素。于是,档案保护开始向涉及管理策略的制定、应用、评估、法律等档案安全管理框架、策略转移,并从机构、人员、技术、人文、制度等多种要素进行整合[1],构建档案安全管理体系。

档案保护发展到今天,已不再是一个点、一条线、一个面,而是一个多角度、全方位、立体式的档案保护系统或整体框架[2]。在该系统中,传统载体档案和数字档案是档案保护的两大类型,档案保护技术和档案安全管理是档案保护的两个层面,档案保护的思想、理论、技术、管理和环境等贯穿于档案保护系统研究的始终,延伸档案寿命,维护档案的真实性、完整性、可靠性和安全性是档案保护的最终目标。

2.1.3 信息生态性保护理念与档案信息保护新命题

随着档案信息环境的升级和数字档案资源空间建构新导向,档案信息保护需要进一步拓宽理论研究视域和自我认知维度。档案信息生态性保护的应运而生,为档案信息保护提供了走出传统困境的出路。

(1) 引入信息生态保护理论的可行性

第一,信息生态保护与档案信息保护思想相通。生态系统是指在特定的时间空间内,一切生态因子和非生态因子通过物质和能量的循环和流动过程而形成的相互联系、相互作用的有机整体。生态思想和系统思想作为基本世界观和方法论已经成功地在其他学科研究中得到应用[3]。信息生态性保护是以生态学、信息生态学理论为指导,以实现可持续发展为目标的保护理论与方法。档案信息生态性保护是以"整体、协调、循环、再生"的理念为指导,合理使用自然和社会两种资源,构建一种稳定、平衡、有序的保护体系。档案信息保护同样需要考虑自身所处的生态环境,以及与保护系统中各要素的相互关系,而且终极目标都是可持续发展。

第二,信息生态保护与档案信息保护系统特征相似。信息生态保护系统是由信息人、信息资源和信息环境等不同要素构成的具有系统性、动态性和

---

[1] 张艳欣,等. 国外档案保护研究现状与发展探析 [J]. 山西档案, 2019 (1): 44-56.
[2] 周耀林,等. 我国档案保护研究的回顾与展望 [J]. 图书情报研究, 2017 (2): 92-96.
[3] 马建华,等. 系统科学及其在地理学中的应用 [M]. 北京: 科学出版社, 2003: 206.

开放性的有机整体，而档案信息保护系统也是由人、档案和环境等要素构成。从保护的主体、客体和环境来看，二者存在高度的关联性。

第三，信息生态保护与档案信息保护目标一致。从根本上来说，档案信息保护和信息生态保护拥有共同的追寻目标。既要实现对保护对象的高效保护，又要营造一个自然、和谐、健康、舒适的人居环境，促进人与自然和谐统一，满足自然和社会系统生态平衡和协调发展的需要。简单而言，就是寻求各相关要素的协调和系统的平衡。

（2）信息生态保护理论对档案信息保护的意义

信息生态保护理论与档案信息保护的融合，一方面是档案信息保护面对愈加复杂的自身因素和生成环境主动求变的结果，另一方面也显示出了信息生态保护理论对档案信息保护具有强大的指导作用，对重塑档案信息保护的理论与技术体系具有重要意义。档案信息生态性保护是在生态系统环境下，把生态学、系统论与保护学结合起来，遵循生成档案信息的社会实践生态规律，协调保护主体、保护对象和保护环境之间的关系，构建由档案信息本体保护、自然环境保护和社会环境保护三个子系统组成的保护体系，以适应生态文明对档案信息保护的新要求，最大限度地保护档案信息资源并弘扬其文化价值的理论与技术。质言之，档案信息生态性保护就是信息生态保护理论与档案信息保护相融合的产物。

档案信息生态性保护具有以下优势：一是更具系统性。档案信息生态性保护是一个由保护主体、保护客体和保护环境等要素构成的有机整体或系统，系统要素之间不是简单叠加，而是有机结合，其功能大于单个要素功能之和。二是更具动态性。档案信息生态保护系统处于不断变化的环境中，其保护对象、保护技术、保护方法、保护环境、保护主体以及各自的结构关系都会适时变化和调整，在不同阶段、不同环境都有不同的保护重心和策略。三是更具包容性。档案信息生态保护系统是一个包容系统，一方面档案信息保护要不断吸收其他领域和学科的研究成果，充分运用这些先进的理念和技术；另一方面档案信息保护要积极开展跨界合作，在人员、技术、文化等方面开展交流与合作。四是更具能动性。档案信息生态性保护属于人工生态系统，而非自然生态系统，档案保护意识、档案保护标准规范、档案保护技术等都需要人的主动作为，档案保护主体的能动作用在档案信息生态性保护中起到至关重要的作用。

综上所述，档案信息生态性保护是在传统档案信息保护基础上的一种延伸和拓展，其研究对象、研究思想和研究方法都被重新赋予生态学的内涵，其目标就是实现低碳高效、健康环保、生态平衡和可持续发展的保护效能。

2.2 档案信息生态性保护的范围

档案信息生态性保护范围包括档案信息本体生态性保护、自然环境生态性保护和社会环境生态性保护三方面的内容。档案信息本体生态性保护包括载体与记录材料生态性保护和数字信息生态性保护，自然环境生态性保护包括库内自然环境生态性保护和库外自然环境生态性保护，社会环境生态性保护包括微观社会环境生态性保护和宏观社会环境生态性保护。

2.2.1 档案信息本体生态性保护

档案信息本体生态性保护既有对传统档案的载体和记录材料的生态性保护，也有对数字档案信息的生态性保护。

（1）载体与记录材料生态性保护

载体与记录材料生态性保护主要涉及保护技术设计目标的生态化和技术设计的减量化，保护材料的环境友好性、生态友好性、可循环利用和性能稳定性，保护技术流程的节能性、可处理性、无公害性和简易性，保护技术产品与生态的协调性、产品耐久性和产品感官性能等方面。

（2）数字档案信息生态性保护

数字档案信息保护就是运用信息技术，为数字档案资源提供一个良性的生成、传播和利用的保护环境，保证信息的及时准确传递，减少信息污染，节约信息传播资源，提高信息的保真度和完整性，净化信息利用的环境，充分实现信息共享和信息再循环，维护公民的信息权。数字档案信息生态性保护遵循以人为本、节约资源、循环增值、系统优化等原则，在技术上包括信息人安全保护、信息内容安全保护、信息网络安全保护、信息权利安全保护等方面。

2.2.2 自然环境生态性保护

从生态系统范围来看，档案信息资源生存与发展的生态系统有库内自然环境和库外自然环境两层，由里而外，库内自然环境是第一生态环境，库外自然环境是第二生态环境。

（1）库内自然环境

库内自然环境是影响档案信息资源寿命的第一生态环境。其生态性保护主要包括：运用生态学理念规划、建造、管理和维护档案信息库房与设备的库房建筑与设备生态性建设，优化档案信息所处生态圈的库房温湿度生态性调控，从库房光照度、照明光源、库房建筑和设备设计以及滤紫外线技术等方面进行的光线生态性防治，使用环境友好性、可循环利用的防治材料和采取操作简便、效率高、成本低的防治措施对有害生物进行的生态性防治。

（2）库外自然环境

库外自然环境保护是基于档案信息保护视角的环境质量的生态性保护与改善，主要包括：通过各种科学监测技术和手段测定影响环境质量因素代表值的自然环境生态性监测，优化库房选址和净化、过滤入库空气的空气污染生态性防治，监测预警和应急处置并重的自然灾害生态性防治，利用自然修复能力和人工保护使受损的生态环境系统恢复原有的结构和功能状态的生态环境修复技术。

2.2.3 社会环境生态性保护

从档案事业机构的内外部环境来看，档案信息的社会环境生态性保护包括微观社会环境生态性保护和宏观社会环境生态性保护两个层面。

（1）微观社会环境生态性保护

档案信息生态性保护的微观社会环境是指档案事业机构内部直接影响和制约保护能力和效果的要素总和。微观社会环境生态性保护属于档案事业机构内部的管理性保护措施，主要包括生态性保护的组织结构建设、组织制度建设、组织文化建设和组织管理建设等方面的工作。

（2）宏观社会环境生态性保护

档案信息保护的宏观社会环境是指档案事业机构外部直接或间接影响和制约保护能力和效果的各种要素的总和。相对于档案事业机构内部的微观社会环境而言，它是宏观的，属于档案事业机构外部的管理性保护措施，包括生态性的经济环境、生态性的人文环境、生态性的法规环境和生态性的科技环境等方面。

2.3 档案信息生态性保护的条件

档案信息生态性保护需要一定的基础和条件，包括坚持生态文明建设、实现多元共治、加强预防性措施和构建人财物生态圈等。这些条件涵盖了档案信息保护的价值导向、模式、措施和保障等方面，可以为档案信息生态性保护持续提供支持。

2.3.1 坚持生态文明建设

坚持生态文明建设是指档案信息保护要上升到绿色发展的高度，使档案信息资源真正成为历史记忆并得以传承与延续。档案信息保护的生态文明建设应树立尊重档案信息生存与发展的客观环境，顺应档案信息保护规律的理念，形成档案信息与人和自然和谐相处的思想观念。

（1）生态文明建设的基本任务

生态文明建设不但要求做好档案信息保护的生态建设、环境建设、资源节约等，而且还要求将其融入档案信息保护各领域和全过程，形成档案信息生态性保护新的空间格局。

其一，促进绿色发展。绿色发展理念深刻揭示了档案信息保护与自然环境、社会环境和人的辩证关系，为档案信息生态性保护提供了思想指导和实践范式。加快推进档案信息保护的绿色发展，应建立健全绿色低碳循环发展的档案信息保护体系，实现全方位覆盖；构建面向档案信息保护的绿色技术创新体系，壮大档案信息保护的绿色支撑产业；推进档案信息保护的资源节约和循环利用工程，实现档案信息保护系统和社会生产、生活各子系统的循环链接；提倡节约适度、绿色低碳的档案信息保护方式，实施建立节约型档案馆、绿色档案馆和绿色档案信息保护等行动。

其二，解决突出的环境问题。档案信息保护的环境问题，既有光线、空气污染、有害生物、自然灾害等自然环境问题，也有价值观、精神文明等社会环境问题。档案信息保护要着力解决突出的环境问题，才能有的放矢抓生态系统治理。关于自然环境问题的处理，应将档案信息保护融入国家的自然环境保护体系，构建政府为主导、多方共同参与的自然环境治理体系，积极参与全球环境治理，将落实减排承诺惠及档案信息保护领域。关于社会环境问题的处理，应建立健全科学合理的档案信息保护的组织结构、组织制度、组织文化和组织管理等微观层面的社会环境系统，构建涵盖档案信息保护的经济、人文、法规和科技等宏观层面的社会环境系统，用优秀文化涵育社会文明，用优秀文化中蕴含的价值理念和道德规范涵养档案信息生态性保护的社会环境。

其三，加大生态系统保护力度。档案信息保护要加大对其生态系统的保护力度，这是进一步防止生态环境遭受破坏的迫切要求，是不断满足人们日益增长的档案信息需求的迫切要求，是更好地治理环境、保护档案信息生态的客观需要。加大对档案信息生态系统的保护力度可以从以下几方面采取措施：一是实施重要生态系统保护和修复重大工程，坚持生态保护和环境治理相结合，优化档案信息的生态安全屏障体系，构建多元化的档案信息保护网络，提高档案信息生态系统的质量和稳定性；二是完成档案信息生态保护红线和国家重点档案保护与开发两条控制线的划定工作；三是开展国家档案信息生态环境监测行动，推进生态环境恶化的综合治理，积极探索档案信息生态市场化、多元化补偿机制。

其四，加强生态环境监管制度体系建设。档案信息保护的生态环境监管工作主要是通过贯通生态破坏防治和生态保护，强化生态保护修复的统一监管，实现统一政策规划标准制定，统一监测评估、监督执法、督察问责。加强档案信息生态环境监管制度体系建设，需要从以下几方面着力：一是健全档案信息生态保护防控制度，加强对源头的规划和审批进行合法合规性监督，将档案信息保护要求移至前端；二是建立档案信息生态监测评估预警制度，多部门联动建立生态环境大数据共享平台，对重点领域、问题和生态破坏事件形成科学、高效的快速评估制度；三是健全档案信息生态环境保护监督执法制度，对突出生态问题进行监督检查和执法检查，并完善社会监督机制；四是完善考核督察问责制度，突出档案信息生态保护绩效，完善追责机制。

（2）生态文明建设的路径

当前，档案工作正处于大发展大变革的数字转型期，面临的不稳定性、不确定性突出，档案信息的传统安全威胁依旧存在，而非传统安全威胁正在蔓延，档案信息保护面临多重挑战。在这一复杂多变的档案信息生态环境中，必须坚持环境友好，多方联动应对生态系统失衡问题，共同保护好档案信息赖以生存与发展的生态家园。在档案信息生态性保护进程中，全面落实生态文明建设的根本任务，具体内容包括：

其一，培养生态意识，倡导生态化保护方式。培养档案事业机构包括信息人注重档案信息保护与自然、社会环境相统一的思想理念，积极进行档案信息生态保护宣传教育，促使档案事业机构和信息人形成"生态自觉"意识，以此来影响和指导实践活动。培养档案事业机构和信息人建立符合生态文明要求的档案信息保护模式，倡导一种低碳的生态化保护方式，从思想上重视档案信息的生态保护，避免浪费资源和过度消耗，进而通过适时调整政策、措施来保持生态环保和谐。

其二，明确各部门权限。政府要进一步加强对档案信息生态保护的重视，并在生态保护资金投入方面发挥主导作用。档案信息生态保护虽是一项公共事业，但由于涉及不同管理主体，责任主体比较复杂，很难吸引社会资金的参与，因此，政府应在资金投入方面发挥主导作用。其次，在档案信息生态保护基础设施建设方面，应积极争取国家专项资金，大力建设用于生态性保护的基础设施。

其三，优化空间布局。要按照档案信息生态系统各要素相均衡、经济社会生态效益相统一的原则，加强档案信息生态保护，调整空间结构，促进档案信息生态保护多层空间的集约高效、友好和谐。加快实施档案信息生态保护主体功能区战略，推动各地区、各档案事业机构严格按照主体功能定位发展，构建科学合理的档案信息生态保护格局。

其四，运用现代理念和手段。在档案信息生态保护中，应当利用自然、社会环境的有利因素，尽量减少各种不利因素对生态环境的影响，降低环境压力，做到"尊重环境，因地制宜"。档案信息生态保护还应深入研究传统档案信息保护的理念和形态，对传统保护方式进行必要提炼，通过合理设计和规划，使其恢复实用性。

2.3.2 实现多元共治

多元共治是治理理论在档案信息保护领域的应用，强调档案部门、社会组织、市场和公民协同共治。多元共治是多个主体协同合作，根据一定的规则和制度，共同对档案信息生态性保护进行科学规范管理，实现档案信息保护领域的善治的活动和过程。

（1）多元共治的理念

档案信息生态性保护涉及不同管理主体、不同领域以及各种管理手段和技术，是一项比较庞杂的工程，仅凭档案部门的一己之力是很难胜任的。所以，多元共治理念为这一问题的解决提供了思路。

从理念的内涵上来看，多元共治注重通过档案部门与政府各职能部门、社会组织、市场主体和社会公众的协同、协作，多主体共同参与档案信息保护，以实现档案信息生态环境系统的平衡。在这一过程当中，档案部门要摒弃过去对档案事务"大包大揽"的思维，要主动简政放权，让更多的档案事务由多个主体来共同承担。档案信息生态性保护的有效实现需要打破当前档案部门与其他主体二元制对立的僵局，主动寻求实现二者协同、协作的新业态。

从理念的特征上来看，档案信息生态性保护的多元共治，既不是一种法律制度，也不是一种活动，而是一个过程；实施多元共治，有主导者和主导地位，但是不同主体之间更多的是依靠信任与合作维系关系，而不是纯粹的支配；多元共治侧重于形成一种长效机制，持续维系这些协同、协作关系。

（2）多元共治的模式

多元共治模式是在多元共治理念指导下建构起来的，由管理主体、管理过程、管理内容、管理手段和管理目的等组成的档案信息保护管理行为体系结构。

在管理主体上，档案信息生态性保护强调治理主体的多中心化，主要体现为档案部门与其他治理主体的齐抓共管，改变档案系统内部自我封闭、自成体系的现状。在管理过程上，档案信息生态性保护不再依靠单向的、垂直的管理，而是通过多主体之间的协同、协作，建立可自上而下、自下而上或水平传动的多向度互动网络，实现有效治理。在管理内容上，由于多元主体的存在，进一步扩大了治理范围，同时也能协调好各方面的关系，共同治理好档案信息生态系统所涉及的领域。在管理手段上，档案信息生态性保护注重分权，采用多样化手段来管理，通过市场化和社会化运作机制，运用协商合作等方式，突出法治保障作用。在管理目的上，档案信息生态性保护不仅为了保障国家档案资源的安全，而且为了维护社会公众的利益。也就是说，档案信息生态性保护要兼顾多方面的利益，强调利益的多元化。

2.3.3　加强预防性保护

档案信息预防性保护是档案信息保护的重要内容，也是档案信息生态性保护的必然要求。档案信息生态性保护应推动档案信息保护由注重抢救性保护向抢救性与预防性保护并重的关键性转变，提高档案信息保护工作的实效性，确保档案安全。

（1）预防性保护的基本原则

档案信息生态性保护需要遵循一定的原则，并以此为行动指南，采取具体的预防性保护措施。

其一，科学性原则。预防性保护作为一种事前保护策略，档案信息的预防性保护需要根据以往经验，提前采取保护措施化解潜在风险。为了保证预防性保护达到预期目标，需要在制定预防性方案的过程中遵循科学性原则。如深入分析档案信息载体材料和记录材料的性能以及所处环境特点等，及时提出有针对性的预防性保护建议，或制定相应的方案。

其二，预见性原则。档案信息预防性保护的关键是要体现出各项工作的预见性。一方面要求档案事业机构具备发现危及档案安全的各种潜在风险的能力，以及综合运用管理手段、技术手段提高处置风险的能力；另一方面要求档案信息保护的各项工作部署和制度设计要体现前瞻性，立足档案信息本身以及所处环境特点，开展预防性保护工作。

其三，经济性原则。结合档案信息预防性保护和档案事业机构的性质和特点，预防性保护还应该突显经济性原则，追求预防性保护的高性价比，以更少的经济投入获取更多的保护效益。在遵循经济性原则的基础上，档案事业机构实施预防性保护有利于优化资金配置，从而更好地发挥其公共服务职能。

（2）预防性保护措施

其一，加强自然环境管理，预防自然环境问题导致的档案信息受损。一是进行温湿度控制，将库房温湿度控制在合理范围；二是进行气体净化处理，无论是库内还是库外环境都要避免污染；三是进行光辐射控制，尽量使用自动控制灯光系统；四是预防有害微生物，保证库内环境干燥、清洁。

其二，强化预防性保护意识，积极开展档案信息保护的主动预防工作。开展档案安全隐患排查工作，将安全性比较低的档案列入重点保护对象，采取预防性保护措施。档案事业机构应全员强化档案信息预防性保护意识，通过完善制度、开展预防性保护工作，切实推动档案信息预防性保护工作的规范化和高效化。

其三，建立档案信息预防性保护信息交流平台。为了档案事业机构可以将自身的档案信息预防性保护经验广泛传播和共享，可以在区域范围内，甚至在全国建立统一的档案信息预防性保护信息交流平台。各级各类档案机构可以通过该平台进行相关知识的交流和探讨，促进档案信息预防性保护工作的开展。

其四，制定档案信息应急预案，降低突发事件的危害影响。档案信息预防性保护工作除了要做好常态化的预防保护，还要求各档案事业机构结合实际制定相应的档案应急预案，应对各种突发事件。同时，平时还应该加强应急演练，做到有备无患。

2.3.4 构建可持续发展生态圈

鉴于档案信息生态性保护的连续性保障不足、建设力度乏力、成效不显著等现实问题，十分有必要构建可持续发展的档案信息保护生态圈，实现档案信息生态性保护的良性发展和保护能力的持续提升。构建档案信息生态性保护的可持续发展生态圈可以从以下几个方面发力：

第一，对档案信息生态性保护的资源对象的状态、可控性以及实施保护所需的各种资源的可用性等进行系统性和动态性的普查、评估，摸清家底，做到心中有数，以便进行更为精准和有效的档案信息保护。需要对档案信息资源的现状以及所处环境的整体情况进行全面摸底和工作协调，绘制出档案信息资源生态性保护地图，对整体性的档案信息生态性保护进行规划。

第二，给予档案信息生态性保护资金支持，积极促成各级人民政府对档案信息生态性保护增加投入，设立档案信息生态性保护专项资金，保障重点、濒危档案信息资源保护经费的投入。研究制定鼓励社会力量参与档案信息生态性保护机制和优惠政策，拓宽社会资金进入档案信息生态性保护的渠道。

第三，实施人才队伍建设工程，通过建立适用的机制，搭建项目平台，以充足的发展空间和良好的待遇培养、吸引优秀人才，突破人才瓶颈。通过开展"传帮带"活动，加强现有人才培养，选派、组织专家学者、专业技术人员深入基层开展培训，稳步推进基层人才队伍建设。

第四，整合现有的各种保护资源实现优化配置。档案信息生态性保护需要对现有的不同来源、不同层次、不同结构、不同内容的软硬件设施设备、法律法规、政策制度以及人文等资源进行识别和选择、汲取与配置、激活和融合，使之能够成为档案信息保护的新资源。

第五，积极搭建档案信息生态性保护理论。打通新理念、新理论与档案信息保护实践的连接点，锻造好理论联系实际的价值链。在档案信息保护的推动下，积极促进档案信息生态性保护理论与实践的有机融合，赋予档案信息保护更丰富的内涵和意义，以信息生态观建构档案信息保护体系，推进发展型、绿色型的档案信息保护能力建设。

2.4 档案信息生态性保护的规律

档案信息生态性保护是一个复杂的系统工程，通过梳理各组成要素的相互协调、动态变化关系，可以发现档案信息保护的形成机理和演进规律。

2.4.1 可持续发展规律

进入信息时代以来，社会的发展对档案工作提出了更高的要求，使得档案信息保护不再停留在传统的保护模式，而是逐渐转向既能满足传统保护需求，又能顺应新趋势的新型生态性保护，促进了档案信息生态系统的发展。

（1）保护目标可持续发展

档案信息生态性保护目标的可持续发展，既要兼顾经济社会发展的现实需要，又要考虑我国档案信息长期保护的目标，既要满足各项工作的业务需求，又能为国家、社会保护和传承记忆，集中体现了档案信息保护的现实目标与长远目标的相互统一。

（2）保护理念可持续发展

经济社会的发展不能超越资源和环境的承载能力，档案信息保护也应遵循这样的规律。档案信息生态性保护既是可持续发展理念的具体体现，也是可持续发展理念的灵活运用。档案信息保护要正视档案信息赖以生存与发展的各种限制因素，如档案自身因素、自然环境因素、社会环境因素等。档案信息生态性保护强调各种因素的协调共生，建立新的价值评判标准，促进档案信息与其生存空间的和谐，实现档案信息保护和经济社会发展相协调。

（3）保护方法可持续发展

档案信息生态性保护的对象既有传统的纸质文件、模拟载体，也有电子文件、新型的数字载体；既要关注载体本身的保护，也要兼顾信息内容的保护；既要研究自然环境条件，也要研究数字环境条件以及更广的人文社会环境条件；既要研究实物载体、模拟载体的修复方法，也要研究数字信息的恢复方法、长期保存方法。为了实现上述转变，首先要调整传统的档案信息保护手段。当然，档案信息保护方法的转变，不是新方法对旧方法的否定，而是传承和创新，同时体现了保护方法的可持续性。

（4）保护技术可持续发展

在信息生态保护理念的影响下，档案信息保护的对象、内容、主体、要素、方法等都发生了较大变化，相应的档案信息保护技术也随之变化。档案信息生态性保护注重将现代信息技术应用到档案信息保护中，保证数字档案信息的长期可读可用。档案信息生态性保护强调现代技术与传统技术的相互兼容，实现优势互补，无论是现代技术还是传统技术都要经得起时代的考验，所有技术的实施要具有可逆性和重现性，同时技术的实施要为将来档案信息保护和管理的发展留有空间。

档案信息保护离不开保护技术的发展，因此要想保证二者同步和协调发展，必须实施统一的技术标准，实现技术发展的可持续性，同时力求实施动态统一的标准化战略，对技术的应用有一定的检测和校正机制[1]。

2.4.2 延展性规律

档案信息生态性保护的延展性规律是指档案信息生态保护系统能够适时扩容，衍生出新的保护对象和保护内容以满足社会对档案信息保护的需求。档案信息生态性保护的延展性使档案信息保护不仅能够满足当前的需求，而且还可以满足潜在的需求。这种需求的满足是通过档案信息生态性保护系统充分发挥其延展性，在新的保护对象和保护内容中积极运用而得以实现的。

（1）保护对象的延展性

档案信息生态性保护系统中的保护对象并非一成不变，而是随着社会的发展和档案工作实践的变化而变化。档案是社会实践活动的产物，是档案工作实践的对象，因此，档案信息生态性保护的对象在很大程度上受到社会实践活动以及档案工作实践的影响。在电子文件出现之前的几千年时间里，档案信息保护主要关注的是档案信息的载体与记录材料，从载体和记录材料的性能方面考虑档案信息本身的寿命。当电子文件出现之后，虽然人们还在延续传统的档案信息保护思维，继续关注其载体和记录材料，但是其重心已经向档案信息的安全保护，以及数字档案信息的长期保存方面转移。简而言之，随着时代的变迁，档案信息保护的对象已经由单一的传统文件转向传统文件与电子文件并重，由单一的载体和记录材料转向档案信息安全和数字档案信息的长期保存。

---

[1] 张美芳．国家可持续发展的文献保护事业发展战略的构建[J]．档案管理．2009（6）：20-22．

（2）保护内容的延展性

随着档案信息保护理念和保护对象的变化，其保护内容也相应地发生变化。在只专注于档案信息的载体与记录材料的传统保护理念中，档案信息保护一般只强调对档案实体的保护，其内容虽然涉及档案馆库建设、档案保管条件改善、档案制成材料的保护技术、损坏档案的修复等方面，但还是停留在比较狭隘的层面。而档案信息生态性保护理念要求档案信息保护在传统保护内容的基础上，进一步丰富档案信息保护内容。如在档案制成材料、档案信息保护技术、档案信息所处的自然环境和社会环境等方面都融入了信息生态学的保护内容。档案信息生态性保护内容蕴含绿色发展，体现了档案信息保护的绿色生态。档案信息生态系统给予了档案信息保护内容充分的延展性，而这种延展性的发挥又进一步促进档案信息生态性保护系统的平衡。

2.4.3 协同性规律

档案信息生态性保护系统是由各个要素构成的有机整体，构成系统内部各要素之间之所以可以形成聚合力，主要得益于要素之间的协调一致、相互配合。

（1）保护主体的多元化

档案信息生态性保护主体不同于传统的单一档案信息保护主体，而是秉持社会治理中的多元共治理念，拓展了档案信息保护主体范围，形成档案事业机构与其他部门以及社会的合作共治的多元主体体系。在档案信息保护多元主体体系中，档案事业机构居主导地位，是中坚力量；其他部门、社会组织和个人是重要的参与力量，影响着档案信息生态性保护效果。多元主体在档案信息生态性保护系统中各司其职、密切配合、相互协调，共同维护档案信息生态系统。

（2）保护方式的合作化

档案信息生态性保护不再以单打独斗的方式对档案信息进行保护，而是采取平等协商、合作的方式共同实施保护。档案信息生态性保护强调协同互助，创造平等合作的档案信息保护环境。档案事业机构、其他部门、社会组织和个人要通过集体合作的方式，消除各种干扰因素，降低档案信息生态系统的复杂性和不确定性。如档案事业机构负责档案信息保护资源的管控，其他部门和社会组织负责档案信息保护文化的培植，公民个人负责档案信息保护意愿与需求的表达等。

（3）保护过程的开放性

档案信息保护过程开放性是档案信息生态性保护的基本要义。在档案信息生态性保护系统中，档案行政管理部门可以将涉及档案信息保护的部分微观职能让渡于市场主体，同时也可以在决策过程中充分吸收多主体的智力优势；档案事业机构也可以引入市场主体、社会组织，让其分担非核心的档案信息保护业务，共同完成档案信息保护工作任务。当前，档案部门引入市场化方式来开展档案信息保护的具体形式灵活多样，有外包、公私合作、经济补助等，都体现了开放性的保护过程。

（4）保护模式的互动性

档案信息生态性保护主体的多元化、保护方式的合作化、保护过程的开放性是构成互动性保护模式的基础条件。具有广泛社会基础的档案信息生态性保护，不再要求档案部门包揽过多事务，而是积极调动市场主体、社会组织和个人参与到档案信息保护当中。档案信息生态性保护模式的互动性，意味着档案信息保护要从以往的管控模式，转向协同联动、共同治理的新模式。从根本上来说，档案信息保护的整体价值取向就是要通过档案信息生态性保护不断推进从"管理本位"向"治理本位"的转型[1]。

2.4.4 综合性规律

档案信息生态性保护不仅仅是保护技术，具体的保护技术是最直接的，而有关的档案信息保护制度、法律、管理措施等也同等重要。档案信息生态性保护的复杂性远超纯粹的档案信息保护技术，实施难度也超乎想象。当今，档案信息的实存形态、处理方式、传输方式以及由于利益关系造成的各种阻隔，使得档案信息保护难度大大增加。要保证档案信息不被篡改、滥用、泄露，需要多种保护手段来支撑。

（1）保护要素的综合性

档案信息生态保护系统中包含着许多保护要素，既有法律法规、制度政

---

[1] 徐拥军，等. 档案治理现代化：理论内涵、价值追求和实践路径[J]. 档案学研究，2019（6）：13-18.

策和标准规范和技术等软要素，也有基础设施、设备等硬要素。众多保护要素在档案信息生态系统中都有各自不同的角色和功能定位。档案信息生态性保护中的软要素主要起到明示、预防、修复和抢救的作用，而硬要素主要为软要素功能的发挥提供必要的条件和基础，起到桥梁、中介等作用。一个健康的档案信息生态系统必须是结构完整、系统功能正常的生态系统。结构的完整就是档案信息保护要素的齐全与优化，是系统功能正常发挥的前提。系统功能正常才能保证档案信息生态性保护系统的物质循环、能量流动和信息传递。

（2）保护要素相互作用的综合性

档案信息生态性保护系统中的各种要素不是孤立存在的，而是相互依存、相辅相成的，在相互促进中存在相互制约。一个要素的变化，可以产生联动反应，带动着其他相关要素的变化，达到一定程度，甚至还会引起系统整体结构的变化和功能的改变。在档案信息生态性保护系统中，信息人所处的环境就是一个综合性系统，时刻受到档案信息、档案信息保护技术、法律法规、制度政策、设施设备等软硬要素的影响和作用。法律法规、制度政策等软要素会对信息人的行为进行约束和规范，设施设备等硬要素会对信息人获取信息的途径和效率形成影响。

2.4.5 平衡性规律

在档案信息生态性保护系统中，信息人对档案信息生态系统的作用方式可分为适应和改造。无论是适应，还是改造，其最终目的就是保持档案信息生态性保护系统的平衡，实现对档案信息的保护。

（1）档案信息保护主体对档案信息生态系统的适应

随着档案信息生态环境的变化，档案信息保护主体在保护思想理念、保护技术、保护措施、保护能力等方面作出有利于其生存和发展的改变，这就是档案信息生态性保护适应。档案信息保护主体作出的这种适应性改变，是其与档案信息生态系统相互作用的结果。档案信息保护主体通过适应性的长期积累，能够从档案信息生态系统中获取资源，提升其对档案信息的保护能力，同时也保证了自身的生存与发展。例如，随着档案信息保护工作的发展，档案事业机构在保护理念上的适时转变，引入档案信息生态性保护，大大丰富了档案信息保护的视野和内容。

（2）档案信息保护主体对档案信息生态系统的改造

适应与改造是人类的生存法则。档案信息保护主体在适应档案信息生态系统的过程中，也对其产生能动作用，使档案信息生态系统得到相应的改善。档案信息保护主体在对档案信息生态系统进行改造的过程中，其自身也得到相应的生存与发展机遇。也就是说，档案信息保护主体在实现对档案信息的保护的同时，其自身的综合能力也在提升。档案信息生态系统有自然环境，也有社会环境，但更多的是社会环境。其中，档案信息资源、档案信息保护技术、档案信息保护制度等都是由相应的主体形成、运用和制定的。显然，档案信息保护主体所处的档案信息生态系统时空都与人的能动作用密切相关。

第3章 档案信息生态性保护的价值维度

价值源于社会主体的需要,而事物的有用性是满足这种需要的唯一属性。档案信息生态性保护的价值集中体现了人们对档案信息保护与生态文明融合发展的迫切需要,反映了档案事业生态系统发展到一定历史阶段的本质要求。在满足社会主体关于档案信息本体保护、保护人的保护、自然环境保护以及社会环境保护的可持续发展需要过程中,档案信息生态性保护系统呈现出价值态的多样性和价值律的多维性。

3.1 生态性保护的价值态

价值态是指事物有用性满足主体需要的表象和状态。从客体的维度来看,档案信息生态性保护的价值态包含了系统性保护价值、能动性保护价值、可持续性保护价值、无公害性保护价值和可循环性保护价值等价值形态。

3.1.1 系统性保护价值

系统性保护价值是档案信息生态系统作为一个整体保护体系所显现出来的系统性优势和功能。它既表现为保护对象的系统性,也表现为保护要素的系统性,还表现为保护功能的系统性。

(1) 保护对象的系统性

相对于传统的档案信息保护而言,档案信息生态性保护的对象已经得到了极大的扩展,除了档案信息本体,还包括人、自然环境和社会环境等,集中体现了其系统性保护价值。

其一,档案信息保护。由于档案是一种不可再生资源,档案信息保护一直以来都受到国家和社会的高度重视。在档案的数字转型期,档案信息保护进一步升级,与档案资源、档案利用共同构成了我国档案工作的三大体系。保证档案的实体安全和信息安全是档案信息保护的永恒主题。对实体的安全保护是指,为延长档案实体寿命,便于长期保管和利用而采取的一切手段和管理措施。对信息的安全保护可以分两种情况来理解:一是传统载体下的信息安全,这种情形下,档案的信息安全与实体安全是统一的,即只要档案实体处于一种安全的状态,其信息安全就不会受到威胁;二是新型载体下的信息安全,是指生成、处理和保存档案信息的硬件、软件及其系统中的数据受到保护,不受任何偶然的或者恶意的破坏、更改、泄露,系统连续可靠正常地运行,信息服务不中断。

其二,人的保护。关于人的保护,是档案信息生态性保护的重要内容,也是必然要求。在档案信息生态系统中,对人的保护和对档案信息的保护已经融为一体。从档案信息载体与记录材料来看,生态性保护设计、生态性保护材料、生态性保护流程和生态性保护产品均融入了对人的保护理念。从数字档案信息生态性保护来看,其所遵循的以人为本、节约资源、循环增值、系统优化等原则,以及对信息人的安全保护、信息权利安全保护,都将人的保护视为重要内容。随着档案信息生态性保护实践的深入,对人的保护的内涵也将得到进一步丰富和发展,除了注重保护人的健康,人的信息权利也会被纳入关注范畴。[1]

其三,自然环境的保护。自然环境包括与档案信息密切接触的库房内部的自然环境,也包括范围更广的库房外部的大自然环境。自然环境是档案信息生存与发展的客观条件,同时也是人赖以生存的必要环境。不管是传统的档案信息保护,还是新型的档案信息生态性保护,都十分强调对自然环境的保护,这是影响档案信息寿命的重要生态环境。自然环境保护旨在保护生态环境的同时,实现对档案信息的保护。在档案信息生态性保护系统中,自然环境保护的内涵也会进一步丰富和发展,使其能够与档案信息保护有机结合,最终实现二者同频共振。

其四,社会环境的保护。社会环境保护主要是指通过加强档案事业机构内部的组织、制度、管理和文化建设,以及外部的经济社会文化环境建设,实现对档案信息的保护。可以说,档案信息生态性保护系统中的社会环境保护和档案信息保护是一个统一体,二者相辅相成、相互作用。在此理念下,

---

[1] 徐丹丹,等. 社会治理视角下档案信息权利演变研究 [J]. 档案与建设,2020(1):30-33.

社会环境保护的内容已经得到极大的扩充，对档案信息保护起到重要的推动作用。社会环境保护和人的保护、自然环境保护一样，虽然有别于直接的档案信息保护，却是档案信息生态性保护不可或缺的内容，是实现档案信息保护的重要支撑。

（2）**保护要素的系统性**

档案信息生态性保护采取严格的监管和积极的保护措施，防止和减少造成新的信息生态破坏。其中，所采取的监管和保护措施就涉及保护要素的问题，技术、管理、法律和人文等都属于档案信息生态性保护要素。档案信息生态性保护系统中的保护要素是一个包含多方面因素的综合体，这些要素在发挥各自保护价值的同时，也实际呈现了要素价值之和，体现了保护价值的系统性。

其一，技术要素。保护技术是档案信息生态性保护最直接的要素，档案的实体安全和信息安全都离不开一定的保护技术。档案信息生态性保护技术要素本身也是一个综合体，是多种应用技术的集合。从不同的保护角度，可以进一步细分保护技术要素，如预防性保护技术、修复性保护技术、档案实体安全保护技术、档案信息安全保护技术等。技术要素的价值不仅仅体现为在档案信息生态性保护中的应用，更在于整合到档案信息生态性保护系统中形成技术解决方案，从而提高保护效率。简而言之，技术要素不仅能够形成单一优势解决某一方面的档案信息保护问题，还可以形成系统性价值为档案信息生态性保护提供整体性解决方案。

其二，管理要素。管理要素是指特定的档案信息保护主体为实施档案信息生态性保护而采取的管理手段，它是保证管理方法发挥作用的工具。[1]诸如强制、交换、惩罚、激励、沟通与说服等，都是档案信息生态性保护所必需的管理手段。强制是既定档案信息管理主体依靠其强势地位为保护档案安全而采取的强制性管理措施。交换主要是不同管理主体以平等自愿为原则合理分配各自利益从而实现对档案信息的保护。惩罚主要是通过对违规行为的惩戒，防止档案信息受到威胁，是抑制破坏档案安全的有效手段。激励主要是借助一定的肯定或奖励措施，激发人们的档案信息保护能力。沟通与说服是指通过大力宣传档案信息生态性保护，使人们理解和接受，进而改变人

---

[1] 覃兆刿. 析经典管理理论中的"档案"要素——兼及档案作为管理要素的"双元价值"分析 [J]. 档案管理，2006（2）：22-25.

们的观念和态度，促使档案信息生态性保护氛围的形成。

其三，法律要素。法律要素是国家法律、法规、企事业单位或者其他社会组织的规章制度的统称。它是依法治档，档案行政法治的有力工具。具体到档案信息保护领域中，是指档案行政管理机关以法律为依据，按照合法程序而实施的与档案信息保护相关的行政管理活动。按照行政执法所作的分类，法律手段主要有行政决定、行政检查、行政处置和行政强制执行。法律要素是档案信息生态性保护中运用其他要素或者手段的基础和保障，是调节各保护要素之间关系，将其纳入法制化轨道的必要条件。

其四，人文要素。人文要素是与技术要素、法律要素相对举的档案信息保护的不同领域。档案信息生态性保护在充分依靠技术、管理和法律的同时，也要注意发展和依赖人文要素。从概念上讲，人文要素与技术、管理和法律等要素有别，但是在档案信息生态系统中，它们又是一体的，能够在同一系统中融洽相处。相对于其他要素而言，人文要素是一种无形的力量，其作用和效果虽没有技术、管理和法律直接，却是档案信息生态性保护不可或缺的手段。建立和维持真正稳定、可靠、和谐的档案信息生态性保护系统，须以社会的自觉性为基础，以自觉的意识为前提。因此，人文要素是档案信息生态性保护最重要的基石。

（3）保护功能的系统性

现如今，人们已不再认为档案信息保护与档案信息资源开发利用是"鱼和熊掌"不可兼得。事实证明，档案的实体安全、信息安全和档案信息资源开发利用可以兼得，实现双赢。从全局和长远来看，档案信息保护不仅不会阻碍档案信息资源的开发利用，反而能够促进档案信息资源更好地开发利用。随着人们对档案信息保护认识的深化，以及档案事业发展的转型，档案信息保护与档案信息资源开发利用的和谐局面就会逐渐显现。

其一，带动与辐射功能。档案信息生态性保护会带动和辐射与档案信息保护相关的理念、技术和管理的更新、发展和创新应用，从而拓展档案信息保护空间，促进档案信息保护新格局的形成。档案信息保护理念的更新，不仅对当下的档案信息保护，而且对长远的档案事业的可持续发展都具有深远的意义。在档案信息生态性保护过程中形成或应用的大量新技术、新发明，将会被传播到其他行业和领域，促使其广泛应用。在档案信息生态性保护中形成的先进质量管理方法，可以根据其适应性和针对性进一步加以合理推广及应用。着力提升产生于档案信息生态性保护领域的先进质量管理方法的层次、水平和规范，并及时总结、提炼和推广先进的档案信息保护的管理模式和成功经验。

其二，催生档案事业增长点。我国经济社会发展正逐步进入新常态，档案事业面临的转型与升级的发展瓶颈问题愈加严峻。面对不断突出的档案信息保护问题，传统的粗放式保护方式已经显露出诸多弊端，僵化的档案信息保护模式已经难以为继。培育新的事业增长点，以持续提升档案工作发展的质量和效益，已经成为档案部门共同面对的新课题。档案信息生态性保护有助于催生档案事业的增长点。首先，国家增加档案信息生态性保护的投入，社会力量的广泛参与，不仅可以实现档案信息保护模式的更新和转换，而且能够带动档案信息资源开发利用的深入，以及整个国家档案事业的升级；其次，档案信息生态性保护会倒逼传统档案管理模式升级，一些高耗能、高污染的管理方式、保护方式将被淘汰，绿色环保的档案信息管理、保护将得到快速发展。这些增长点有助于我国档案治理能力的提高和国家档案事业发展水平的整体提升。

其三，直接推动档案信息保护。档案信息生态性保护的系统性功能优势，依赖于信息生态系统内主体间基于社会关系网络所形成的合作关系和协调机制。档案信息生态系统的内在关系和机制，不仅构成了档案信息整体生存与发展的基础，也构成了有利于档案信息个体安全的生态环境。由于档案信息生态性保护是一种全新的档案信息保护系统，它所特有的组织结构和功能要求，使得档案信息生态系统内在的利益关系、组织行为及其协调模式都有自己特有的性质和逻辑，这些是产生档案信息保护系统性功能优势的根源。档案信息生态性保护引发的档案信息保护观念更新，带动的节能环保产品、技术和工艺的研发与应用，以及营造的环境友好型档案信息保护氛围，将会给档案信息保护带来更广的保护空间和良好的发展前景，收获越来越多的档案事业绿色发展红利。

3.1.2 能动性保护价值

我国是一个档案大国，在档案信息保护方面做了很多工作，也取得了显著成效。但是由于种种原因，档案信息保护还存在一些问题，特别是在传统档案保护模式影响下，档案信息保护更多的是被动式的。档案信息生态性保护所要求和体现的能动性保护能够使档案信息保护走出传统的困境，而且在多主体的共同支持下，档案信息保护主动适应和融入经济社会发展，重新焕发生命力。能动性保护在自觉和主动转变保护观、增强保护力量、创新保护方式和探索保护路径等方面具有明显优势，可以有效激发档案信息保护的内在动力，增强造血功能，推动档案信息保护的自觉性发展。

（1）保护观自觉性转变

档案信息保护的主体除了档案事业机构及其档案工作人员，还得依靠多部门协作和相关信息人积极参与。档案信息保护的范围与对象也不再局限于档案信息的载体和记录材料，而是扩展到档案信息所处的自然生态环境和社会生态环境，重心也不再局限于档案的实体安全，而是已经涵盖了档案信息内容的安全，尤其是要保障数字档案信息的长期保存。保护观的主动性转变既顺应了档案信息保护的发展趋势，也体现了档案信息生态性保护的基本要求，是档案信息保护行动指南。

当前，国家档案信息资源安全体系建设正在逐步推进，档案信息保护体系已经基本成型，但是档案信息生态性保护还比较薄弱，自觉性保护还存在一些问题。如，对档案信息生态性保护认识不清、意识不强、落实不力等，原因之一就是，受传统档案信息保护观的影响，档案信息保护的诸多要素尚未有机整合，使得档案信息生态性保护效益达不到预期，进而阻碍自觉性保护的进一步推进。

档案信息保护观自觉性转变，可以促进档案信息管理主体和相关信息人等社会群体积极参与档案信息保护，并推动其价值共创格局的形成；帮助他们充分认识保护档案信息资源是全社会和全人类的共同责任，进而打破传统的狭隘的档案信息观，主动融入档案信息生态性保护，推进档案信息主动性保护。

档案信息保护观自觉性转变，有助于档案信息保护法律法规的进一步完善，营造良好的法治环境；有助于充分调动各方力量，进一步扩大档案信息保护的社会基础；有助于宣传包括档案信息保护在内的档案工作，通过多样化的保护平台搭建、保护工具与技术应用，让社会了解和接受档案信息生态性保护。

（2）保护力量主动性增强

社会组织和公众是档案信息生态性保护主体的重要组成部分。以往我们对档案信息保护的研究，多以关注档案事业机构的档案信息或国家公共档案资源的生存状态、保护价值和保护策略为主，对民间档案信息或非国家公共档案资源体系内的档案信息的保护鲜有关注。档案信息生态性保护的优势之一在于强调保护的主观能动性。而主动性保护的价值之一在于积极接纳社会组织,和公众共同维护档案信息生态系统的平衡,保障档案事业机构和民间的档案信息享有同等保护权益。档案信息生态性保护,需要在一定的信息生态空间中进行。同时,档案信息主动性保护的基础是具有社会性和群众性的,它的实施离不开社会组织和公众力量。在档案信息生态系统中,社会组织和公众是档案信息主动性保护的必要力量,他们在一些民间档案信息、非公共档案资源的保护中具有明显优势,而且能够弥补以往档案信息保护的不足之处。

当前,我国正在大力推进经济社会改革,一些新领域、新业态的档案工作正在兴起,这对档案信息保护而言是挑战与机遇并存。所谓的挑战,是随着档案信息生态环境的变化,依托传统生态环境存在的一些档案信息可能面临很多威胁,对其所作的保护可能会失效。而所谓的机遇,就是新领域、新业态的档案信息保护就如白纸一张,可以从头到尾重新设计、重新赋能。增强档案信息保护力量需要先区分档案信息所处的领域和业态,因地制宜地为社会组织和公众的广泛参与提供必要的物力财力支持。

档案信息生态性保护具有一定的公共性,虽然档案事业机构是档案信息保护的中坚力量,但是缺少社会组织与公众的力量,档案信息生态性保护力量就会受到削弱。档案信息保护并不是仅由档案事业机构来完成的,而是档案信息所生存的社会空间中所有成员的共同任务。因此,增强社会力量对档案信息生态性保护是十分必要的。将一个个独立存在且有活力的社会组织和公众连成网络,形成一个个价值观、文化选择和文化精神相近的档案信息保护群体,组成一个个各具特色的档案信息保护社区,对档案信息生态性保护整体水平的提升具有重要意义。

(3) 保护方式主动性创新

创新档案信息保护方式对档案信息生态性保护具有重要意义。传统的档案信息保护方式与传统档案信息形成、生存与发展环境相对应,而随着档案信息生态环境的变化,档案信息保护则需要主动性创新。在档案信息生态系统中,已经失去优势的传统保护方式难以维系生态系统的平衡,要想实现对档案信息的可持续保护,就要主动适应社会发展,善于应用和创新档案信息保护方式。

一是依托实体平台。充分发挥各级各类档案馆、档案室在档案信息保护中的主导地位,借助机构这一实体平台引领档案信息生态性保护。实体平台是传统档案信息保护的主要方式，在档案信息生态性保护中也是不可或缺的，是必要方式。借助档案机构实体既可以争取国家的扶持，又可以引入市场运作，逐步增强档案信息保护自身的造血功能。在档案信息保护过程中，档案机构实体还可以和社会组织以及相关社会力量实现优势互补，共同促进档案信息生态平衡。我国各级各类档案保管机构拥有数量规模庞大的馆藏资源，但是档案信息保护力度和效率还有很大的提升空间，档案信息保护的溢出效应也未达到预期。[1] 因此，档案机构实体需要不断探索社会化的档案信息保护运作机制，使档案信息生态性保护真正落地实现。

二是借助数字化手段。数字化保护方式不同于传统意义上的档案信息保护方式，它主要是通过数字化整理、收集和记录等方式保存档案信息。同时，数字化保护方式还可以将档案信息内容的开发利用从表面化、模式化向深度开发推进，更利于用户的认知和利用，从而不断激发档案信息保护的自觉意识和行动力。数字化保护方式是传统实体档案信息保存与开发利用的有效手段，也是推动数字档案信息长期保存的重要工具和技术要素。

三是打造全方位、全地域、全过程的保护系统。全方位的档案信息保护系统要从档案信息本体、档案信息所处的自然生态环境和社会生态环境等系统保护思路推进立体化全方位保护，打通不同层次、不同空间以及档案信息生态性保护中的"肠梗阻"等。全地域的档案信息保护系统是要推进档案信息生态性保护空间主体功能区建设，重视重点领域、重点档案的保护工作，整合各种档案信息保护资源，实施科学有效的综合保护。全过程的档案信息保护主要是将档案信息生态性保护融入国家经济社会建设各方面和全过程，以及档案事业各方面和全过程，协同推进档案信息保护的绿色化。

（4）保护路径自觉性探索

自觉探索保护路径是档案信息能动性保护的内在要求，也是档案信息生态性保护价值的具体体现。实践证明，档案信息生态性保护在激活档案信息、修复档案信息生态和营建档案信息生态精神场所等方面具有明显优势。

其一，激活档案信息。档案信息生态性保护所采取的民间档案信息的就地保护，不可移动档案信息的露天保护，以及重要遗产档案信息的申遗保护，对于科学保护、合理开发利用档案信息资源，盘活萎缩衰退的档案信

---

[1] 杨树伟. 数字档案资源规范化建设问题的若干探讨[J]. 黑龙江档案，2019（2）：103.

息，推动档案信息资源的安全体系和利用体系建设具有重大意义。如，一些工业遗产档案博物馆，将工业企业发展历程、生产工艺流程、产品等档案信息连同工业遗址就地保护，共同保护与开发，较好地激活了档案信息。[1]

其二，修复档案信息生态。档案信息保护离不开对档案信息所生存环境的保护，即保护档案信息生态。修复档案信息生态是档案信息保护的本意，也是档案信息生态性保护的重要路径之一，对改善档案信息生态环境、推动档案信息保护向生态性保护转型具有重要意义。修复档案信息生态是档案信息保护升级改造工作的重要内容，通过对自然生态环境和社会生态环境的综合治理，可以有效防止自然灾害和人为管理损坏，减少对档案实体和信息的威胁，改善治理档案信息的生态环境，在保护档案实体与信息安全的同时产生更大效益。

其三，营建档案信息生态精神场所。档案信息由特定个体或群体在一定的业务活动中形成，既是一种真实的历史记录，也是联系具有内在关系的个体或群体的精神纽带，还是这些有关联的个体或群体之间的情感认同的维系。档案信息生态性保护除了保障档案信息不受到威胁和维持档案信息的自然生态环境系统和社会生态环境系统的平衡，还可以为相应的个体、群体或信息人在档案信息中找到归属感，满足精神层面上的需要。档案记忆和归属感是档案文化的组成部分，也是档案信息保护的重要考量因素。档案信息生态性保护通过修复档案信息生态，维护档案信息生态系统平衡，增强了档案信息保护与社会群体之间的文化与情感关联，维系了特定个体或群体的社会关系，进而促进了档案信息保护。

3.1.3 可持续性保护价值

可持续性保护的基本要义是档案信息保护既能满足当代人的需要，又不会给后代人的需要造成危害，这也是档案信息生态性保护的灵魂所在。档案信息的可持续性保护具有不同于传统档案信息保护的独特的时间维度、空间维度和具体功能形态。深入研究和阐明档案信息可持续性保护的时空维度和具体功能形态及其内在联系，有助于全面理解和深刻认识档案信息可持续性保护的本质，以及档案信息生态性保护的思想精髓。

---

[1] 归吉官，等. 文化基因重塑语境下我国工业遗产档案开发的障碍分析与对策思考[J]. 北京档案，2019（2）：10-14.

（1）时间维度的可持续性保护

从时间维度来看，档案信息保护经历了从传统保护观到可持续性保护观的两个不同发展阶段。档案信息的传统保护观在历史长河中曾发挥过积极作用，而在时代的更迭中其问题逐渐暴露，于是人们开始寻找新的档案信息保护观，即可持续性保护观。档案信息的可持续性保护是档案信息生态性保护的精髓，并与传统档案信息保护观的精华共同组成档案信息生态系统的稳定结构。

其一，传统档案信息保护观。传统档案信息保护观是一种以档案信息保护为核心的思想，其思想根源是传统的经济社会发展观。传统档案信息保护观对国家档案事业发展、档案信息安全体系构建起过重要作用，但随着档案事业的转型发展，档案信息保护领域也显现出了一些难以用传统思想和方法应对的新问题。长期的实践已经充分说明，档案信息保护问题不仅仅是对档案本体的保护，单靠对档案本体保护的理论与方法是解决不了所有档案信息保护问题的。面对日渐突出的档案信息安全问题，人们开始认识到档案信息保护与档案实体安全是两个不同的概念。衡量档案信息保护效果的指标除了档案实体安全，还增加了档案信息安全以及档案本体以外的信息人、自然环境和社会环境等综合指标。[1] 严峻的现实挑战，需要人们重新审视传统的档案信息保护观，于是，可持续性保护观应运而生。

其二，档案信息可持续性保护观。"未来意识"的弱化，使传统档案信息保护模式弥漫着浓厚的"短期行为"色彩，这种档案信息保护方式从根本上弱化了档案事业发展的潜力和后劲，严重阻碍了档案信息保护的持续发展。此时，作为一种全新保护观应运而生的档案信息可持续性保护得到了一定程度上的关注。它所遵循的自然原则、社会原则和经济原则体现了档案信息保护的发展趋势，同时也是档案信息保护发展模式的最佳选择。档案信息可持续性保护强调档案信息保护过程中现在与未来的关系，认为当代人的需求不能以损害后代人的需求为代价，必须强化对后代人负责的自律意识。档案信息保护的时间维度必须是过去、现在和未来三者的有机统一。档案信息可持续性保护观蕴藏着人们自觉而浓厚的"未来意识"，体现着档案信息保护的目的，孕育着档案信息保护的价值取向。强调多元价值走向的档案信息可持续性保护观认为，档案信息保护本质上只能是人的多种目的和多种价值要求的实现过程和档案信息

---

[1] 肖静，等．信息生态系统的结构及其优化［J］．情报科学，2013（8）：10-14．

资源价值的实现过程，而且二者是一个有机整体。

其三，档案信息生态性保护观。档案信息生态性保护观是以可持续发展观为指导，以应对数字时代复杂环境给档案信息保护工作带来的挑战，更好地满足对未来档案信息保护工作的指导的新型保护理念。档案信息生态性保护融合了信息理论、生态学、信息生态理论等学科的思想和方法，从生态、信息生态视角，重新审视档案载体和记录材料、档案信息内容的安全问题，构建适用于现在和未来的档案保护生态环境。它不仅解决了档案实体安全和信息安全的保护问题，而且进一步丰富了档案信息保护理论的内容，为档案信息保护提供了一种全新的模式。档案信息生态性保护观的核心思想是可持续性保护，同时也很好地保留了传统档案信息保护的精华，适用于全周期的档案信息保护。

（2）空间维度的可持续性保护

传统档案信息保护模式的空间维度由于没有正确认识档案信息生态系统中各构成要素之间的内在联系，无法有效协调各自关系，从而导致信息生态系统的失衡。档案信息的可持续性保护注重协调档案信息保护系统中的各种要素，通过构建有效的协调机制促进系统各构成要素的相互适应和均衡。从档案信息保护的宏观层面来看，主要涉及以下三方面的关系：

其一，协调自然生态系统。协调档案信息保护的自然生态系统，主要通过消除档案信息保护对自然环境的负面影响，使档案信息保护与自然环境保持有机和谐关系。可持续性保护倡导没有破坏的保护，认为档案信息保护不应干扰和削弱自然生态环境多样性存在发展的能力，档案信息保护须将自然环境成本纳入考量范畴。可持续保护突显的是档案信息保护与自然环境的一体化关系，要求人们以符合信息生态保护规律的方式来保护档案信息，合理调节它们之间的物质变换，实现档案信息的可持续性保护。真正的可持续性保护是档案信息保护与自然环境的本质统一，扭转各自不协调或冲突对立的状态，使其能够协同和平衡，这也是档案信息可持续性保护的客观基础。

其二，协调社会生态系统。协调档案信息保护的社会生态系统，正确认识档案信息保护与社会经济、政治、文化及其相互之间的关系，使档案信息的社会生态系统结构和运行机制保持在稳定、良好的状态，这是实现档案信息可持续性保护的根本条件。可持续性保护注重对档案信息保护与信息人、机构、制度、人文等社会生态环境的协调，强调档案信息保护并不能忽视社会生态环境的影响，更不能以破坏社会生态环境为代价。在档案信息保护过程中，需注重对社会生态系统中各要素的协调，平衡多元化利益，实现档案信息的可持续性保护。

其三，协调人的需求矛盾。由于各种复杂因素的综合影响，人对档案信息保护的认识也不尽相同，甚至可以分为不同层次的需求。因此，全面提高人的综合素质，协调人的需求矛盾，促进档案信息保护，是实现档案信息可持续性保护的主观条件。档案信息的可持续性保护是以人为本的保护，人的各方面权益的保障既是档案信息保护的元价值和终极目标，又是实现档案信息可持续性保护的前提条件和现实要求。因为只有当把人的全面发展作为一种价值导向来引导档案信息保护时，档案信息保护才有可能可持续性发展。

（3）可持续性保护的功能

可持续性保护功能是档案信息可持续性保护所发挥的有利作用。具体而言，档案信息可持续性保护可以在传统档案保护的基础上植入适宜功能，同时还具有改善社会结构、增强档案信息公共性等功能。

其一，植入适宜功能。传统的档案信息保护只重视对档案实体或物质形态的保护，强调的是保护中禁止的行为，在档案信息保护中很难体现允许的功能。可持续性保护，在保持档案信息原始形态的前提下，同时兼顾人、自然环境和社会生态的影响，注重在档案信息生态系统中平衡不同的功能，使其相互适应。换言之，在保障档案的实体和信息安全的同时，可以植入适宜功能，如文旅融合、文化服务、商业开发等，从功能适宜性上来看，合适的功能赋予与适当的开发利用强度是档案信息保护的有效途径。

其二，改善社会结构。档案信息保护最为关键的因素是人，既包括管理或保管档案信息的人，也包括利用档案信息的人。档案信息生态系统构成空间环境，人组成社会系统，档案信息保护不但要将其实体形态和信息内容保护好，还要让人管理好、利用好档案信息及其信息生态环境。也就是要让信息人在档案信息生态性保护中受益，切身感受到档案信息的诸多价值，并能将这种有形和无形的收益投入档案信息保护和整个信息生态系统环境的保护当中，形成良性循环。信息人保护观念的淡薄，是档案信息保护受阻的重要原因之一。因此培育和形成信息人自觉保护行为，改善档案信息保护的社会结构，是保护档案信息的重要途径之一。

其三，增强公共性。可持续性保护可以在一定程度上提高档案信息的公共性，反过来，档案信息功能的公共性的提高，也可以促进档案信息保护。

一方面，档案信息公共性的增强，可以增强档案信息归属公众感；另一方面，不断扩大档案信息功能公共性效应，可以形成档案信息保护广泛的公众基础，进而促进档案信息生态性保护的可持续发展。可持续性保护可以进一步明确档案信息保护整体功能定位，增强重点档案信息的功能吸引力，增强档案信息保护在整个档案信息生态系统中的可视度。

3.1.4 无公害性保护价值

无公害性保护是指档案信息保护所采取的保护技术、保护措施以及整个生态系统的无污染、安全、优质、高效、环保。而且，在档案信息保护过程中对人体有毒、有害的物质的含量要符合有相关标准规定。具体来说，档案信息无公害性保护包括技术无公害、管理无公害和生态无公害。

（1）技术无公害

档案信息保护首先是技术保护，而且技术保护也是最直接的方式。技术公害是档案信息生态性保护系统中无公害性保护价值的具体体现，没有技术无公害的充分实现，就没有所谓的无公害性保护价值，最终也会影响到档案信息生态性保护功能的完整性。

其一，预防性技术无公害。预防性技术保护是档案信息技术保护的重要组成部分，重在通过技术手段的前置，防止档案信息受到破坏。预防性技术的无公害，既关注个体，也关注整体；既注重对档案信息的保护，也注重对人的保护。它要求以现代科技为支撑的预防性保护的所有技术必须是无公害的、安全的。预防性保护所倡导的"以防为主"的思想，其实就已经蕴含了技术无公害理念。只有掌握档案信息的损坏规律，应用无公害保护技术、工具才能更好地实现档案信息的预防性保护。在保护技术的具体应用上，库房自然环境的保护、库外自然环境的保护、社会生态系统的保护以及档案信息载体的保护、数字档案信息的保护等方面的无公害技术和工具，将构成一个档案信息生态性保护有机体。而档案信息生态性保护系统的平稳、有效运转将是无公害技术保护实现的保障。

其二，治理性技术无公害。治理性技术就是消除档案信息所处生态环境不利因素的所有技术手段，维护档案信息生态系统安全。治理性技术无公害是指治理性技术是无污染、高效、环保的。生态性保护理论认为，档案信息所处生态环境是档案信息保护必须要考虑的因素，它包括自然生态环境和社会生态环境。如，不适宜的温湿度、空气污染、有害微生物、人为不良影响、生态环境破坏等都是外因中的不利因素。要消除这些不利因素的影响就要采取科学的无公害的治理性技术和工具，在防止档案信息受损的同时避免衍生破坏或灾害，实现生态性保护体系对档案信息的无公害治理性技术保护功能。

其三，修复性技术无公害。修复性技术就是对破损的档案信息载体或威胁数字档案信息内容安全的因素进行修正、恢复，提高档案制成材料耐久性和数字档案信息长期可读性、安全性的技术方法。无公害修复技术具有技术性、科学性和无公害性等特点，而且无公害要求是修复技术创新的先导。生态性保护理论认为，档案信息由于自身原因以及外力的作用，发生损坏是不可避免的。因此，无公害修复技术是档案信息保护体系中必要的保护手段，具体包括纸质、磁质、光盘、胶片等各种档案制成材料的修复技术。它强调无公害性，并注重吸收最新科技成果，使用绿色、环保、健康、安全的生态性保护材料和技术，实现生态性保护体系对档案信息的无公害修复性保护功能。

（2）管理无公害

管理即社会管理，具体过程包括组织、协调、监督和控制等，基本任务是协调社会关系、化解社会矛盾，规范社会行为和维护社会稳定[1]。管理无公害是档案信息生态性保护价值的具体形式，其在档案信息保护过程中的社会关系协调、社会矛盾化解、社会行为规范和社会意识强化等方面发挥着良性、高效、安全的作用。

其一，协调档案信息保护的社会关系。档案信息生态性保护遵循多元共治的理念，倡导保护主体的多元化。这就需要在档案信息保护过程中，处理好不同主体之间的权责利关系，整合保护资源，加强公共服务。档案信息保护的管理无公害要求打通不同主体间的纵向组织层级，实现上下联动；同时还要连通不同主体间的横向协作关系，实现左右协同。这集中体现了社会管理手段对档案信息保护的无公害性，在保护档案信息的同时，建立起不同主体的良好合作关系，规范和平衡了不同主体间的权责利。

其二，规范档案信息保护的社会行为。规范档案信息保护的社会行为需要行政手段、经济手段、法律手段、思想工作手段等管理手段作为保障。其

---

[1] 徐祖荣. 社会管理创新范式：协同治理中的社会组织参与 [J]. 中国井岗山干部学院学报，2011（3）：106-111.

目标就是利用各种强制性的、指导性的、引导性的综合措施来规范档案信息保护的社会行为，维护档案信息保护与开发利用的良好秩序，调控档案信息生态性保护系统的良性循环。友好和谐的社会行为不管是对档案信息本身的保护来说，还是对整个档案信息生态系统的保护来说都是十分重要的，尤其是在数字档案信息的安全管理上更是具有不容忽视的作用。

其三，化解档案信息保护的社会矛盾。档案信息生态性保护认识到档案信息凝聚着社会的价值取向、道德观念和宗教信仰等文化元素，并充分尊重信息生态系统中不同主体的不同利益诉求，所以在化解社会矛盾上也发挥重要作用。档案信息保护与开发利用的矛盾、不同档案信息归属者之间的矛盾、公共档案信息管理体系与私域档案信息管理体系的矛盾等，都是当前已经存在或者正在突显的社会矛盾。档案信息生态性保护系统具有的法律制度体系、组织协同机制、多元化的保护与开发模式等，对营造良好的社会和谐氛围起到极大的推动作用。

其四，强化档案信息保护的社会意识。从保护对象上来看，档案信息生态性保护实现了载体保护、信息保护、自然环境保护和社会环境保护的全覆盖。从保护主体来看，档案信息生态性保护实现了档案事业机构保护、社会组织保护、市场主体保护和公众保护的全社会覆盖。档案信息生态性保护所具有的这些特征有利于档案信息保护宣传教育深入人心，使社会形成强烈的档案信息保护意识，进而促进全民参与档案信息的保护工作。

（3）生态无公害

生态无公害反映了人、自然与社会和谐共处的关系，生态系统中各构成要素的矛盾体处于平衡、统一状态。[1] 生态无公害体现了生态文明的本质要求，是生态文明的具体实践，而且与档案信息生态性保护内在价值诉求是一致的。具体而言，生态无公害旨在强化档案信息生态系统中人、自然、社会的和谐关系，促进档案信息所处自然生态和社会生态的绿色发展。档案信息保护中的生态无公害价值具体表现为生态无公害的有机整体观、生态无公害的价值观、生态无公害的生态科技观和生态无公害的可持续发展观。

其一，生态无公害的有机整体观。档案信息生态性保护是档案信息本体保护与档案信息所处生态保护的统一体。生态无公害是既是档案信息本体保护的要求，也是档案信息所处生态系统保护的要求。真正无公害的生态是

---

[1] 洪富艳. 生态文明与中国生态治理模式创新 [M]. 北京：中国致公出版社，2011：41.

人、自然和社会和谐共处、无法分割的状态，对档案信息的保护，源于本体保护，但又高于本体保护。生态无公害所体现的整体观要求在提高档案信息保护效率的同时，又不能以牺牲自然和社会生态为代价。

其二，生态无公害的价值观。档案信息是在一定的生态环境中生存和发展，这是一种客观规律。这种生态环境即人、自然、社会三者的统一体，影响着档案信息的生存与发展状态。因此，档案信息保护需立足于其生态环境保护，任何脱离生态环境的档案信息保护都是"只见树木不见森林"的狭隘观。也就是说，档案信息生态性保护将档案本体保护和生态保护融为一体，体现了档案信息保护的全面协调发展的价值理念。生态无公害的价值观，一方面认为人是档案信息保护的核心，应该充分发挥人的主观能动性；另一方面强调自然和社会生态的客观性，档案信息保护要尊重既有的客观环境。

其三，生态无公害的生态科技观。生态科技观要求作用于档案信息本体或档案信息所处自然、社会生态环境的技术、工具应当是绿色、环保、无公害的，可以同时实现对二者的生态性保护。任何为追求短期利益或高效率而不利于档案信息及其所处生态环境可持续保护的技术手段都是非生态的、有害的，是不可取的。档案信息生态性保护认识到生态价值观与科技观的内在关系，注重二者的协调，保证档案信息保护生态系统的无公害性。

其四，生态无公害的可持续发展观。档案信息生态性保护已经认识到，档案信息保护必须以其自然和社会生态环境为基础，没有良好、绿色的生态环境，档案信息保护就举步维艰，生态性保护更是无从谈起，也就没有所谓的可持续保护。人类在历史上对自然生态环境的无节制利用和破坏已充分证明了走可持续发展道路的必要性。档案信息保护也应该从中吸取经验教训，摒弃传统中不符合生态发展的观念，为档案信息生存与发展的可持续性创造更好的条件。

3.1.5 可循环性保护价值

可循环性保护就是人们对档案信息保护的系统建构、自然生态环境质量、社会生态环境质量以及可循环发展能力等要素进行优化的需要。它与档案信息保护的系统生态性、流程生态性和发展生态性等方面的要求相适应，具体表现在管理体制机制再生、管理过程无污染和管理溢出效益三个方面。

（1）管理体制机制再生

档案信息保护需要依托一定的管理体制机制，才能有效实现保护目标。

档案信息生态性保护的管理体制机制与国家现有层级式的管理体制以及运行机制相适应，其纵向上下联动和横向协作的分层分级网状布局具有强的可塑性和再生价值，对档案信息保护起到流畅的循环保障作用。

其一，联动与协作。完善的档案信息生态性保护系统，从纵向的组织层级看，每一层级的组织都具有明确而具体的档案信息保护职责，将制定宏观制度政策与具体指导监督有机结合，消除不同层级组织之间的沟通和反馈壁垒，共同寻求最佳解决方案，确保不同主体都能保质保量完成档案信息保护工作任务。从横向的机构协作来看，做好宏观规划和顶层设计，建立健全统一协调机制或者成立议事机构，为档案信息保护在不同机构或不同主体之间的横向协同提供组织保障。因此，档案信息生态性保护系统中的管理体制机制具有强大的再生功能和价值。

其二，整合保护资源。档案信息生态性保护是一项庞杂的系统工程。由于目前包括档案事业机构在内的不同管理主体，短期内无法改变缺乏有经验的档案信息生态性保护人员的现状，甚至有些机构都没有档案信息保护人员，人力资源呈现出不平衡分布的状态，而且他们之间的综合素质参差不齐，因此仅仅依靠某一机构的力量是难以胜任这项系统工作的。实施档案信息生态性保护就要统筹区域、国家的档案信息保护资源，对其人财物进行整合优化，科学合理分配。只有如此，才能有效地保护档案信息资源，以待开发利用。所以，整合保护资源不仅是档案信息生态性保护的基本要义，而且是其可循环保护价值的具体表现。

其三，评估与反馈。无论是管理体制机制的有效运行，还是保护资源的整合优化，都需要加强档案信息保护的评估与反馈体系建设，这也是实施档案信息生态性保护的必要保障条件。评估与反馈就是对档案信息生态性保护的实施进行全要素、全流程的综合评判，并将其结果反馈给相应的管理主体，以便采取更加积极有效的应对措施。档案信息保护评估与反馈的有效结合既可以全面掌握保护系统的运行状态以及保护效果，还可以将各种保护信息及时传达给特定主体以便形成解决方案。

（2）管理过程无污染

档案信息生态性保护是针对档案信息保护的管理工作，其保护过程是一个复杂的管理过程，从档案制成材料的选定到档案信息的长期保存与开发利用，每一个环节都要严格管控，避免因管理活动的不当或疏忽使档案实体破损或者信息安全受到威胁。档案信息生态性保护的管理过程无污染主要体现

为以下几个方面:

一是档案制成材料符合要求。档案制成材料由载体材料和记录材料组成,是承载和反映档案信息内容的物质材料,并且决定着档案的实体寿命和信息内容安全。在档案信息生态性保护理论的指导下,档案制成材料必须符合相关标准规范的要求,要从源头上堵住档案信息的污染源。

二是完善主体管理。档案信息的管理或保护主体应为档案信息提供生态的地理空间,建设生态的馆舍库房,而且应具有完善的绿色生态系统,机构内部管理严格而有序,保护系统平稳、良性运行。在档案信息生态性保护理论的指导下,不同主体的治理结构和内部控制环境将会得到极大改善和完善,档案信息保护实施的控制活动将被严格执行,档案信息保护的相关规章制度也将得到进一步完善。

三是加工无污染。档案信息加工包括档案信息保护与开发利用两方面。首先,档案信息保护所使用的设施、设备、工具和技术是无污染的,不会对档案信息及其所处自然生态和社会生态造成负面影响;其次,档案信息开发利用所采取的手段、方法和技术不会对档案信息造成污染,而且有助于整个生态系统的绿色和谐发展。

四是保管和传输无污染。保管和传输是档案信息存在的两种状态。保管代表着一种静止状态,具体体现为保管场所,如档案信息形成机构、档案室、档案馆等;传输代表着一种运动状态,如档案信息从形成机构到档案室再到档案馆的运动过程。在档案信息生态性保护理论的指导下,档案信息在保管和传输的全过程中必须是无杂质和无污染的,不允许在此过程中造成档案信息及其所处生态系统的污染和失衡。

五是增强人员素质。档案信息生态性保护对相关人员的素质要求更高,相关人员除了要具备传统档案信息保护的知识和技能,还应具有胜任生态性保护的知识结构和能力。档案信息生态性保护是多学科相互交叉的知识密集型工作,需要加大档案信息保护隐性知识的开发力度,并实现隐性知识与显性知识的相互转化[1],完成档案信息生态性保护知识的传播与创新[2],最终促进人员素质的提高。

---

[1] 许卫红,等. 古籍修复中的知识管理 [J]. 大学图书馆学报, 2010 (2): 45-49.
[2] 竹内弘高,等. 知识创造的螺旋:知识管理理论与案例研究 [M]. 李萌,译. 北京:知识产权出版社, 2005: 66-82.

(3) 管理溢出效益

档案信息生态性保护的管理溢出效益是指相应主体在进行档案信息保护时，不仅会产生管理活动所预期的效果，而且会对保护主体之外的人或社会产生影响。简而言之，就是档案信息保护这项管理活动的外部收益，而且是档案信息保护的非预期效果。档案信息的保存价值在档案生态性保护中得到实现，而其他价值则需要在档案信息的开发利用中得到传承与创新。因此，在加强档案信息保护的同时，我们还应该加大对档案信息资源的开发力度，而其管理溢出效益正以此得到体现。

其一，管理创新价值。在档案信息生态性保护系统中加强对档案信息资源开发利用的科学化管理，进行统筹规划，明确不同阶段的开发目标，对档案信息资源、人力资源、技术资源等多方面进行整合与优化，争取获得最大效益。减少档案信息资源开发中出现的重复建设、重复投入和同质化开发现象，维护档案信息保护与开发利用的和谐关系，避免因无节制开发造成档案信息安全受到威胁。

其二，档案信息化价值。档案信息化是推动档案信息由数字化向智能化、智慧化转型的发展驱动力。应用智能化技术，加强智慧管理，使得档案信息数字化不仅能全文检索，还要深度揭示知识单元，通过数据、信息关联实现知识发现的目的[1]。在统一标准下，建立多元、多源档案信息的关联体系，实现数字档案信息资源之间的相互兼容，为档案信息资源的共建共享奠定基础。在数字档案信息的存储机制上，可以运用可扩展、动态、灵活的存储机制[2]，保证档案信息开发的可持续性发展。

其三，档案信息开发模式创新。在档案信息生态性保护系统中，可以借助不同管理主体、服务对象、多元资源等多种优势刺激和拉动社会对档案信息资源的需求，多维度拓宽档案信息开发利用渠道。一是可以将档案信息资源开发与文化产业相结合，实现档案信息价值的增值性开发和创意化开发；二是可以将档案信息资源开发融入区域、国家文化软实力建设，打造地方特色文化名片，形成国家文化品牌，用档案信息资源讲好中国故事，发出中国声音。唯有如此，才能促进档案信息价值传承的良性循环。

---

[1] 张华艳. 开放存取环境下图书馆古籍数字资源的开放性工作探究[J]. 图书馆理论与实践, 2011 (9): 18-20.

[2] 张华艳. "中华古籍保护计划"中古籍价值传承的良性循环体系研究[J]. 图书馆建设, 2013 (11): 89-94.

3.2　生态性保护的价值律

生态性保护的价值律是档案信息生态性保护系统功能发挥和价值实现的基本规律，主要包括保护的结构优化律、保护的素质优化律和保护的功能释放律。

3.2.1　保护的结构优化律

保护的结构优化律就是生态性保护价值形态满足人们对档案信息保护的事业结构、理论结构和技术结构等要素进行优化需要的价值实现规律。它与档案信息保护的资源生态性、管理生态性以及技术生态性等方面的要求相统一，在具体表现上，主要有业内整合价值律和业际互动价值律。

（1）业内整合价值律

业内资源整合是组织内部各种价值形态满足人们需要的重要途径[1]。业内保护资源整合是指在档案信息管理事业内部，利用各种战略性调整手段，对各种管理性和技术性保护资源进行精心组织、合理配置、有机结合，提升其系统性、条理性、糅合性和价值性，整合形成新的档案信息保护资源成果的动态过程。业内保护资源的整合是档案信息生态性保护系统结构优化的价值需求。这是因为，在传统档案信息保护中，档案事业内部各机构、单位之间的档案信息保护合力始终较弱，而档案信息生态性保护系统能够充分整合事业内部各机构的保护资源，将生态文明的理念贯穿整个档案信息保护的过程，应用生态位机理和保护学理论与技术，推进档案信息管理事业内部各要素的动态平衡与有机结合。

其一，保护设施资源的优化整合。档案信息保护最重要的物质基础就是档案库房建筑，而库内的各种保护设施为档案信息提供了有效保护的基本条件。因此，应以"实用、经济、美观"[2]和"安全、绿色、健康"[3]的理念为指导，整合各种资源，建设多层次高效环保的生态性库房集群，并配之以各种高效、安全、低碳的保护设备及保护材料，为档案信息提供一个完

---

[1] 陈国权. 领导和管理的时空理论——维度分析模型 [J]. 技术经济. 2018（9）：1-9.
[2] 郭莉珠. 档案保护技术学教程 [M]. 北京：中国人民大学出版社，2008：221.
[3] 冯兆清. 生态绿色思想在建筑设计中的应用分析 [J]. 江西建材，2015（21）：34.

善协调的保护生态环境。保护设施资源优化整合的内容主要有：一是财政资源整合，建立立体化财政支持制度，拓宽资金来源渠道，加大经费投入；二是整合设计风格，优化设计理念，创新吸收各种历史建筑文化，融合本行业的建筑思想特色；三是强化绿色环保意识，融合应用新技术新材料，确保档案信息的安全健康；四是建立智能化的管理控制系统，确保档案信息预防性保护的自动化；五是注重树立档案保护文化品牌，加强宣传教育，提升档案社会文化形象；六是精心布局，构建区域多层次保护设施资源结构，形成纵横交互的设施资源网络。

其二，保护人才资源的优化整合。整合人才资源，优化队伍结构，提高保护人的整体素养，是档案信息生态性保护的智力基础。具体而言，一是人才类型的整合，既要有技术型的，也要有管理型的，更要有研究型的；二是人才素质的培养，不断造就具有较强的学习能力、良好的职业道德、强烈的责任感和使命感、较强的创新能力的人才；三是人才能力的提升，要求人才具有扎实的理论基础、娴熟的保护技术、合理的知识结构、较高的业务水平；四是人才环境的建设，既要营造"爱护人才，尊重人才"的思想环境，又要营造"用好人才，留住人才"的物质环境；五是人才作用的激发，建立健全人才管理制度和激励机制，充分发挥人才的积极性和创造力，用好业内不同机构的各种人才资源。

其三，保护环境资源的优化整合。无论是库房环境还是库外环境，都是档案信息保护的重要影响因素，只有调控好环境，才能保护好档案信息。生态性保护系统中的保护环境资源优化，强调用生态效益观和整体效益观的理念去建设保护环境系统，把库房内外的温湿度调控、光线调控、污染防治、有害生物防治、人为因素管控等环境因子建构成一个系统进行整合优化建设，形成一个生态性保护环境系统，专注于档案信息环境资源的优化，促进人、档案信息、周围环境三者的健康和谐。

其四，保护理论与技术资源的优化整合。档案信息生态性保护系统正是以生态学和管理学理论为指导，以保护理论与技术为手段的保护体系，尤其强调保护理论与技术资源的优化整合。现代档案信息生态性保护是综合多学科的应用性理论与技术体系，[1] 包括生态学、物理学、化学、环境学、信息学、生物学、建筑学、高分子材料学、计算机科学、图书馆学、档案学

---

[1] 赵淑梅，等. 档案物理管理与保护 [M]. 沈阳：辽宁大学出版社，2012：16.

等。从技术和方法层面看，既有管理性的保护方法，如国家法律法规、地方性法规以及各种行政规章和标准等，也有技术性的保护手段，如各种"防"和"治"的具体技术方法。因此，保护理论与技术资源的优化整合，是实现档案信息生态性保护系统价值的重要途径。

（2）业际互动价值律

就档案信息而言，业际互动是指档案信息管理事业机构与其他管理事业机构之间的合作与交流。一般是在政府力量的主导和推动下，档案信息管理事业机构与其他管理事业机构（如图书馆、博物馆等）利用各自的保护资源优势，优化整合，取长补短，形成更强大的档案信息保护资源体系的动态过程。传统档案信息保护中，除各级各类档案馆外，档案事业与图书馆业、博物馆业及非政府组织等事业和机构交流互动甚少，更不用说业际保护资源的共享，保护基础薄弱，技术力量不足，缺乏攻关团队和保护核心技术。因此，只有加强业际保护资源互动，互通保护成果，共同提高保护技术能力，才能促进档案信息保护事业的发展。业际互动是推动档案信息生态性保护系统实现的重要途径，其规律主要体现在：

其一，共建生态性管理保护体系。通过整合共建共享建设，加强档案事业、图书馆事业、文博事业以及其他事业机构的交流与合作，除了一部分本行业的专业性和特殊性管理保护规范及方法，有相当一部分现成的管理性保护方法与规范是可以共用的，当然，还有一部分在充分深入交流和研讨的基础上，求同存异，形成既保留业际共性，也有本业个性的档案信息管理性保护方法体系，最大限度实现业际管理性保护方法体系相互融合与共享。[1] 如，关于磁性档案信息材料，不仅档案馆、博物馆、图书馆及其他机构均有收藏，其保护方法、标准和规范也理应一致。又如，对于珍贵记录材料，在不同事业机构的保护指导思想理应一致，业际统一的保护指导有利于形成一致的价值取向。

其二，共建生态性技术保护体系。档案、图书、文献、文物等保护对象的技术性保护方法和手段，在技术原理、工艺流程、技术要求等方面有相当的一致性，可以说是大同小异。但传统的技术保护体系中，学科间相互融合、互为条件的意识不强，实践交流较少，业际技术互动更少之又少，尚未

---

[1] 张美芳，等．我国古籍、档案修复技术标准体系建设研究[J]．图书馆论坛．2014（12）：111-115．

形成共建学科基础、共研科技项目、共享技术成果的良好机制。档案信息生态性保护系统的建立，将推动各种管理事业机构的技术性保护体系的共建，最大限度实现业际技术性保护方法体系相互融合与共享。例如，档案、图书、文博等管理事业机构可以形成业际库房环境保护技术体系、修复保护技术体系、有害生物防治技术体系、定量分析保护技术体系等。

其三，共建生态性档案信息保护"行业联盟"。这是一种区域性的由不同事业机构组成的机构集群，一般以共同的章程和约定形成共同的目标，并规定各方的权利和义务，控制和推动档案信息保护资源的共建共享，具有较强的针对性、功能性和本土性特点。保护"行业联盟"的构建一般应在区域地方政府的主导和推动下进行，其宗旨是共建共享丰富的保护资源和强大的保护技术，其抓手是共同制定行业技术标准、规范和共同开展保护技术研究与开发，以及对"联盟"内部的各机构和单位保护工作人员进行培训，共同提高"联盟"内各行业人员的保护技术水平，以实现档案信息生态性保护系统的业际互动价值。

3.2.2 保护的素质优化律

保护的素质优化律是发挥档案信息生态性保护系统价值态的重要规律，也是实现其功能的重要途径。满足档案信息保护主体素质优化的价值取向，要通过优化和提高其保护文化知识素质、保护科技创新能力以及保护管理能力等要素来实现，进而推进档案信息保护的理论生态性、科技生态性、管理生态性、意识生态性。这就是档案信息生态性保护系统的保护素质优化律，在具体路径上主要表现为知识创新价值律和意识增强价值律。

（1）知识创新价值律

知识创新是一个复杂的元知识生产过程，包括科学理论和技术的范式创新。为了给档案信息提供生态性的保护，档案信息生态性保护系统对保护知识创新能力培养和方法途径选择提出了新的更高的要求，既保留了传统保护科学的基本理论和方法的精华，又吸收了生态学理论和方法的合理内核，并融合其他相关学科的知识体系，共同构建了新的保护知识体系，并不断推进这个知识体系的创新。这就是档案信息生态性保护系统各价值态的知识创新价值律，具体包括保护理论创新价值律、保护技术创新价值律和保护管理创新价值律。

其一，以科学研究为引领的保护理论创新价值律。档案信息生态性保护系统以保护科学研究和科技创新为基本支撑，激发创造性的思维活动，并通过进一步扩展档案信息保护主体的保护思想、保护范围和保护环境，形成新思想、新知识、新观点。同时，档案信息生态性保护系统又以自身的实践活动，为新思想、新知识、新观点提供验证、分析、推理、综合、演绎和升华，形成更进一步的新思想、新知识、新观点。此外，还对传统保护知识进行历史的辩证的扬弃，吸收其知识精华，并与新思想、新知识、新观点融合成新的保护知识体系。这是档案信息生态性保护系统以科学研究为引领的保护理论创新价值律的作用机理。

其二，以生态标准为轴心的保护技术创新价值律。保护技术创新是档案信息保护系统发展的必然要求，而生态标准则是各种创新保护技术融合作用的共同轴心。因为，这种保护技术创新的内容主要包括引进新技术、研发新工艺、制造新材料、开辟新环境、扩展新对象、建立新组织，构建新系统等；而所有的各种创新性保护技术方法，只有通过生态标准这一共同轴心，才能有机结合和统一起来，形成一体化的生态性保护技术体系。例如，生态性保护系统以生态标准为要求融合利用绿色保护材料、生态安全保护技术、生态管理方法以及拓展档案信息保护环境等。可见，以生态标准为轴心的保护技术创新就是发挥档案信息保护系统价值规律的过程。

其三，以现代科技为基础的保护管理创新价值律。档案信息生态性保护系统强调在现代科学技术创新的基础上，实现管理理念、管理制度和管理方法的创新。在理念上，要求把生态文明思想和方法论贯穿档案信息保护科技创新的全过程，建立一个创新型的生态性保护科技创新思想体系，引领生态性管理价值的实现，确保档案信息保护管理理念能够适应生态资源和环境保护的需要。在制度上，要求建立健全管理制度体系，以此作为生态性保护全过程管理创新的制度保障。因为完善的管理制度体系是维系档案信息生态性保护系统良性运行的重要基础，因此，只有高效的法规体系，才能保障系统的生态性保护功能的实现。在方法论上，要求建立提高管理效率的技术保障体系，应以现代信息科学技术为载体，整合各个事业机构之间的管理资源，形成高效的管理技术平台，最大限度地发挥档案信息生态性保护系统的价值。

（2）**意识增强价值律**

作为一种社会意识的档案信息保护意识，是保护主体对档案信息保护这一客观存在的主观反映，对档案信息保护行动产生能动性作用，也对档案信息生态性保护系统的价值实现产生较大的影响，成为推动其价值可持续性的重要动力。因此，档案信息生态性保护系统十分强调增强档案信息保护意识，认为只有强烈的保护意识才能促进档案信息保护事业的发展，并促进各种相关事业管理机构的融合。

其一，增强公民生态环境保护意识。档案信息生态性保护系统注重保护的整体性、多样性和全民参与性，强调在保护过程中不断强化保护人与其他生物相互协调发展的意识，以此来提升公民的生态保护意识。因为，生态系统的稳定是人类社会经济发展的基础，生态系统一旦遭到破坏就会影响生态性保护系统的稳定，这是公民可以轻易感受到的。档案信息生态性保护系统强调选择有利于环境保护的档案信息保护体系，环境因素是生态性保护的重要条件，生态环境和生态性保护是相辅相成的，环境被破坏，生态性保护系统就面临破碎，以此来提升公民的环境保护意识，并强化人与环境整体协调发展的意识。

其二，增强公民整体协调保护意识。档案信息生态性保护系统强调保护过程中各种保护资源的整体性和协调性，以此来提升公民的整体协调保护意识。主要表现在生态性保护系统中人为因素调控、生物因素调控和环境因素调控三个子系统运行的过程中，其结构完整性和功能协调性，都会直接影响档案信息保护人的切身利益。例如，库房环境控制通过影响温湿度控制，进而影响微生物控制，造成整个库房保护系统失衡瘫痪。因此，这可以加深人们的认识：只有统筹兼顾保护系统内各种要素的整体协调作用，才能保持并强化生态性保护系统的持续效能价值。

其三，增强公民低碳节能保护意识。低碳节能不但是档案信息生态性保护的生态性要求，也是生态文明的时代声音，已渗透到社会经济和文化活动的各个角落，公民的思想、观念、行为也正在随之转变。[1] 档案信息生态性保护系统强调要让保护人不断增强以"安全、低碳、节能"的方式进行档案信息保护，以绿色环保的生态理念，营造生态性保护氛围，并推动这种理念扎根于各行业各部门的保护人的心中，以此带动人们淘汰高能耗、高污染的保护技术，使用节能减排的保护技术，构建绿色低碳的保护指标体系，增强公民的保护科技创新意识和低碳节能保护意识。

3.2.3 保护的功能释放律

人们有对档案信息保护的理念模式、产品质量、保护效率等要素进行优

---

[1] 毛志锋，等. 居住区生态文明建设的评估与对策 [M]. 北京：中国致公出版社，2011：17.

化的需要，并在实践上推动这种优化的形成和发展，实现档案信息的生态性保护。这就是生态性保护系统功能释放的价值规律，是档案信息保护的理念生态性、产品生态性、模式生态性需求的结果。

（1）理念创新价值

人们对客观事物的观念和看法就是理念。理念具有现实针对性和理论指导性等特征。生态性保护理念是在继承了优良的传统保护技术文化，与时俱进地吸收生态文明思想和科学管理方法以及现代科学技术成果而形成的，体现了档案信息生态性保护系统的价值性，具有学习性、自觉性、系统性和创造性等特点。它强调，档案事业及相关事业管理部门只有通过保护理念的不断创新，才能不断推进生态性保护系统的可持续发展。具体主要表现在：

其一，保护理念从"非生态性"向"生态性"转变。传统档案信息保护在非生态性理念指导下，只求保护效率而几乎忽视保护过程对人和生物及周围环境的损害，对保护的经济实用性考虑得多而对所用保护材料的环保性、安全性考虑得少，考虑保护设施一次性投入较多而忽略后续人才队伍的建设，保护人仅限于政府行政管理部门内部而忽视全社会的积极参与。生态性保护理念强调在生态学理论的指导下，利用科学管理理论和现代保护理论与技术，重视生态环境质量建设，建立档案信息生态性保护系统，处理好保护人、档案信息本体保护、生态环境保护三者的关系，做到既要保护档案信息，又要保护好人和生态环境。

其二，保护理念从"简单技术型"向"综合管理型"转变。传统档案信息保护理念过于关注单一的保护对象及单一的保护技术，颇有几分"只见树木，不见森林"意味。生态性保护理念强调技术集成和系统管理，任何一种保护行为都是保护系统的一部分，关注系统的平衡与稳定。把保护人的管理、库房自然环境保护、社会环境管理整合在一个系统中进行一体化保护，即所谓的"综合管理型"保护理念。具体而言，生态性保护系统中既要有技术性保护，又要有管理性保护；既要有自然性的保护，又要有社会性的保护；既要有政府组织型保护，又要有民间组织型保护。

其三，保护理念从"静态保护"向"动态保护"转变。传统档案信息保护虽强调"以防为主，防治结合"的指导思想，但在实践中过分强调将档案信息静态地保存于库房之中，被动地修复损坏的档案信息，一切保护工作的始和终均在档案信息管理机构内进行。而生态性保护理念强调档案信息的动态保护，即在"文件—档案"的生命周期里，对档案信息本体及其环境进行全面动态控制，建立多维的保护技术方案，做到"在防中治，在治中防"；同时，档案信息保护人不局限于档案事业组织内部，而是遍及各行各业，且档案信息生产者、传递者、使用者、管理者之间的角色是动态转换的，而职责却是法定的。因此，生态性保护就是一种动态的"无所不在"的保护。

（2）质量提高价值

生态性保护系统具有调节和反馈的功能，确保系统良性运行并实现系统目标，因此特别强调建立保护质量监控体系，完善相关质量评价指标体系。要求每一个档案信息保护项目完成后，须对其进行保护质量评估，以此推进保护系统功能的良性释放，不断提升保护质量，实现保护系统功能不断增值。

其一，提高保护产品质量。提高档案信息保护技术产品的质量是生态性保护系统的重要功能。生态性保护系统建立完整的具有一定强制性的保护质量技术标准体系，以提高保护人资质、保护材料质量、保护环境质量、保护技术工艺质量、保护评估质量等；因为，高水平的保护产品质量，离不开档案信息保护全过程的标准化管理控制，正所谓"产品质量是生产出来的，而不是检验出来的。"此外，档案信息的管理者和使用者对保护产品的满意程度，也是质量优劣评判的一个指标。因此，高标准严要求，才会有高质量。

其二，提高保护系统质量。较之传统保护，档案信息生态性保护系统具有复杂的结构和要素，从一级子系统看，有本体生态性保护子系统、自然环境生态性保护子系统、社会环境生态性保护子系统；从系统要素来看，有保护人、档案信息、自然环境、社会环境等。从生态系统角度看，每个系统要素都有相应稳定的生态位，而系统要素之间均有生态链将它们连成空间网络结构。因此，这是一个高质量的严密而开放的系统。当然，这种高质量并非恒定的、不变的，当多个子系统或多个要素发生质量问题时，保护系统就会因失衡而质量下降。要想维持系统的高质量，就要不断提高各要素及其结构的质量。例如，在生态性保护系统中，保护人既受到系统评价体系的监督，也受到社会公众的监督，既受到业内人士的评价，也受到业外人士的评价，这是保护人质量提升的动力。

其三，提高保护管理质量。保护管理质量决定保护质量。档案信息生态性保护系统本质上是一个以现代保护科技为基础的宏观管理与微观管理相结合的管理系统，系统功能的实现程度取决于保护管理质量的高低。生态性保护系统具有较高的保护管理质量，因为从系统管理结构要素来看，系统具备全过程质量管理、全行业质量管理、全员质量管理和多方法质量管理的功能。此外，生态性保护系统强调质量管理法规体系以及保护人素质提升的重要性，要求树立"质量第一"的思想和坚持"以人为本"的理念，以实现生态性保护系统质量提高的价值。

（3）效益提升价值

档案信息生态性保护系统具有较高的经济效益和社会效益。近年来，有学者的研究成果表明，档案信息对经济社会发展的贡献力不断提高。[1] 随着档案信息生态性保护的推进，社会公众对效益提升价值的诉求不断增强，系统的经济效益和社会效益表现出更加强劲的增长势头。具体表现在：

其一，提高经济效益。档案信息生态性保护系统主要通过两方面来推动实现经济效益的提高。一是少投入多产出，提高生产率。生态性保护系统强调政府组织主导、民间社会组织和公民个人参与的保护主体多样化思想，这不但能够缓解政府财政投入不足问题，还能促进民间社会资金投入，更好地利用政府和市场两种保护资源，在一定的时间内拓展保护空间，增加保护产出，提高保护效率。二是保护性开发利用，实现档案信息资源增值。生态性保护系统强调"保护为主，合理利用"的保护性开发指导思想，一切档案信息管理和保护的最终目的都是发挥其社会文化价值，合理的保护性开发利用能够带来可观的经济效益。

其二，提高社会效益。档案信息生态性保护系统通过关注生态环境保护而发挥重要社会效益，强调所使用的保护技术方法和材料要绿色安全、生态友好；通过强化档案信息的历史文化价值保护而产生重要的社会效益，注重发挥档案信息的"存史、资政、团结、育人"的功能和作用；通过强化全民参与，协同保护，提高保护意识而产生广泛的社会效益，注重挖掘保护工作与公民日常生活的关联性，明确档案信息保护的公民权利和义务。

其三，经济效益与社会效益协调提高。档案信息生态性保护系统能够促进社会效益与经济效益的有机结合。协调提高经济效益与社会效益并非易事，一般要经过一个培育和发展的过程。相较传统保护方法，生态性保护既强调经济效益，又重视社会效益，通过调动和整合各种保护资源，建立保护功能和利用功能相结合的可持续性保护平台，强调保护系统的社会责任感，促进其经济效益和社会效益的协调提高。

---

[1] 冯惠玲. 档案信息资源在经济社会发展中的综合贡献力及开发利用 [J]. 档案与建设，2010（1）：20.

第 4 章　档案信息生态性保护的理论维度

随着档案的产生和档案活动的频繁，档案保护的思想观念日渐丰满，可以说变得越来越博大精深。在档案实践和理论不断发展的同时，诸多生态哲学思想，如中国古代"天人合一"生态哲学思想、西方生态文明理论及其生态社会主义思想、马克思主义生态文明思想，也不断涤荡着现代档案保护思想和理论，于是，生态性档案信息保护思想和观念也在不断进入和充实着档案学理论体系。因此，档案信息生态性保护并非无本之木、无源之水，而是有着非常深厚的档案保护理论基础和丰富的生态文明理论源泉的。由于篇幅有限，本书只深入阐述与档案信息生态性保护有关的理论体系，如生态文明建设理论、生态性管理思想、信息生态保护理论、档案生态性保护理论等，在系统论、生态论和文明论的指导下，充分激活档案信息生态性保护系统各个生态因子的积极力量，实现档案信息保护的可持续发展。

4.1　生态文明建设理论

生态文明是人类遵循人、自然、社会和谐发展这一客观规律而取得的物质与精神成果的总和。[1] 它是继工业文明之后的人类文明发展的一个新时代，是强调尊重自然规律、保护自然环境、维护生态平衡、遵循可持续发展的文明发展形态，是以追求人与自然、人与人、人与社会相互依存、相互促进、相互协调、全面发展、持续繁荣为价值取向的社会形态，是贯穿于经济建设、政治建设、文化建设、社会建设全过程和各方面的系统工程。

---

[1]　潘岳. 社会主义生态文明 [N]. 学习时报，2006-09-27.

4.1.1 马克思主义生态文明思想

马克思主义生态文明思想产生于 19 世纪 40 年代。当时，资本主义正处于发展上升时期，工业化在带来巨大物质财富的同时，生态环境也遭到了严重的破坏，生态危机的频繁爆发促进了马克思主义生态文明思想的萌发。随着资本主义生产关系在欧洲的极大发展，社会结构分化为资产阶级与无产阶级两大对立阶级。资产阶级为了追求剩余价值最大化，残酷掠夺自然资源，生态危机日益加深，生存权受到直接威胁的无产阶级终于觉醒，因此马克思主义生态文明思想具备坚实的阶级基础。同时，科学技术的不断进步和生产力的巨大发展，使马克思主义生态文明思想具备了物质技术条件。19 世纪 80 年代，马克思、恩格斯融合了东西方生态文明成果，构建了适应时代要求的马克思主义生态文明思想，体现了其独到的从人类社会发展客观规律的高度研究生态问题的见解。

(1) 马克思主义生态文明思想内容

马克思通过对资本主义社会政治、经济和文化等方面的研究，准确地预测到人类社会未来的生态危机，并且从人类历史发展客观规律出发，找到了经济社会发展与自然生态规律之间的协调关系，形成了超越以往的生态文明思想，具有较强的理论创新性。

其一，人与自然协调关系思想。马克思主义认为，要实现人与自然相协调的生态结构发展，就要遵循自然规律。生态结构是整个社会结构的重要组成部分，社会生产力要适应自然条件。关于人与自然的关系，马克思指出："人本身是自然界的产物，是应当在自己所处的环境中并和这个环境一起发展起来的。"[1] "人首先依赖于自然。"[2] "人是自然界的一部分。"[3] 因此，人与自然是和谐共生的统一的有机整体，人类生存发展是离不开自然环境的，人类必须像爱护自己的眼睛一样珍惜自然环境。关于劳动与自然的关系，马克思强调人类生存发展的需要必须通过劳动来满足，劳动是人与自然协调统一的枢纽和中介。自然具有与人一样的生产力属性，劳动作用于自然能够产生物质财富，而物质财富又会对自然条件的可持续性产生深刻影响。

---

[1] 马克思，恩格斯. 马克思恩格斯选集（第 3 卷）[M]. 北京：人民出版社，1995：374-375.
[2] 马克思，恩格斯. 马克思恩格斯全集（第 3 卷）[M]. 北京：人民出版社，2002：310.
[3] 马克思，恩格斯. 马克思恩格斯全集（第 3 卷）[M]. 北京：人民出版社，2002：272.

马克思指出："劳动首先是人和自然之间的过程，是人以自身的活动来引起、调整和控制人和自然之间的物质相对立。"[1] 关于生态结构，马克思强调，生态结构影响着每个人的生产生活，个人和社会的价值实现依赖于生态结构和社会结构整体的和谐性。即，资源禀赋是社会存在的基础，生态结构决定社会结构中物质和精神文明的发展状况。

其二，人类与自然可持续发展的思想。要使人类文明得到可持续发展，必须且只能有限度地利用自然和改造自然，尊重自然规律，才能不断获得自然给予的丰厚回报。马克思指出："甚至整个社会、一个民族，以及一切同时存在的社会加在一起，都不是土地的所有者。他们只是土地的占有者、土地的利用者，并且他们必须像好家长一样，把土地改良后传给后代。"[2]"不以伟大的自然规律为依据的人类计划，只会带来灾难。"[3] 可见，尊重自然规律前提下的可持续发展思想，是马克思主义生态文明思想的重要内容。也只有如此，自然才能为人类文明的生存发展贡献力量；否则，生态危机将不可避免，人类生存就会面临威胁。同时，马克思认为，社会形态的进步和科学技术的发展是生态结构优化的决定性条件。"共产主义，是人和自然界之间、人和人之间的矛盾的真正解决。"[4]

其三，资源有限与劳动生产率思想。要解决资源有限性与需求无限性之间的矛盾，就必须不断减少资源投入，不断提高劳动生产率，进而实现可持续发展。劳动力资源是推动经济增长的动力，劳动生产率提高是这种动力绵延不竭的基础。因此，马克思指出："劳动生产率的提高正是在于：活劳动的份额减少，过去劳动的份额增加，但结果是商品中包含的劳动总量减少，因而，所减少的活劳动要大于所增加的过去劳动。"[5]

其四，人与自然和谐的社会变革思想。人类不是独立于整个生态系统之外，而是作为智能化和社会化的动物与其他生物一起生活这个生态系统中。马克思认为，人与人、人与自然和社会的关系广泛而紧密，构成了人类社会生产力和生产关系的矛盾。人类社会犹如一台保持高速运转的精密仪器，各部件之间的任何不协调都会导致人与自然和社会间的矛盾，人类就会面临自

---

[1] 马克思，恩格斯．马克思恩格斯全集（第31卷）[M]．北京：人民出版社，1998：102.
[2] 马克思，恩格斯．马克思恩格斯全集（第46卷）[M]．北京：人民出版社，2003：878.
[3] 马克思，恩格斯．马克思恩格斯全集（第31卷）[M]．北京：人民出版社，1972：569.
[4] 马克思，恩格斯．马克思恩格斯全集（第3卷）[M]．北京：人民出版社，2002：297.
[5] 马克思，恩格斯．马克思恩格斯全集（第25卷）[M]．北京：人民出版社，1974：25.

然的和社会的灾难。然而,"资本主义生产使它汇集在各大中心的城市人口越来越占优势,这样一来,它一方面聚集着社会的历史动力,另一方面又破坏着人和土地之间的物质变换,也就是使人以衣食形式消费掉的土地的组成部分不能回到土地,从而破坏土地持久肥力的永恒的自然条件。"因此,在未来的共产主义社会中,以劳动为中介,人类终将能够有效协调人与自然的关系,实现"人的自然"与"自然的人"的双重属性。

综上,马克思主义生态文明思想以历史唯物主义和辩证唯物主义为逻辑起点,把生态社会发展规律放在人类社会发展规律的背景下进行系统观照和深入研究,具有以下特点:一是马克思生态文明思想突出了"以人为本"的观点。将人与自然等量齐观地进行研究,充分体现二者的平等地位和价值。人作为主体,被赋予了维护包含自然生态利益在内的整体利益的使命,即从人类整体利益出发,促进人与自然的协调发展。二是马克思主义生态文明思想具有显著的科学性。在逻辑关系上,自然生态学是其科学保障基础,辩证唯物主义和历史唯物主义是其世界观和和方法论,剩余价值理论是其产生的根本动因,体现了先进性和与时俱进。三是马克思主义生态文明思想具有兼收并蓄的开放性。其批判吸取了以往的生态文明思想,强调自然与人类的平等权利,人与自然应和谐共处。生态利益是全人类的利益,其着眼于为人类共同的利益而奋斗,代表着最广大人民的根本利益。四是马克思主义生态文明思想突出了生态实践性。在尊重自然规律的前提下,人的实践活动深刻融入和改造着自然生态,正如马克思指出的:"实践是正确认识人与自然关系的中介。""动物只生产自身,而人再生产整个自然界。"[1] 实践表明,人的主观能动性在遵循自然规律基础上得以充分发挥,是推动文明进步的关键所在。

(2)马克思主义生态文明思想价值

后工业化时代,对大自然的过度索取,给人类社会及其生存环境带来了巨大的危害,全球性的生态危机有愈演愈烈之势。马克思主义生态文明思想这一生态领域的理论和实践成果,探究了日益严峻的生态问题根源,提出了人与自然的新型关系,明确了人类未来可持续发展实现路径,对我国社会主义生态文明建设提供了具有极强指导意义的世界观和方法论。

其一,马克思主义生态文明思想的生态化社会形态价值。未来理想社会

---

[1] 马克思,恩格斯.马克思恩格斯全集(第3卷)[M].北京:人民出版社,2002:274.

是什么？马克思主义生态文明思想为我们描绘了未来理想文明社会形态的特质，那是社会形态的理想状态——生态化社会形态，依托人与自然的彻底和谐共生，让每个人的自由发展成为其他一切人自由发展的条件。在这里，"它是人和自然界之间、人和人之间的矛盾的真正解决，是存在和本质、对象化和自我确证、自由和必然、个体和类之间的斗争的真正解决。"[1] 也只有这时，人类才能在社会劳动生产活动中回归自觉，主动实现人与自然的应有价值，进而真正实现生态文明社会的应然状态。

其二，马克思主义生态文明思想为科学发展观提供理论源泉。科学发展观强调："要牢固树立人与自然相和谐的观念。自然界是包括人类在内的一切生物的摇篮，是人类赖以生存和发展的基本条件。保护自然就是保护人类，建设自然就是造福人类。要倍加爱护和保护自然，尊重自然规律。对自然界不能只讲索取不讲投入、只讲利用不讲建设。发展经济要充分考虑自然的承载能力和承受能力，坚决禁止过度性放牧、掠夺性采矿、毁灭性砍伐等掠夺自然、破坏自然的做法。"[2] 这与马克思提出的自然是"人的无机的身体"是一脉相承的。因此，人与自然的关系是相互依存又相互制约的，良好的自然条件是人类生存发展的必要条件，这是科学发展观的立论基础。

其三，马克思主义生态文明思想强化了社会生态伦理观。生态伦理关于自然界的价值问题和关于自然界的权利问题，在理论界一直存在激烈的争论，而马克思主义生态文明思想为这两个问题作出了回答，让人们认识到了自然价值的内在价值与外在价值的有机统一，认识到自然与人的平等权利，并自觉将人类自身的生产生活方式融入自然规律运行轨道之中，实现可持续发展。在此基础上，人类更加认识并强化人对自然的道德义务，并改变破坏自然平稳的发展方式，走人与自然、人与社会协调发展之路。

4.1.2 社会主义生态文明建设思想

社会主义生态文明以尊重和维护生态环境为主旨，以经济社会、自然生态环境的可持续发展为目标，从维护社会、经济、自然系统的整体利益出发，有限利用自然，有效解决人类经济社会活动的需求同自然生态环境系统供给之间的矛盾，实现人与自然的协同共生。习近平指出："走向生态文明

---

[1] 马克思，恩格斯. 马克思恩格斯全集（第46卷）[M]. 北京：人民出版社，2003：878.
[2] 胡锦涛. 在中央人口资源环境工作座谈会上的讲话 [M]. 北京：人民出版社，2004：6.

新时代,建设美丽中国,是实现中华民族伟大复兴中国梦的重要内容。中国将按照尊重自然、顺应自然、保护自然的理念,贯彻节约资源和保护环境的基本国策,更加自觉地推动绿色发展、循环发展、低碳发展,把生态文明建设融入经济建设、政治建设、文化建设、社会建设各方面和全过程。"[1]

(1) 绿色低碳发展思想

绿色低碳发展是以可持续发展为着眼点,以绿色的技术创新、制度创新、新能源开发、产业转型等为抓手,尽量减少高碳能源消耗,提高低碳可循环利用能源的使用,减少温室气体排放,实现生态环境保护与经济社会发展双赢的一种经济发展思想。[2] 它强调经济利益具有生态利益与人类利益的双重性,核心是低碳经济,是经济社会发展到生态文明阶段时以更低限度的二氧化碳排放为指针的经济发展模式。绿色低碳发展是当今世界经济发展生态化的潮流,其内涵主要包括三个方面:其一,绿色低碳发展的本质要求,是由高耗能转变为低耗能的能源消费模式,由掠夺式转变为生态化的经济发展模式,由高碳转变为低碳的人类生活方式;其二,强化绿色低碳技术的研发和利用,以低能耗、低污染为基础的绿色新技术引领低碳经济发展;其三,绿色低碳发展强调经济效益与生态效益双丰收,注重开拓新的经济增长点,尤其是经济、就业、减排三方面的效益,以确保经济社会的可持续发展。

绿色低碳发展的主要特征:一是能耗要低。驱动经济各行业及其现代化要依靠低碳能源,提高低能耗能源占比,才能促进社会经济进入绿色可持续发展的轨道。二是物耗要低。依赖高物耗生产方式已严重制约我国的生产效率,因此,选用物耗低和污染量少的先进生产工艺是经济发展过程中的重要举措,努力做到增产、节能、低耗、减污。三是排放要低。前总理温家宝在世界气候变化大会上宣布,2020年我国单位国内GDP的二氧化碳排放量将比2005年下降40%~45%,这是个具有约束性的硬指标,要实现此指标,在居家生活、交通出行、购物消费等要做到绿色低排模式。四是污染要低。以严重污染环境为代价的经济发展是绿色低碳发展的大敌,高污染带来的高增长将来是要为之买单的。因此,低污染的绿色低碳发展是必由之路,也只有发展绿色低碳经济才能解决生态环境遭到污染的问题。绿色低碳发展是基于

---

[1] 习近平. 习近平谈治国理政 [M]. 北京:外文出版社, 2014:211.
[2] 方时姣, 等. 生态和谐视角下的绿色低碳发展研究 [J]. 中国人口·资源与环境, 2011 (21):58.

生态文明思想的新经济模式,是建立在生态环境容量和资源承载力严格约束下的一种经济可持续发展。

绿色低碳发展需要依靠政府发挥引导和服务作用,用发达地区的示范效应带动欠发达地区的发展,降低企业低碳转型成本,并积极引进先进技术;建立低碳转型区域市场机制,以价格调节手段来带动低碳转型实践。具体而言,政府的功能主要是:其一,引导群众自觉树立生态观念,高度重视生态问题与民生问题的相适性;其二,加强低碳生活方式的宣传,使低碳概念为全社会所认识,让人民群众认识到高碳社会的危害性,认同低碳发展的重要性;其三,转变群众的生态价值观,以逐渐适应绿色低碳发展的要求,制定相应低碳生活标准体系,让低碳生活模式成为时尚;其四,引导企业树立生态文明价值观,并在此基础上增强社会责任感,加强绿色低碳技术应用,实现经济利益与和生态利益的最大化。

(2) 循环经济发展思想

循环经济是"追求更大经济效益、更少资源消耗、更低环境污染的先进的经济形态。它以可持续发展为原则,以资源节约和循环利用为特征,以经济发展的低代价为根本追求,既是一种关于社会经济与资源环境协调发展的新理念,又是一种新型的、具体的发展形态和经济发展模式"。[1] 循环经济发展理念强调各种物质的循环使用,特别是自然资源能够得到充分的循环再利用,以环境的最小代价换取经济增长的最大值,是可持续发展的一种经济模式。

循环经济发展的主要观点:其一,经济发展的生态系统观。认为经济系统只是作为一个整体的生态系统的一个子系统,与其他各子系统相互影响、相互促进、互为条件。若过分强调经济增长,漠视生态环境的容载能力,自然资源遭受过度消耗和污染,将会导致生态系统的失调和破坏,反过来也会制约经济系统的健康循环,从而引发一系列的恶性循环。因此,循环经济系统依赖于生态系统而存在,并通过生态系统获取自然资源的支撑,需要树立正确的人与自然关系的价值观。其二,生产过程的再生循环观。依靠科学技术实行清洁生产,做到全过程清洁控制,提高自然资源的利用效率,使自然资源循环再利用。其三,基于公平原则的可持续发展观。循环经济是以可持续发展观为指导的新经济增长模式,强调公平享有资源,合理承担环境保护

---

[1] 邱耕田. 低代价发展论[M]. 北京:人民出版社,2006:73.

责任；努力实现代际生态公平，维护生态系统的负荷能力，不损害后代人的生态利益；维护种际公平正义，实现人、自然、社会三位一体的和谐公平发展。

循环经济发展的本质是高效循环再利用环境资源，其循环演化路径是"资源到再生资源"，减少了经济发展对生态环境的影响，达到节约资源又改善环境的目的。其主要特征表现在：其一，循环经济以生态学规律为重要的指导原则，将经济发展融入对自然规律的充分尊重之中，最终实现经济发展目标的生态化；其二，循环经济以资源节约性为主旨，这主要通过高科技、高效益、低消耗、低污染等方式来实现；其三，循环经济以实现人与自然的和谐共生为核心内容，以人与自然的共同利益为出发点，在尊重生态利益的基础上更好地体现"以人为本"的生态原则。

（3）资源节约型社会思想

资源节约型社会是由政治、经济、文化等要素组成的有机整体，可以有效推动经济社会可持续快速发展。其本质是在经济社会活动中最大限度地节约资源，以实现最大化的资源配置效率。在政治方面，资源节约型社会是指国家统治阶层，如党政机关、军队、人民团体等以社会大众利益为根本出发点而进行的各种节约行为，对节约型社会起到引领作用。在经济方面，资源节约型社会通过人的需要优化配置生产与消费的比例关系，以达到资源使用效率的最大化，减少市场经济条件下不必要的浪费现象；同时，在社会再生产过程中，以最低的资源消耗获取最大的产出效益，极大提高社会生产率。在文化方面，资源节约型社会通过生态文明理论以及文艺作品等形式改变人们关于社会再生产的观念和认识，为人们具体实践节约型社会提供理论和方法指导。政治层面的资源节约型社会是主导，通过相关制度和政策强力推进节约价值观的践行落实，引导社会建设的方向；经济层面的资源节约型社会是基础，通过经济基础决定政治和文化上层建筑；文化层面的资源节约型社会是经济建设和政治建设的纽带，贯穿于整个节约型社会建设的过程，并促进社会经济、政治的共同发展。

总体而言，从节约的形式看，资源节约型社会是生产节约型与消费节约型的统一；从节约的主要内容看，资源节约型社会关注节地、节水、节电、节材以及资源循环利用等方面；从节约的效率看，资源节约型社会强调低投入、高产出；从节约的观念看，资源节约型社会节约思维深入人心，生态价值观蔚然成风，生态文明快速进步；从节约的动力看，资源节约型社会是经济增长方式由外延扩大向内涵提高方向转化的社会。这就是"从宏观的角度上,已将节约纳入经济发展和社会发展的总体目标中;从微观的角度上,绝大多数社会成员均将节约奉为人生哲学和道德准则"。[1]

(4) 生态治理系统论

生态安全事关国家安全和社会主义生态文明建设的成败。因此,生态治理体系和治理能力现代化是全面推进依法治国战略的重要组成部分,加强生态法治建设,提高法律对生态建设行为的治理作用。习近平指出:"用严格的法律制度保护生态环境,加快建立有效约束开发行为和促进绿色发展、循环发展、低碳发展的生态文明法律制度。"[2] 要依靠法律的约束力和强制力处理好经济与生态环境保护之间的关系。为此,要完善干部政绩考核机制,将生态环境保护成效纳入绩效考核指标体系中,建立生态环境责任追究制度和生态补偿管理机制,促进生态文明建设。

生态治理是一个系统工程。习近平以自然生态系统平衡与良性循环为治理出发点,形成了"生命共同体"统筹治理观。他指出:"山水林田湖是一个生命共同体,人的命脉在田,田的命脉在水,水的命脉在山,山的命脉在土,土的命脉在树。"[3] "经济、政治、文化、社会、生态文明各领域改革和党的建设改革紧密联系、相互交融,任何一个领域的改革都会牵动其他领域,同时也需要其他领域改革密切配合。如果各领域改革不配套,各方面改革措施相互牵扯,全面深化改革就很难推进下去,即使勉强推进,效果也会大打折扣。"[4] 因此,要从系统论和全面性的高度,来探讨适合我国国情的生态治理发展道路,使现代经济社会发展建立在生态系统良性循环的基础之上。

由此,以习近平生态文明思想为代表的社会主义生态文明思想,其主要内容包括:"生态兴则文明兴"的生态文明观,"良好的生态环境是最普惠的民生福祉"的生态民生观,"绿水青山就是金山银山"的生态生产力观,"安全底线不可触碰"的生态安全观,"社会生产力与自然生产力同等重要"

---

[1] 梁旭. 节约型社会建设与政府决策选择 [M]. 北京:中国政法大学出版社,2006:122.

[2] 刘於清. 党的十八大以来习近平同志生态文明思想研究综述 [J]. 毛泽东思想研究,2016(3):57.

[3] 陈吉宁. 以"四个全面"战略布局为指引奋力开创环保事业改革发展新局面 [J]. 时事报告,2015(2):35.

[4] 习近平. 习近平谈治国理政 [M]. 北京:人民出版社,2014:67.

的人与自然共生观。[1] 习近平新时代生态文明思想是对马克思主义生态文明思想的继承与发展。

4.1.3 生态保护思想

生态保护是指人类应用经济、法律、工程、科学技术、行政管理等各种手段有意识地对整个生态系统进行的保护行为。它以生态文明理论为指导，以遵循生态规律为基本原则，应用生态学理论和方法研究并解决人与事物、人与人、人与环境、事物与环境之间的关系问题，使人与事物、人与人、人与环境、事物与环境之间关系和谐化。生态保护既包括保护具体的对象，也包括保护具体对象所处的整个生态环境，即保护整个生态系统的各个组成部分。

（1）生态保护学理论

其一，大地共同体理论。它认为当一切事物逐渐保持其生命共同体的完整、稳定时，就会表现出最美丽的状态。完整是指生态系统完整性和物种多样性的有机统一；稳定是指维持生态系统的自我调节与自我更新能力；美丽是指超越了经济利益的自然对人类的馈赠。完整、稳定和美丽三个要素是大地共同体有机统一的整体，不可分割。人类是大地共同体的一员，如果为了追求经济利益而滥用和破坏大地，就会损害人类自身的利益。因此，人类有责任保护大地共同体的完整、稳定和美丽。

其二，岛屿生物地理学理论。它把生态环境作为一个岛屿来看，提出了物种多样性与"岛屿"面积及隔离程度的关系，认为物种丰富度由"岛屿"面积及其隔离程度所决定，是物种及其环境栖息地保护和自然保护区建设的理论基础。它主要研究解决两个问题：一是解决破碎化生态环境与物种多样性的保护问题；二是解决由于人类干扰等因素引起的物种、群落和生态系统遭到破坏而出现的各种问题。

其三，生物多样性保护理论。它认为生物多样性是生态系统最为重要的结构和功能特征，也是生态学领域最为重要的基础研究内容。人类应当采取有效行动全力阻止因生态系统被破坏而引起的生物多样性丧失。只有保护生态系统中的种质资源，维护生物多样性，才能保持生态系统可持续的稳定性和服务功能。因此，要发挥生态系统功能和服务对人类的重要作用，必须对

---

[1] 牛文浩. 生态思想维度中社会主义生态文明研究 [M]. 北京：经济日报出版社，2019：51.

生物多样性所依赖的生态系统进行多层次保护。

其四，立法保护理论。它认为体现统治阶级意志的法律法规为更高层次的全面的生态保护提供了重要依据，因此立法是生态系统保护的重要抓手。如《荒野：美国价值观的历史，意义和前途》认为荒野保护法是美国环境保护的"中心价值"体现，保护只有建立在法律和机构之上，生态环境才能得到更加广泛的保护。[1]

综上，生态保护学理论主要有以下特点：一是生态保护的地域性原则。有什么样的自然环境就会有什么样的生态系统，两者之间进行着能量和物质交换，而生态保护正是为了保持生态系统中物质和能量循环始终处于适度的状态，因地制宜地保持生态系统的平衡稳定，这就是生态保护的地域性。二是生态保护的公平性原则。强调受保护的机会和利益公平，对不同区域不同事物的保护不应损害其他地区其他事物，所有地区和事物都应该具有公平的受保护权。三是生态保护的协调性原则。保护系统各子系统是相互影响、相互制约的有机整体，保护的着眼点就是要使各个子系统充分协调发展。四是保护系统的持续性原则。即任何保护生态系统的行为都不能超越各种影响要素的承载能力，如资源、环境、科技等因素。五是生态保护的共同性原则。生态保护是国家民族的安全问题，必须克服历史和文化的障碍，参与者的目标是共同的。

（2）深层生态保护理论

深层生态学是在遵循客观事物内价值的深度关联规律的基础上，深层思考生态系统受到现代工业经济社会严重破坏的主要根源，以研究人类社会生活本真价值为着眼点，以构建现代生态性合理生活方式为抓手，以实现人类及其环境共同体的良性生态关系为目标的社会主义生态文明思想。它是生态保护理论研究深层化和人类生态保护意识现代化的必然要求，以建构生态保护系统多样性、有机性和整体性为己任。

深层生态保护学理论之所以存在，是基于生态危机的两个"深层"问题：第一，如何解决人类自以为是的世界观和价值观所造成的生态危机的深层社会根源问题；第二，如何变革引起生态危机的人类各种生活方式、思维方式、科技作用方式以及社会管理模式，以推动形成人与自然和谐共生文明状态。为此，深层生态保护学理论既是一种人类解决生态危机的生态保护思

---

[1] 付战勇，等.生态保护与修复理论和技术国外研究进展[J].生态学报，2019（23）：9008.

想武器，也是一种生态保护的实践模式，并通过变革人类社会生产与生活方式得以实现。其理论成果主要有：

其一，生态保护的物种濒危控制理论。强调通过唤醒人类生态危机意识，建立有效的物种濒危控制机制，并依此制定相应的有效保护规划。由于受到各种复杂环境因素和事物本身变化的共同作用，事物濒危和消失是在所难免的，这是事物发展的客观规律，但是，人类活动不应加快这种濒危和消失，而是科学保护濒危事物，延缓其消失的过程。

其二，生态保护的多样性控制理论。生态保护多样性含义既有保护对象方面的多样性，也有保护模式及方法层面上的多样性。实践中，我国幅员十分辽阔，物种丰富多样且独特，地域性差异也非常明显，为此，生态保护要先调查分析事物的多样性分布状况，并在此基础上比较和选择适合的保护模式和方法。另外，要根据保护对象所在地域和环境的特殊性，研究和制定多种保护模式和方法，体现生态保护的方法多样性。

其三，生态保护的区域性建设理论。强调要根据生态保护的对象、环境、功能等特点，采取"生态岛屿"的方式建立相应的生态保护区域，维持事物生存环境的原生态性，以实现对保护对象的原生态保护。这已是国内外生态保护工作中的普遍做法，在实践上这种理论已广泛地应用于建设自然保护区、文化遗产保护区等方面。

其四，生态保护的环境控制理论。认为生境破碎化是生态环境受到破坏并不断恶化的根源，也是导致事物多样性快速退化、消失的重要因素。因此，深层生态保护学的基本任务是恢复、重建并有效管理生态系统，促进生态和谐。在实践上，这一理论在生物多样性保护和非物质文化遗产保护方面取得了较好的应用效果。例如，在生态系统中，要使多种生物公平生存和发展，就必须保证其生态环境的完整性和平衡性，一旦其生态环境被破坏，生物多样性将会快速消失。

其五，生态保护的外来物种控制理论。这一理论认为外来物种入侵可能引发生态灾难，并影响社会生产、生活。因此，如何有效控制外来物种入侵是深层生态保护学研究的重要内容。要做好生态保护，就要弄清外来物种入侵及造成生态破坏的机理，建立预警系统和综合防治体制机制。这一点在实践上，广泛应用于图书、档案和文物保护的有害昆虫和有害微生物预防和控制方面。

4.2 生态性管理思想

生态性管理是以生态文明观为指导，以管理科学为基础，将管理学与生态学有机结合起来，使尊重生态规律和体现生态精神贯穿于管理活动全过程的管理方式。生态性管理建立在人们对现代管理带来的负面效应进行反思的基础上，具有更高的管理境界和理念，产生与现代管理迥异的管理效益。生态性管理的着眼点主要是：调节人类社会内部的各种社会关系，调节人类社会系统与自然生态系统的关系，实现生态命运共同体的和谐发展。

4.2.1 生态管理观脉络

美国科学管理之父弗雷德里克·温斯洛·泰勒的《科学管理原理》带来了管理效率的巨大提高，效率管理观一度成为美国、日本、中国发展的经济管理理念。[1] 但对于范围更大的社会管理和行业管理来说效果并不明显，因极度追求效率而产生的失业问题、环境问题以及由此产生的劳资矛盾、社会矛盾十分突出，招致了尖锐的批判。"泰勒思想的第一个负面影响是，它把效率置于伦理道德之上。"[2] 人们开始用社会伦理和环境伦理来思考时代对新管理观的呼唤，法国人亨利·法约尔提出运用生态文明思想"把管理看作一个相互联系的生态整体"。于是，生态管理观应运而生。

（1）德鲁克社会生态管理思想

现代管理学之父彼得·德鲁克一直把自己当作一位社会生态学家。他坚信，人在本质上的德性是善良和负责任的，可以通过一定的管理方法激励其发挥出潜能，建立一种带有道德色彩的社会生活理念。社会生态管理的终极目标是促进社会管理生态化，建立一个自由且成功运转的社会，从而实现人与人、人与社会、人与自然的整体性、连续性、可持续性发展和进步。

其一，人是社会生态管理的目标和途径。德鲁克将企业当成社会系统的一个器官或生态系统的一个有机部件，其存在和发展价值不仅能为社会提供重要的物质基础，而且能推动社会变得更加和谐、美好。因此，企业具有社会属性

---

[1] 蒋显荣，等.生态管理观：管理思想发展新思维[J].技术与创新管理，2010（6）：654.
[2] 斯图尔特·克雷纳.管理百年——20世纪管理思想与实践的批判性回顾[M].邱琼，译.海口：海南出版社，2003：133.

与自然属性，必然与周围的其他企业、社会环境和自然环境形成相互依赖、共生发展、互动循环的关系。为此，企业管理并不仅是企业自身的事情，更是社会系统发展和优化的基础。企业作为社会系统的一个单元，其发展目标的实现既是企业的，也是社会的，体现的是社会责任和生态责任的统一，最终促进社会系统的共同进步与发展，这是企业存在的社会价值。同时，人既是社会的主体，也是自然界的一部分，具有特定的社会地位和应有的生态作用，社会生态管理需要争取人们的积极参与，并承担其相应的社会责任，发挥"我为人人，人人为我"的作用。因此，社会生态管理的目标是人，途径也是通过人的组织。组织是一个功能性社会的有机成分，是人与社会关系的纽带，社会的建设与管理必须依靠组织、依靠人民，发挥其主观能动作用，担负起社会生态责任，实现社会善治和人民幸福。

其二，人的培养是社会生态管理的核心。德鲁克认为人是社会管理的全部内容，要遵循"以人为主、责任为本、兼顾统一"的原则。其核心内涵是：人是社会的主体，管理和创造必须依靠人；虽然经济力量创造新机会以让企业能有所作为，却不能决定企业是什么或做什么。而作为人的管理者决定企业的兴衰，是社会进步的重要力量。企业管理的关键是人，人是企业的资源而不是商品。企业管理的真正意义在于培养员工的责任感、使命感、创新力、协调力、决策力和积极性。而人才则是人中龙凤，管理者要充分认识人才的重要性并把人才放在合适的位置上，做到人尽其才，才尽其用。

其三，服务人与自然是社会生态管理的本质。德鲁克认为管理不是哲学或理论，管理是行动，管理的本质就是实践。他的许多有关企业和组织的管理的原则、方法就是实践经验和案例的总结，如关于"改变组织流程和构架，降低运转成本并提高效率"的论断就是他长期观察沃尔玛公司的结果。他认为管理学是一种实践，而不是一门艺术或科学，只有秉承服务人与自然的理念，管理才是有价值的。

其四，不断创新是社会生态管理的精髓。德鲁克大力倡导通过变革和创新，以更好地利用新的资源，以提高整个社会和自然的效益，各种机构组织必须紧抓创新并寻找新的机会，才能面对新变化，解决新问题，焕发新活力，实现新提升。"创新是人们从事创业活动时的特定工具，通过创新行为，赋予现有资源创造财富的新能力。"[1] 只有社会管理的不断创新，才能有效

---

[1] 德鲁克. 后资本主义社会 [M]. 张星岩，译. 上海：上海译文出版社，1998：24.

应对环境的动荡和变化。

其五，可持续发展是社会生态管理的功能。德鲁克强调社会必须赋予公民一条发挥其功能的路径，保证组织的有效性，强化个人伦理道德和社会责任感，建立一个有效运转的、负责任的社会，实现社会生态的公平、正义、创新、高效、平衡和可持续。他认为，如果个人的贡献与社会管理不能统一，那么社会生态就不会自由和谐。如果组织的价值观不能与社会的总体价值观相一致，则组织和个人也无法在社会系统中健康地生存与发展。

（2）生态管理观的深层思考

20世纪30年代以来，开始了行为科学与管理科学相互融合，使管理学用生态整体性的观点看待社会组织，把企业看成一个系统，即"技术—社会—心理"的多元结构系统。生态整体性的观点被看成是生态管理观的深化。

其一，决策生态平衡理论。西蒙认为，在关于组织持续发展的决策上，要体现一种使决策平衡的合作思维，由于持久发展是决策时要考虑的逻辑点，因此，必须权衡组织与环境的平衡以及组织内各层之间的平衡。于是要建立一种决策的生态环境，在这个环境中，不同的意见都应该得到尊重，管理者的有效决策基于对立观点的交锋。为什么需要这样的生态环境？理由是确保决策不受组织中个别利益群体的影响，不同意见可以为一项决策提供多种可供选择的方案，不同思想的碰撞可以激发交流者新的想象力。

其二，人性假设理论。麦格雷戈假设："一般人并非天生厌恶工作，工作毕竟是一种满足的来源；促使人朝组织的目标而努力，外力的控制及惩罚的威胁并非唯一的方法，人为了达成其本身已经承诺的目标，将自我督导和自我控制；只要情况适当，一般人不但能学会承担责任，且能学会争取责任。在现代产业生活的情况下，常人的智慧潜能，仅有一部分已予以利用。"[1] 它揭示了组织中个人和整体目标相融合的趋势。在此环境中，成员把竭尽全力追求组织的目标作为其实现自己目标的最佳方式，因此，合作是最佳选择。人性假设理论体现了一种生态平衡机制，即个人依赖于组织环境。

其三，生态组织观。罗森茨韦克提出的权变理论是一种生态组织观，

---

[1] 道格拉斯·麦格雷戈. 企业的人性面 [M]. 许是祥, 译. 台北：中华企业管理发展中心, 1979: 261.

认为组织由分系统构成，并有可识别的组织界限而区别于其环境系统，强调组织的多边特性，研究组织在特定条件下的经营管理行为以及组织与环境之间、分系统之间的相互关系。"各种权变观的最终目标是提出最适用于具体情况的组织设置和管理活动。""任一组织的变革受环境、目标和价值、技术、结构、社会心理等因素的影响。"[1] 弗雷德·鲁森斯的《组织行为学》更明确推崇生态组织观，认为系统是一个开放的系统，组织要在适应环境中求发展，要从环境中吸取创新的动力，而不是仅把目光盯在内部资源上。"将组织视为开放系统的关键在于将外部环境视为重要的输入来源。在系统论术语的界定中，组织的边界对外部环境（社会的、法律的、技术的、经济的以及政治的）而言，是可透性的。"[2] 在激烈的组织竞争中，环境是决定性的，只允许一些组织通过竞争而生存，只有生态性的组织才是最具竞争力的。

4.2.2 行政生态管理思想

行政生态管理思想是行政管理和生态哲学相结合的产物，是行政管理领域重要的理论视角。美国约翰·高斯教授于1936年首次提出行政管理及其环境之间存在着密切联系，外部环境对行政管理的作用是显而易见的，认为可以运用生态学方法研究行政管理问题，强调把行政学与生态学理论结合起来进行研究的必要性。其出发点是行政管理能"找到个人能够对自己所处环境施加某种影响的新满足和新机会，我的主旨在于通过公共手段建立起某种新体制的基础，使个人得到发展和满足，并使为某种目标奋斗的思想得以再度发扬"。[3] 于是，生态理论被引入行政管理领域，行政生态管理思想得以进一步发展。

（1）里格斯行政生态学理论

行政生态学是运用生态学理论和方法对行政系统及其周围环境的相互关系和相互作用进行研究的一门科学。研究行政管理问题，应该既着眼于行政系统本身，又要跳出行政系统的局限，研究行政系统与社会环境系统的关系问题。美国里格斯教授的《行政生态学》，开启了运用生态学的理论和方法

---

[1] 卡斯特，等. 组织与管理——系统方法与权变方法 [M]. 傅严，译. 北京：中国社会科学出版社，2000：36.

[2] 弗雷德·鲁森斯. 组织行为学 [M]. 王垒，译. 北京：人民邮电出版社，2003：189.

[3] 约翰·高斯. 公共行政学尖端 [M]. 美国：芝加哥大学出版社，1936：12.

研究行政管理问题新时代,确立了行政生态学作为一门新学科的基本思想。[1] 其基本理论要点是:

其一,基于棱镜折射论的三大行政模式。第一种是融合型行政模式,与农业社会相适应。农业社会如同自然光在折射前是一道白光一样,社会结构是混沌的,社会分工模糊,行政行为与各种社会行为,如立法、司法、军事、经济等混杂交融,没有专业行政机构,因而行政效率低下,是一种功能扩散型社会。第二种是衍射型行政模式,与工业社会相适应。工业社会如同白光经过棱镜折射后,呈现出衍射的各色光谱一样,社会分工明确,行政职能清晰细致,机构设置专业化,结构功能协调,追求行政效率与科学性,是一种功能专一型社会。第三种是棱柱型行政模式,与介于农业与工业社会之间的过渡社会相适应。如同白光通过棱柱折射的情形一样,光既呈现出白光的特性,又具有衍射光的特征,犹如介于农业社会和工业社会的过渡型社会形态。过渡型社会新旧并存,明显同时具有传统社会和现代社会的特征,行政行为与其他社会行为尚未完全分化,专业机构功能有限,正常运作受限;各种行政管理制度在实施过程中仍会受各种裙带关系的制约,很难起到真正的约束和规范作用,因此行政效率一般不高。

其二,影响行政的五大生态要素。影响行政的生态要素主要有五个:经济因素、社会要素、符号系统、沟通网络和政治构架。经济因素体现一个国家或地区的社会生产力发展水平,是影响国家行政的首要因素,决定着一个国家的基本行政模式。社会要素主要是指各种社会组织,一般有两类:一是自然团体,以血缘关系为纽带结成的,如家庭、家族等;二是社会团体,以利益关系为纽带结成的,如政党、工会、教会、商会等。符号系统是标志政治性符号的,包括政治法则、政治典章、政治神话在内的一整套完整系统。沟通网络是指能使整个社会的组织互相沟通交流的各种手段,包括社会文化水平、使用语言状况、社会舆论力量,以及交通和通信状况等,影响行政的水平和效率。政治构架是指一个国家行政的政治体制,政治与行政是相互区别又相对分离的。政治决定政策的制定,行政执行政策的职能,二者既相互依存又相互影响,因此政治结构是影响行政生态的一个重要因素。

其三,过渡型社会行政三大基本特征。过渡型社会是与发展中国家的行

---

[1] 李莉,等.西方行政生态学理论及其对我国公共行政改革的启示[J].理论月刊,2006(1):58.

政问题相适应的,具有三个基本特征:一是异质性,指差异性极大的行政制度、行政行为和行政风范在同一个社会里并存,各种体制、习俗和观点相互交织,"井水不犯河水",因而其社会变革是不完善、不协调的;二是重叠性,指行政机构非专业化,职能重叠,功能紊乱,机制失调,本应发挥的功能却由一些非行政组织替代,存在着权力机构和控制系统之间的分离;三是形式主义,指政府所制定的政策和法律等规制形同虚设,流于形式,使得合法制定的有效制度与现实之间具有明显的差距,组织目标与实际行动渐行渐远。形式主义是过渡社会的通病,是贪污腐败的温床。

(2) 中国行政生态学理论

里格斯行政生态学理论研究成果,在中国也引起了行政生态学研究的热潮,促进了行政生态学作为一门系统学科在中国的成长。许多学者的研究成果也相继出版,影响较大的如彭文贤的《行政生态学》、王沪宁的《行政生态分析》。

彭文贤关于行政生态学的主要观点:要研究一个社会的行政问题,必须跳出行政本身的范畴,到社会环境中去研究,了解行政及其环境的关系。行政生态环境是一个行政体系所依存的整个社会系统,主要包括政治因素、经济因素、社会因素和文化因素。行政生态学应有两个研究方向:一是行政如何受到其环境特有的社会、文化以及历史等诸多因素的影响;二是行政又如何影响其环境的社会文化的变迁与发展。在行政及其环境之间,往往因为各种投入与产出而达到一种动态平衡的状态,这种平衡的关系具有循环性,即"环境—生命机体—环境",如此循环不已而维持了行政生态系统的存在。[1]

王沪宁关于行政生态学的主要观点:任何行政系统的现实活动和社会关系都不可能脱离一定的历史、社会、文化环境,而且只有在与"历史—社会—文化"环境系统的充分平衡之中,才能不断使行政系统的效能趋向良性与优化。行政生态学就是运用生态学理论研究生命主体与其自然环境的相互关系及相互作用的基本理论和方法,来研究行政系统与社会环境的相互关系的方法,也就是通过模拟生态系统各个影响要素的作用机理来研究行政生态系统。行政系统的构成包括整个行政组织和行政人员。"行政生态环境则是与行政系统有关的各种条件之总和,也就是行政生态环境,包括政治、经

---

[1] 彭文贤. 行政生态学 [M]. 北京:三民书局,1988:247.

济、文化、军事、宗教、人口、工业、农业、心理、生理等,其中最重要的是政治圈、经济圈和文化圈。综观行政生态学之要旨,在于把行政系统视为一有机体,有机体在生活过程中要受到生态环境的各种条件的制约和影响。"[1]

(3) 习近平治理体系现代化理论

习近平治理体系现代化思想是习近平新时代中国特色社会主义思想理论体系的重要组成部分,对治理体系的改革创新产生了巨大影响,为促进全面深化改革、解决治理难题提供了根本遵循。在这一正确思想引领下,各级党委政府和组织积极通过制度变革和技术创新,顶层设计,以法治化、规范化为主线建设治理生态系统,初步形成了多层级治理生态系统相协调统一的新时代治理格局,正朝着实现国家治理体系和治理能力现代化的目标前进。

习近平治理体系现代化思想的主要内容:坚持党的集中统一领导,坚持党的科学理论,提高党科学执政、民主执政、依法执政水平,确保国家始终沿着社会主义方向前进。坚持和完善人民当家作主制度体系,发展社会主义民主政治,密切联系群众,紧紧依靠人民推动国家发展。坚持和完善中国特色社会主义法治体系,提高党依法治国、依法执政能力,建设社会主义法治国家,切实保障社会公平正义和人民权利。坚持和完善中国特色社会主义行政体制,构建职责明确、依法行政的政府治理体系,提高行政效能,建设人民满意的服务型政府。坚持社会主义基本经济制度,充分发挥市场在资源配置中的决定性作用,更好发挥政府作用,全面贯彻新发展理念,坚持以供给侧结构性改革为主线,加快建设现代化经济体系。坚持和完善繁荣发展社会主义先进文化的制度,巩固全体人民团结奋斗的共同思想基础,坚定文化自信,牢牢把握社会主义先进文化前进方向,激发全民族文化创造活力。坚持和完善统筹城乡的民生保障制度,满足人民日益增长的美好生活需要,创新公共服务提供方式,使改革发展成果更多更公平惠及全体人民。坚持和完善共建共治共享的社会治理制度,建设社会治理共同体,保持社会稳定、维护国家安全,建设更高水平的平安中国。坚持和完善生态文明制度体系,践行绿水青山就是金山银山的理念,促进人与自然和谐共生,走生产发展、生活富裕、生态良好的文明发展道路,建设美丽中国。坚持和完善党对人民军队

---

[1] 王沪宁.行政生态分析[M].上海:复旦大学出版社,1989:11.

的绝对领导制度，全面推进国防和军队现代化，确保人民军队忠实履行新时代使命任务。坚持和完善"一国两制"制度体系，坚定维护国家主权、安全、发展利益，推进祖国和平统一。坚持和完善独立自主的和平外交政策，坚定不移维护世界和平、促进共同发展，推动构建人类命运共同体。坚持和完善党和国家监督体系，强化对权力运行的制约和监督，确保党和人民赋予的权力始终用来为人民谋幸福。加强党对坚持和完善中国特色社会主义制度、推进国家治理体系和治理能力现代化的领导。[1]

人民共同治理观是习近平的治理体系现代化思想的重要特征。体现在国内治理现代化上，就是"打造共建共治共享的社会治理格局"。体现在世界治理现代化上，就是秉持"共商共建共享的全球治理观，构建人类命运共同体"。习近平的人民共同治理观，强调集体主义是社会主义的整体价值取向，而集体主义以成员共同利益为突出特点；强调在发展理念上的"创新、协调、绿色、开放、共享"思想，在保障和改善民生上的"全体人民共同富裕"，在社会主义核心价值观上的"树立共产主义远大理想和中国特色社会主义共同理想"，在生态文明上的"坚持人与自然和谐共生"，在国际关系上的"构建人类命运共同体"。

4.3 信息生态保护理论

信息生态保护是运用生态学理论与方法研究信息安全管理问题的理论与方法，强调信息保护的系统性，坚持以人为本、节约资源、循环增值、系统优化等原则，对信息生态系统的信息人、信息内容、信息网络、信息权利及信息环境等要素进行整体性的保护。信息生态保护的研究对象就是信息生态系统及信息安全生态性保护的规律。

4.3.1 信息生态学理论

在信息社会中，人们不禁要问，如何才能促进信息管理与信息环境乃至人类社会的和谐发展？于是，人们为这个问题开辟了新的研究领域——信息生态学应运而生。信息生态学是研究信息人、信息和信息环境之间相互作

---

[1] 党的十九届四中全会《决定》学习辅导百问[M]. 北京：党建读物出版社，学习出版社，2019：1.

用、协调发展规律的一门学科。信息生态学以生态规律为理论指导,以设计和维护具有组织能力的信息生态系统为视角,以人、信息、社会的系统平衡和协调发展为目标。

(1) 信息生态系统理论

信息生态系统是由信息人、信息资源和信息环境组成的,具有一定结构并能发挥信息功能、维护信息安全的有机整体。它以信息技术为手段,以信息传输为纽带,以信息安全为基础,以信息满足为目标,构成一种"人—信息—社会"的生态平衡。信息人是指从事信息活动的人和组织,包括信息生产者、信息传输者、信息利用者以及信息监管者。信息生态环境是指对信息人的信息行为和信息资源产生影响的环境因素的总和。一般而言,对信息人的信息行为和信息资源产生直接影响的环境因素,如信息技术、信息政策、信息法规、信息伦理等称为信息生态小环境;而产生间接影响的环境因素,如政治环境、经济环境、文化环境、科技环境、法制环境等称为信息生态大环境。

信息生态系统的构成要素及其相互关系:由三个基本要素构成,即信息、信息人和信息环境。要实现三个基本要素的有机结合、相互作用而构成完整的信息生态系统,需要信息传递四个基本要素,即信息、信源、信道、信宿的有机结合、相互作用。信息是一种媒介,是我们对外界进行调节并使我们的调节为外界所了解时而与外界交换的媒介。它是客观世界中各种事物变化和特征的最新反映,是信息人之间、信息人与环境之间进行交流的媒介,是构成信息生态系统的基础。信息人相当于信源与信宿。信息人是信息生态系统的主体。从信息链看,信息生产者是信源,信息使用者是信宿,但在生态系统中信源和信宿的角色是相对的,在一定的时空条件下是可以相互转换的。如在某一信息链中,信息人接收来自信息环境的各种信息,他是信宿,同时他也会发出信息成为信源。信息环境相当于信道。信道是信息人之间、信息人与环境之间进行信息交换、传递的中介。作为信息传输的联系物,信道的表现形式具有多样性,但功能相一致。信息生态系统三要素信息、信息人、信息环境之间的联系是紧密的,三者之间存在着信息正负反馈的关系,信息人之间具有相互依存、相互促进、相互影响的多元复合的生态关系。[1]

---

[1] 董丽梅,等. 宏观信息生态系统的概念、构成与功能研究[J]. 情报科学, 2014 (8): 27-31.

信息生态系统的特征主要表现在：一是整体性。信息生态系统是一个由多种要素组成的有机整体，各要素之间相互作用、互为条件，其中的任何变化都可能引起连锁反应，打破整个系统的平衡。二是社会性。信息人是人类社会发展的产物，不但可以适应环境而促进信息生态系统的形成、发展、稳定与平衡，也可以损害环境而导致信息生态系统的失衡、破坏。三是自组织性。信息生态系统的价值体现在满足信息人的需要和有用性，而这种需要受信息的市场供需情况变化所影响，可根据市场信息的动态变化进行自我动态调整，以满足信息与现实需求之间的动态平衡，最终形成一个自组织性的系统。四是适应性。信息人的信息伦理观和信息治理体系为信息生态系统提供了一种自我调节机制，在社会环境发生变化时对维持系统平衡发挥着重要作用。五是时空性。信息生态系统具有一定的时间结构，信息人的存在过程、信息生态系统本身发展变化过程都具有明显的时间特征。同时，信息生态系统也具有一定的空间结构，占据一定的信息空间。六是动态均衡性。发展到成熟阶段的信息生态系统，信息传递趋于稳定，处于一种均衡状态，是动态的均衡。因为此时系统内部信息交流并不停止，各系统要素在保持相对稳定比例的情况下数量也不断变化。

（2）信息生态位理论

信息生态位"是指信息人在信息生态环境中所占据的特定位置"。[1] 在信息生态系统中，信息人是主体，总要占据一定的空间位置，有一定的活动时间以及由此带来的一定的顺序、过程与周期，利用一定的环境资源，发挥着一定的信息功能。因此，信息生态位反映了信息人与各种信息生态因子的调适关系，表现在它与现实空间、虚拟空间、社会环境、自然环境的多维关系。无论哪个维度的信息生态位，都是有一定宽度的。信息生态位宽度是指信息人所获取和利用的各种环境资源的量，或者说获取和利用信息及环境资源多样化的程度。对于某个维度的信息生态位宽度而言，则是指信息人在该维度上获取和利用的信息资源数量的程度。信息生态位宽度体现了信息人对各种信息生态因子的综合利用能力和环境适应能力。信息生态位可以用信息时空、信息资源和信息功能三个维度来表达。

信息时空生态位包含信息时间生态位和信息空间生态位。信息时间生态位是指信息人的活动在时间轴上的位置，主要表现为信息人受各种环境因子

---

[1] 娄策群. 信息生态位理论探讨 [J]. 图书·情报·知识，2006（9）：23-28.

的制约选择特定的信息活动时间。信息空间生态位是指信息人进行信息活动时在信息环境中占据和利用的信息空间，即在信息空间中占据的以各种环境因子为参照体系的空间。一般来说，同一种群的不同信息人个体和不同种群的信息人都具有不同的信息空间。

信息资源生态位主要包括信息本体资源生态位和信息技术资源生态位。信息本体资源生态位是指信息人在信息活动中可获取和利用的信息环境资源的程度与状况。具体表现在信息人可获取和利用的信息资源、信息自然环境资源和信息社会环境资源的种类、数量、质量、水平的程度与状况。信息技术资源生态位是指信息人在信息活动中可获取的信息技术资源的程度与状况。具体表现在信息人可资利用的信息内容、信息设备和技术的种类、数量、质量、水平的程度与状况。一般而言，不同种类的信息人的信息资源生态位会有明显的差别，例如脑力劳动信息人相对于体力劳动信息人、政府高层信息人相对于基层信息人、发达地区信息人相对于落后地区信息人，其信息资源生态位较宽。

信息功能生态位是指信息人社会信息功能。具体表现为信息人在社会信息分工中所担任的角色的职能，如信息工作、信息职能、信息作用、信息影响等。信息人种类之间的相互关系是信息功能生态位着重关注的对象。例如，在信息生态系统中，信息生产者的功能是生产信息，信息传递者的功能是传递信息，信息利用者的功能是利用信息，它们建立起"信息生产者—信息传递者—信息利用者"的信息流转功能关系，完成一个信息交流的周期，在这一过程中，各信息人相互作用、相互依存，完成各自的功能职责。可见，信息功能生态位的形成和宽度与信息人特征、社会分工、社会竞争以及社会制度性安排等多种因素有关。

（3）信息生态环境理论

信息生态环境是"指在一定的社会空间内，信息成分和非信息成分通过信息产品的消费和信息服务的提供相互作用、相互依存而构成的一个以满足信息受众的信息需求为根本目的功能环境。"[1] 简单地说，就是"信息人—信息环境"系统中各要素之间互相作用、彼此依存的统一整体，具有生态性、协同性、动态性、稳定性。信息生态环境的构成要素包括信息生产者、信息消费者、信息传递者、信息管理者和信息环境等。信息生态环境的主要

---

[1] 郑金帆. 信息生态环境与信息生态链[J]. 农业图书情报学刊, 2011 (11): 149-152.

特点：一是具有综合性的社会体系；二是结构越复杂，越具有自我调节的能力；三是一个不断发展的复杂的动态系统；四是持续不断的信息活动。

信息生态链是信息生态环境建设工作的核心内容。信息生态链是"指在信息生态系统中，不同种类信息人之间信息流转的链式依存关系。"[1]不同种类的信息人是通过信息生态链而发生关系的，没有不同种类信息人之间的信息流转便没有所谓的信息生态链。因此，信息生态链的功能是作为不同信息人种类之间信息流转的链接媒介，并不断使信息在流转中得以浓缩或提炼，以实现信息人之间的信息共享。可见，信息生态链是信息生态系统实现信息功能的基础。信息在信息生态链上的流转具有双向性，既可以从"信息生产者—信息传递者—信息利用者"正向信息流动，也可以从"信息利用者—信息传递者—信息生产者"反向信息流动。在一个信息生态系统中，多条信息生态链相互交织便可以形成信息生态网，体现了信息人之间关系的多样性与复杂性，同时也可增强信息生态系统的协调性、稳定性与平衡性。

信息生态链的主要功能：一是实现信息在信息人之间流转的媒介。这是信息生态链最基本的功能，也是信息生态系统发挥功能的基本条件。二是为信息共享提供平台。只有实现信息的共享属性，才能充分发挥信息的价值，提高信息人的工作效率。三是实现信息升级。信息人通过信息生态链使信息在流转的过程中不断升级，得到浓缩、整序、提炼、解释，成为更高层次的信息。四是实现信息价值增值。通过信息生态链流转的信息被共享的信息人增多，被加工的次数增多，信息价值增值就越大。五是密切信息人之间的联系。通过信息生态链的连接使本无联系的不同种类的信息人建立起了密切的联系，形成一种协同进化的关系。六是增强信息生态系统的平衡性。信息生态链把信息生态系统最具有能动性的要素信息人连接起来，同时也把信息人与各个信息生态环境因子紧密联系起来，从而加强了信息生态系统要素之间的联系，使系统获得一种良性结构，增强信息生态系统的平衡和稳定。

4.3.2 信息生态系统保护理论

信息生态系统保护是以信息生态学理论为基础，以信息安全理论和技术为手段，对信息生态系统有意识地整体性保护的对策及措施。信息生态系统

---

[1] 娄策群，等.信息生态链：概念、本质和类型[J].图书情报工作，2007（9）：29-33.

的安全属性主要表现在信息生态系统的完整性、信息生态系统的平衡性、信息生态系统的可控性和信息生态系统的适用性。信息生态系统保护的任务就是要实现这些安全属性，主要途径是维护信息生态系统稳态和信息生态环境平衡，强化信息生态安全风险管理。

（1）信息生态系统稳态理论

信息生态系统稳态是"信息生态系统不断调节中的、变动中的而又相对稳定的系统状态。"[1] 具体而言，就是保持系统基本要素信息人、信息和信息环境之间的结构有序性的平衡，并使其处于一种具有系统自我调节机制的动态平衡，将各种干扰和振荡控制在一定范围之内。实现信息生态系统稳态应具备以下条件：

其一，信息人种类齐全，种群结构多样且有序。信息人是建设、适用和管理信息生态系统的主体，包括信息生产者、信息传递者、信息消费者和信息监管者四类，具有较强的主动改造和适应信息生态环境的能力。因此，在信息生产、信息传递、信息消费、信息管理等环环相扣的信息活动中，需要信息人种类齐全，缺少任何一类信息人，信息生态系统的协调稳定状态都很难得到维持。信息人种群结构是指四类信息人在信息生态系统中群体数量、时间、空间、功能等因素的分布情况和相互关系，以及各信息人种群内部个体数量、时间、空间、功能等因素的分布情况和相互关系。信息人种群的结构合理有序、比例协调、空间分布恰当、功能全面，则利于信息流畅，信息生态系统稳定，有效抵抗外界环境的变化。同样，信息人内部结构的内容、形式、层次等具有多样性，信息素养高，分布合理，信息产品丰富能满足需要，信息传递流畅快速，信息管理合法高效，则有利于信息生态系统发挥较强的自我调节和自我修复的功能，促进信息生态系统稳定。

其二，信息生态系统组织层次丰富，各子系统要素多样。信息生态系统在纵向上应包含若干个层次的子系统，这样当低层次的子系统受干扰时也不会对高层次的子系统产生太大的影响，有利于保持信息生态系统的稳定。信息生态系统在横向上的每一个子系统都应包含若干个子系统，且子系统之间关系协调密切，形成每个层次都有多个子系统群，这样当某个子系统的某个要素受干扰时也不会对其他子系统产生太大的影响，有利于维持系统的稳定，发挥较好的系统功能。

---

[1] 赵云合．信息生态系统稳态的影响因素分析 [J]．情报理论与实践，2011（4）：1-5.

其三，信息资源配置合理，政府配置与市场配置相结合。政府配置就是政府对信息资源的调配和利用起着主导性作用的方式。这种配置有利加强信息基础设施、公共信息服务等信息宏观领域的建设，促进和保障信息配置公平，促进和维持信息生态系统稳定。但也存在着决策周期更长、效率低，对信息微观领域的变化不敏感，信息生产传递消费关系失衡等现象，不利于维持信息生态系统的稳定。市场配置就是市场对信息资源的调配和利用起着主导性作用的方式。这种配置有利于在信息建设的具体和微观领域发挥更好的作用，有效地调节信息资源的供给关系并按市场需要对信息资源进行高效配置，有利于市场竞争和优胜劣汰，使信息活动的各环节更加协调，维持信息生态系统稳定性。在宏观领域，市场配置过分强调市场竞争而可能导致信息垄断、无序竞争、信息霸权、信息不公平，最终导致信息生态系统不稳定。因此，采取政府配置与市场配置相结合的信息资源配置方式，既能够提高信息资源配置的公平，又能够提高信息资源配置的效率。

其四，信息生态位分化合理，信息功能发挥充分。信息人在信息生态系统中的特定位置即为信息生态位，代表着信息人所处的时空、角色、功能以及占有和利用资源的状况。信息生态位是由信息人根据生态环境的具体情况作出时空选择而逐渐形成的，信息人个体和种群都有其特定的生态位，使信息人能够利用一定的信息资源，并发挥特定的信息功能。如果信息人占据的信息生态位合适，而这些信息生态位又能适应信息生态系统的需求而合理分化，各司其职，那么，信息人就能充分发挥信息功能，信息生态系统就相对稳定。如果信息生态位的分化程度较低，可能导致社会分工粗糙，信息产品及信息传递方式单一，不能满足信息需求，影响信息生态系统的稳定性。如果信息生态位分化过度，会导致信息人之间无序竞争而引起信息不公，不利于信息生态系统的稳定。

其五，信息生态链完整，信息生态网发达。信息流转的顺利完成，依赖于完整的信息生态链，反过来说，信息生态链的实质功能就是信息流转。信息流转是双向性的，既有正向信息流转，也有反向信息反馈。因此，只有形成完整的"信息生产者—信息传播者—信息消费者—信息生产者"的信息生态链，才能建立各流转环节之间的相互依存关系，减少因某节点出现异常变动而导致信息生态链断裂，稳定信息生态系统。信息生态网是由若干条信息生态链互相交织在一起而形成的，信息生态链数量越多，信息生态链的支链数量越多，则信息生态网的复杂程度越高。信息生态网足够发达，则某条信息生态链受到干扰或断裂也不会影响其他信息生态链的运行，系统信息功能还可以正常发挥。因此，发达的信息生态网有利于稳定信息生态系统。

（2）信息生态平衡理论

信息生态平衡是"指信息生态系统各组成部分之间协调互补，系统结构优化、功能良好的一种相对稳定状态。"[1] 它要求信息生态系统达到信息人种类和数量比例稳定、信息环境因素相互协调、信息人与信息环境高度相适、信息流转畅通高效等基本标准。信息生态平衡强调系统三要素之间的整体相对稳定平衡，具体表现在以下方面：

其一，系统结构优化，各要素匹配相适。一是信息人种类、数量、比例等结构合理。信息生产者、信息传递者、信息消费者、信息监管者等合理匹配，组成了完整的有活力的信息生态链。不同种类的信息人与其生态位相适应，配置合理，和谐共生。二是环境因子之间关系协调。既有同类信息环境因子的协调，也有异类信息环境因子的协调。信息本体因子的信息类型丰富、比例适当、互补性强；信息技术因子的技术更新快且兼容性强、软硬件技术匹配协调、技术标准广泛统一、信息技术与信息相适、网络建设与信息资源开发协调；信息时空因子的信息活动时间和信息空间之间协调互补；信息制度因子的信息制度完善、不同制度互补性强、同类信息制度延续好、信息技术发展态势良好、抑制信息污染。三是信息人与信息环境适应度高。即信息人与信息本体相适应，信息的形态参数能满足信息人的需要，无信息超载或不足现象；信息人与信息技术相适应，信息技术更新快但能被信息人所学习掌握；信息人与信息时空相适应，信息时空利用分配合理，适应信息人的信息活动时空，不失调浪费；信息人与信息制度相适应，信息制度与时俱进，既能规范信息人的行为，又能调动信息人的积极性和主动性。

其二，系统功能良好，信息流转畅通高效。信息流转是信息生态系统赖于实现信息传播的方式，有信息摄入、信息拒收、信息受理、信息筛除、信息吸收、信息内化、信息反馈、信息产出、信息排泄、信息流失等基本形式。信息流转畅通高效是信息生态系统功能良好的表现。具体而言，一是流转渠道畅通，无堵塞、无脱节、无缺道、无断裂等现象；二是流转迅速高

---

[1] 娄策群. 信息生态平衡及其在构建和谐社会中的作用 [J]. 情报科学, 2006 (11): 1606-1610.

效,发挥信息的时效作用,稳定系统平衡态,实现信息价值增值;三是流转准确无误,对有价值的信息不拒收、不筛除、不排泄,确保信息吸收、内化、生产、输出、反馈的准确性;四是流转出入平衡,保持信息输入量与输出量的比例协调相当,避免系统信息亏空、信息超载、信息流失现象。

其三,系统相对稳定,各要素协调互补。当系统发展成熟稳定时便具备较好的稳定性,各要素在较长时间内相互协调、平衡互补,处于稳定状态。当然,这种稳定性不会一成不变,随着信息生态系统与外部环境进行物质、能量交换,有的系统要素就会发生较大的改变,原先的稳定和平衡便被打破,其他系统要素在相互作用、相互联系中也会发生新的适应性调整,于是,整个系统又会达到一个新的平衡状态。

信息生态平衡被打破也就是信息生态系统失衡之时。系统失衡的根本原因是系统结构比例失调,而系统结构比例失调的原因,一般是某些结构要素缺陷而导致各要素间处于非均衡状态,引起信息流转不畅。具体表现为信息分布不均、信息超载、信息污染、信息流通失衡等。[1] 信息分布不均的原因是信息封闭和垄断,存在供应链管理中的信息孤岛,信息资源集中在少数信息人手中形成信息垄断。信息超载的原因是信息采集、传播的速度与规模以及信息总量急剧变化,信息处理和应用严重滞后。信息污染的原因是监管筛除不力、肆意激增、传递无序而产生冗余、虚假、过时、错位的信息"满天飞"。信息流通失衡的原因是信息流通的势能原理,信息势力强一方压过弱的一方成为信息传播主导,使信息自由流动变成了单向流动。

(3)信息生态安全风险管理理论

信息生态系统安全风险管理是对各种影响信息生态系统安全的风险进行识别、评估和控制的过程。这种安全风险可能是潜在的,也可能是已经发生的;管理的过程是信息生态系统响应风险而控制信息安全的协同活动,这是一个动态的管理过程。其目的就是把信息安全风险降低到可控的程度,最大限度地保证信息生态系统的稳定性。

信息生态系统安全风险主要包括信息人安全风险、信息安全风险和信息生态环境安全风险。信息人安全风险是指信息人在信息生产、信息传递、信息消费、信息管理过程及信息生态位形成过程中存在的安全风险。信息安全

---

[1] 董丽梅,等.宏观信息生态系统的概念、构成与功能研究[J].情报科学,2014(8):27-31.

风险是指信息存取、处理与流转过程中存在的影响信息保密性、可用性与完整性的各种安全风险。信息生态环境系统安全风险是指信息生态链以及信息直接环境和信息大环境在形成和运行过程中存在的安全风险。

信息生态系统安全风险管理的基本思想：一是强化信息生态系统资源的合理配置，以确保系统的稳定性；二是利用开放性的手段与工具识别信息生态系统中的安全风险及其脆弱性，并使识别更加全面与可靠；三是风险评估和判断的适度性，降低模糊性与不确定性，形成更加贴近实际的评估和判断。

信息生态系统安全风险管理的周期一般分为六个阶段，包括准备阶段、识别阶段、分析与评估阶段、安全保障分析阶段、安全决策阶段与动态监控阶段。[1] 在准备阶段要做好风险管理计划以及信息生态系统的状态描述；在识别阶段要对信息生态系统的信息资源、系统脆弱性、系统风险及其安全状态进行识别。

信息生态系统安全风险管理工作的主要内容：一是制订信息生态系统风险管理计划，根据组织战略对安全管理的范围、目标、组织与程序等进行描述，确定组织能够接受的安全风险水平，明确组织的信息生态系统的各个系统要素，如信息人、信息资源、信息环境等的组成成分；二是进行信息生态系统安全风险评估，包括识别信息生态系统安全的危险性、脆弱性及已有的安全措施与风险等，划分安全等级，识别直接威胁和间接威胁，建立威胁场景；三是选用适合信息生态系统安全风险分析方法，如人工评估、定性评估、定量评估、工具辅助评估等方法；四是建立团队和规范的工作程序，面对信息生态系统安全风险的复杂性和广泛性，需要团队具备较高的综合能力、较合理的多学科知识结构、较强的团队合作精神。

4.4 档案生态性保护理论

档案生态性保护理论是生态学理论和档案保护技术学理论相结合的产物，是档案保护技术学理论生态化的成果，是档案保护技术可持续发展的时代要求。其研究对象在传统档案保护技术学所关注的保护技术开发的基础上，更加强调保护体系构建的系统性和整体性，把保护的视线扩大到档案制

---

[1] 赵云合.信息生态系统稳态的影响因素分析[J].情报理论与实践，2011（4）：1-5.

成材料之外的自然环境和社会环境,并自觉把系统论作为自己理论体系的一部分。其目的就是为档案保护构建起一个低碳环保、协调高效的生态性保护系统,促进档案保护理论的可持续发展。

4.4.1 "以防为主,防治结合"的保护原则

"以防为主,防治结合"是档案保护的基本原则。[1] 从档案生命周期的逻辑行程看,档案保护是一项系统工程。实践证明,这一原则正是以其整体性、立体性、辩证性的生态性保护理念和方法作用于档案并使档案得以有效保护的正确方针。

(1)"以防为主"是生态性保护的基础

防的工作是主要的。文件因为行政管理的需要应运而生,其后的整体运动过程一般可分为两个阶段,即业务部门的"文件"阶段和机关档案室、综合档案馆的"档案"阶段。第一阶段"文件"职能运转时间较短,执行完毕便"归档保存",此阶段主要防止机械和人为因素的损坏,防是主要的,治的任务极少;第二阶段"档案"进入档案部门后,随着保管时间的增加和提供利用的频繁,档案物质材料的老化主要受其内部结构、理化性能和周围环境条件等因素的影响,只要控制好这些因素,档案的安全就有保证,这一阶段的主要工作还是防。因此,无论是第一阶段的"文件"还是第二阶段的"档案",在整个文件生命周期的保护工作中,防都是主要的。

防的对象是绝大多数的档案。档案制成材料的原始性,天然要求预防是档案保护的重点,我们要采用有效的技术措施,延缓各种不利因素对这部分档案制成材料的损害。由于人们对档案所用材料的耐久性日益重视,材料的标准越来越高,例如书写材料不能用染料色素的字迹材料、载体材料不要选用新闻纸等。因此,从目前情况来看,绝大部分档案是处于完好状态的,我们的任务首先是要防止这部分档案受到损坏。因此,防的工作对象是绝大多数的档案。

防得好才能减少治的压力。防就是通过优化档案库房环境条件、改善档案制成材料的物理化学性能,消除各种生物及人为因素的影响,充分利用各种保护资源,对档案进行的预防性保护,体现了生态保护学的理论思想。因此,要防患于未然,将预防工作贯彻到档案保护的各个环节,不断完善保管

---

[1] 郭莉珠. 档案保护技术学教程 [M]. 北京:中国人民大学出版社,2008:3.

措施，提高预防工作的有效性。只有做好防的工作，才能保证档案的安全与完整，进而减少修复和抢救档案的工作量，减小治的压力。

防的技术，总体而言，就是防止和减缓档案制成材料受到各种不利因素破坏的各种保护技术。一般要从两个方面推进防的技术工作：一方面，要千方百计提高档案制成材料本身的质量，提前介入，加大研究提高档案制成材料耐久性能的力度，制定国家标准，规定使用耐久性质量标准高的档案生产材料。例如，档案制成材料载体和记录材料的理化性能应具有耐高温高湿、耐光、耐酸、耐氧化、不易长霉生虫等不易受环境因素影响的生态性质量标准。另一方面，要不断提高档案制成材料的生态性环境保护条件。这主要包括两个方面内容：一是加强档案库房的日常管理工作，重点是控制与调节库房的适宜温湿度，做好防光、防火、防空气污染、防档案霉菌以及档案害虫等生态性防护技术措施。二是建立符合档案制成材料保护要求的生态性库房建筑，配置必要的设备系统，为创造良好的生态性保护环境提供有效的物质技术基础。

（2）"防治结合"是生态性保护的良方

档案是主体在社会活动中同时态生成的原始记录，是极其宝贵的国家历史记录。原始性是其本质特性。档案信息，如历史内容、技术数据、批注签印等原始记录，一旦损毁便难以恢复其原貌，失去原始性和凭证性的价值。[1] 而档案具有不可再生性，不能以仿制品代替原件发挥档案价值。因此，防是我们的首要工作。防的作用是延缓档案制成材料因其内外因素造成的老化速度，这是"以防为主"思想的实践基础。

但档案作为一种事物始终是有生命期限的，治的任务不会消失，树立"以防为主"的思想，并非片面强调防的主体性，而弱化治的重要性。相反，当档案处于损坏状态时，治的任务不仅重要而且迫切。如果遭到损坏的档案不及时进行修复，损坏的程度就会加大，速度就会加快，以致无法挽救，导致不可估量的损失。因此，治当然也是档案保护工作中的一项重要内容。治即利用一系列的生态性的保护技术手段，强调保护材料物化性质的稳定性和工艺流程的安全，对遭到损坏的档案进行生态性保护修复。修复过程体现绿色、环保、安全的生态性保护思想。

防和治是档案生态性保护问题的两个方面。既要做好"以防为主"的工

---

[1] 郭莉珠.档案保护技术学教程[M].北京：中国人民大学出版社，2008：286.

作，确保绝大多数档案保持完好无损的健康状态，又要对因各种原因受损坏或不耐久保存的档案进行修复处理。由于档案制成材料是由信息与载体材料相结合而成的，其自然老化总是不可避免的，始终在潜移默化地进行着。因此，总有一定数量的档案制成材料因自然的或人为的因素而老化损毁，治的任务也是始终存在的，需要有生态性的"治"的保护技术手段和理念。质言之，档案信息的防和治从两方面概括了档案生态性保护过程的全部。在全力防的前提下，还须做好防与治的结合，做到该防的能防好，不留后患，该治的能治好，尽量恢复原貌。

治的技术，简单地说，就是对存在不利于永久保存因素或已经损坏的档案制成材料进行生态性修复处理，修复已遭损坏的档案，消除不利于永久保存的因素，尽量恢复其历史原貌，并增强其抵抗将来外界不利因素影响的能力。从技术的角度看，档案修复技术包括去污、去酸等消除不利因素的技术，加固、修裱等提高档案强度的技术，字迹、影像、声音等信息内容的恢复技术。从修复的对象看，档案修复技术又包括纸质档案修复技术、声像档案修复技术以及灾后档案抢救技术等。

"以防为主，防治结合"的原则，强调综合防治，目的是体现保护的整体观和系统观以及全程保护的思想；强调预防为主，目的是体现保护的立体多维观和前端保护思想。同时，它们还包含了各种保护要素之间相互联系、相互作用、相互影响、互为条件、辩证统一的生态哲学思想。

4.4.2 档案制成材料生态性保护思想

档案制成材料是指承受并反映档案内容的物质材料。它由档案载体材料和记录材料组成。[1] 事物总是有产生、发展和灭亡的过程，不以人的意志为转移，档案制成材料亦然。随着时间的推移，档案制成材料会逐渐发生载体老化变色、发脆、磨损、霉蚀、字迹变色等现象，直至彻底损坏，档案无法再利用。因此，研究档案制成材料的损坏原因，找到其生态性保护的规律，是档案保护工作面临的主要问题。

（1）基于损坏内因的档案制成材料生态性保护思想

辩证唯物主义认为，内因是指事物内部矛盾对立双方之间的相互作用和斗争。内因是事物存在的基础，是事物发展变化的内在原因，即内部根据，

---

[1] 郭莉珠. 档案保护技术学教程[M]. 北京：中国人民大学出版社，2008：126.

是一事物区别于他事物的内在本质，是事物不断运动的根本动力，它规定着事物运动和发展的基本趋势，决定着事物的性质和发展方向。内因是事物发展的根本原因，但不是唯一原因；内因是事物发展的根本动力，但不是唯一动力。[1]

档案制成材料损坏的内因是指决定档案制成材料耐久性的主要内在因素——原料质量、材料化学成分及物理和化学性质、材料生产过程等耐久性因素，在时间变量和外界条件变量共同作用下，档案制成材料发生不可逆老化运动的趋势和方向。不同种类的档案制成材料，其耐久性相差甚远。因此，在档案制成材料损坏中，内因是起决定性作用的。一般情况下，只有不断改善档案制成材料本身的耐久性因素，才能提高其抵抗外界不利因素破坏的能力。

目前常见的档案制成材料，主要有纸质档案、胶片档案、磁性载体档案、光盘档案等。对纸质档案而言，决定纸张耐久性的内在因素主要是造纸原料中植物纤维质量、植物纤维的物理化学性质以及造纸工艺过程；影响字迹材料耐久性的内在因素主要是色素成分的物理化学性质、字迹与纸张结合方式以及各种配料的性质。因此，纸张选择纤维长、均一性好、长宽比大、壁腔比小的造纸植物纤维原料，以及选择纤维素含量高、木素含量少、使用酸碱化学物质少、使用氧化性漂白剂少、打浆适度、中性施胶、手工生产等造纸工艺；字迹材料选择炭黑色素成分，与纸张结合方式为渗透结膜式。由此形成的纸质档案制成材料耐久性好。就胶片档案来说，选择化学性能稳定的影像记录介质——银盐感光材料、含有坚膜剂的明胶、性能稳定不易老化的片基、水洗残留物少的定影剂等成分制成的胶片档案制成材料耐久性就好。关于磁性载体档案，选择性能稳定不易老化的聚酯、玻璃等底基材料以及矫顽力适当高、饱和磁化强度高、矩形比高、磁滞回线陡直、磁性温度系数低、磁表面均匀光洁的磁记录介质，则由此形成的磁性载体档案制成材料的耐久性好。关于光盘档案，盘基选择纯度高、光透过性好、厚度均匀、机械强度高、热稳定性好、表面硬度高、吸湿性小、玻璃化温度高、流动性好的材料，反射层一般选择铝、银等材料，记录介质选择记录灵敏度高、厚度均匀、分辨率高、信噪比大、抗缺陷性能强、理化性能稳定的材料，保护层除腊克层外选择瓷保护层及合成树脂保护层，制造工艺流程要克服在盘基制

---

[1] 李福岩. 马克思主义哲学原理教程 [M]. 北京：社会科学文献出版社，2014：228.

造工艺、染料涂布工艺、金属溅度工艺、洗边工艺、生产过程控制之中不利于耐久性的因素，如此，光盘档案制成材料才能耐久。

（2）基于损坏外因的档案制成材料生态性保护思想

辩证唯物主义认为，外因即事物的外部矛盾。外因是事物存在和发展的外部条件，它通过内因而作用于事物的存在和发展，加速或延缓事物的发展进程，但不能改变事物的根本性质和发展的基本方向。所以，外因是事物发展变化第二位的原因。外因是事物发展的必要条件，任何事物的发展，仅有内因是不够的。外因在事物的发展过程中，不仅是不可缺少的，有时甚至起到非常重大的作用。但外因的作用再大，也不可能撇开内因而独立地起作用。[1]

档案制成材料损坏的外因是指促进档案损坏的各种外界因素，主要包括库内环境因素、生物因素以及人为因素等。例如，库房温湿度是影响档案制成材料耐久性的最重要外界因素之一，尤其是高温，不仅直接影响档案材料的寿命，而且还会促进其他因素对档案制成材料的加速破坏作用，材料的老化程度会随温度的升高而加剧。又如，光和空气污染物（如有害气体、灰尘）对档案制成材料耐久性有严重的损害：紫外线破坏纤维素和半纤维素，二氧化硫、硫化氢等酸性气体造成纸张纤维素水解，灰尘会加速档案制成材料机械磨损和霉菌孢子传播。还有，微生物和档案害虫也会破坏档案制成材料，主要表现在：霉菌可以形成霉斑，降低档案材料机械强度，一旦在档案库中出现有害昆虫，将很快污染、噬咬档案，且会造成无法弥补的损害。

档案制成材料损坏的外因是通过内因起损毁作用的，总的来说是内因和外因综合影响的结果。例如，档案生虫（外因）通过档案制成材料中的纤维素、半纤维素、木素、明胶等材料（内因）来吸收其生长的养分；紫外线（外因）是通过档案制成材料中的重金属（内因）集聚能量，进而发生光化学反应，降解高分子化合物。此外，还必须有适宜的温湿度条件，缺一不可。因此，首先应不断改进档案制成材料的理化性能，使外界有害因素对它不易造成影响。但档案制成材料一旦已经形成，也就是在内因既定的情况下，外因就成为延长档案寿命的主要因素。为此，建设生态性的内部保护条件标准和外部保护条件标准，就是档案信息保护的重要课题了。

高温损坏档案制成材料的原理：温度对档案制成材料的损坏主要通过两

---

[1] 李福岩. 马克思主义哲学原理教程 [M]. 北京：社会科学文献出版社，2014：125.

条途径。其一，促进档案制成材料大分子发生裂解。档案制成材料一般为大分子物质，由许多原子和原子团组成，它们时刻都处于振动中，而振动频率主要取决于大分子的分子量和分子之间相互作用的能量，受环境温度的影响很大。环境温度越高，振动频率越快，振幅则越强。当温度达到一定界限时，就克服了决定于原子间和分子间相互作用的势垒，发生旁侧官能团的分离、解聚作用以及主链裂解，使物质结构发生变化，导致其理化性能也发生相应的变化。其二，改变化学反应的活化能。活化能是指分子从常态转变为容易发生化学反应的活跃状态所需要的能量。档案制成材料的主要成分在适合的条件下可以发生氧化、水解等多种化学反应。而参加反应的各种物质的活化能大小则决定了反应能否发生以及反应发生的程度。当温度升高，活化分子数量增多，分子之间的有效碰撞次数就会增多，反应速度越快；反之，温度越低，化学反应速度越慢。

高湿损坏档案制成材料的原理：湿度主要通过两条途径影响档案制成材料的寿命。其一，直接吸湿作用。在温度一定的条件下，环境湿度越大，档案制成材料含水量越大，表现为吸湿。吸湿会直接导致档案制成材料的结构变化，进而影响其理化性能，如直接发生水解反应、字迹褪色等。其二，间接破坏作用。随着环境湿度的增大，档案制成材料因吸湿而含水量增大，环境中的有害气体、灰尘、有害微生物会加速对档案制成材料的破坏。

光损坏档案制成材料的原理：光对档案制成材料的危害是通过光化学反应来实现的，与光的能量、档案制成材料的成分及环境条件有关。光化学作用主要表现为光的热辐射、光氧化反应、光能作用等。光的热辐射可增加档案制成材料分子的能量，加快分子运动的速度，引发档案制成材料的理化反应。光氧化反应是指氧在光能的激发下生成原子氧、臭氧等氧化能力很强的物质，它们与档案制成材料发生氧化反应，导致档案制成材料强度下降，其机理主要表现为光降解作用和光敏化作用。光能作用是指档案制成材料吸收光能后，其分子中的电子跃迁到高能激发态而使分子体系不稳定，引发一系列的化学反应。

空气污染物损坏档案制成材料的原理：空气污染物按成分及形成可分为有害气体、灰尘、气溶胶物质及光化学烟雾等。常见的有害气体主要有二氧化硫、硫化氢及氮氧化物、氯气等，其危害主要通过增加档案制成材料的酸度，促进水解反应和氧化反应的发生，加快档案的老化速度。灰尘以固体颗粒分散于气相空气中，按其形态可以分为粉尘、烟尘、雾尘三类。灰尘的理化性质非常活泼，对档案制成材料既有机械损伤，也有化学破坏，主要表现在：造成档案制成材料的机械磨损，影响信息内容的读取；增加酸碱对档案制成材料的破坏；使档案制成材料黏结成"档案砖"；携带霉菌孢子吸附到档案制成材料上。气溶胶物质主要有硝酸雾和硝酸盐形成的气溶胶、硫酸雾和二氧化硫形成的气溶胶，以及烟尘、灰尘、金属过氧化物和卤化物形成的气溶胶。其主要成分是金属灰尘、酸及其盐类，是档案制成材料发生水解的催化剂，发生光氧化反应的氧化剂和光敏剂。同时，具有黏结作用的气溶胶物质可以使档案制成材料发生粘连。光化学烟雾是指汽车尾气在强烈阳光辐照下发生光化学反应生成的混合物，其成分主要有臭氧、有机醛类、过氧化酰基硝酸酯等。其中，臭氧是其主体成分，是强氧化剂，几乎能与所有的档案制成材料发生热氧化反应和光氧化反应，其反应过程是按自由基链式进行的，对档案制成材料的性能和强度危害极大。

档案有害霉菌损坏档案制成材料的原理：霉菌是一类生长在基质上形成的网状、绒毛状或絮状菌丝体。常见的档案有害霉菌主要有根霉属、青霉属、毛霉属、曲霉属和木霉属，其形态各异。繁殖方式以孢子繁殖为主，包括有性孢子繁殖和无性孢子繁殖。大多数档案有害霉菌生长的最适宜温度为 22 ℃ ~ 30 ℃、最适宜相对湿度为 80% ~ 90%、最适宜 pH 值为 5.0 ~ 6.0。[1] 档案有害霉菌对档案制成材料的危害主要有酶降解、酸降解和色斑污染等方式。酶降解是由档案有害霉菌分泌的各种酶将档案制成材料降解为可以直接摄取的物质，酶降解的过程就是档案制成材料遭到分解破坏的过程。如纤维素被霉菌分泌出的纤维酶水解成纤维二糖，最后的水解产物是葡萄糖。酸降解是档案有害霉菌在其生长过程中生成的有机酸对档案制成材料造成的降解作用。这些有机酸包括甲酸、乙酸、草酸、乳酸、丁酸、柠檬酸、葡萄酸、琥珀酸等，有机酸可以加速水解反应以及各种酸性化学降解作用。色斑污染是档案有害霉菌在生长繁殖过程中产生的色斑对档案信息符号的污染，遮盖文字和图像，影响档案阅读利用。此外，霉菌还可以与铁、钴、磷等微量矿质元素反应而形成霉斑。

档案害虫损坏档案制成材料的原理：档案害虫是指在库房内生长繁殖，并对档案制成材料造成一定危害的昆虫。据调查，档案害虫有 54 种，

---

[1] 郭莉珠. 档案保护技术学教程 [M]. 北京：中国人民大学出版社，2008：167.

其中常见的主要害虫有5种，分别是档案窃蠹、烟草甲、毛衣鱼、药材甲、黑胸散白蚁等。[1] 档案害虫具有耐干性、耐寒性、耐热性、耐饥性、杂食性和繁殖力强等特点。大多数档案害虫生长的最适宜温度为22℃~30℃、最适宜相对湿度为70%~90%。档案害虫对档案制成材料的危害主要有：取食档案制成材料中的纤维素、淀粉、蛋白质等成分；蛀损、噬咬、咀嚼档案制成材料；排泄各种代谢产物，污染档案制成材料。遭遇虫害的档案制成材料，黏结成砖，孔洞丛生，污迹斑斑，甚至破碎残缺，失去利用和保存的价值。

基于上述档案制成材料损坏外因的规律性，档案生态性保护理论强调，从材料选择、技术设计、工艺流程和保护产品等各个环节对档案制成材料进行全过程生态性保护。保护材料选择要求对环境友好、对生态友好、可再循环利用、性能安全稳定等；保护设计要求设计目标生态化、技术设计减量化、设计过程智能化等；保护工艺流程要求节约能源、流程绿色、排放无公害、设备生态型、使用便捷等；保护产品要求生态协调性、产品耐久性、保护高效性、效益社会性等。档案生态性保护理论认为，这些保护技术应放在整个保护系统中进行全面考察甄别，优化结构，精心组织，立体推进，以求达到良好的保护效果和生态效应。

4.4.3 生态性档案库房建筑思想

档案库房建筑是档案保护中最重要的物质技术基础，是长期起着主要作用的因素。因此，古今中外的档案事业行政管理主体都十分重视档案库房建筑，每一座建筑都凝结着劳动人民的生态性建设思想和智慧。也正基于此，浩如烟海的历史档案文献才能历尽沧桑而流传至今。

(1) 中国古代生态性档案库房建筑思想

中国古代档案建筑，充分发挥了古人的聪明才智，体现了特有的深邃思想内涵。他们非常重视档案建筑的选址、设计和建造，在当时的科技条件下，取得了良好的档案保护效果。在生态性保护方面形成的一些重要思想，对今天的我们来说仍然具有启迪意义。

其一，坚固的砖石结构防火、防盗。这种建筑思想的代表是西汉的石渠阁、明代的皇史宬。档案库房石渠阁、皇史宬等均主要采用砖石结构，极少

---

[1] 郭莉珠. 档案保护技术学教程[M]. 北京：中国人民大学出版社，2008：215.

使用或不用木料，且环水隔离，绕阁四周，"其下砻石为渠以导水"，[1] 可见其出于防火和防盗的考虑。这一思想，在明内阁大学士丘浚上疏皇帝的奏折中写得很明白："自古帝王藏国史于金匮石室之中，盖以金石之为物，坚固、耐久，非土木比。又能扞格水火，使不为患。有天下者斫石为室，铜金以为柜，凡国家有秘之记，精微之言，与典章事迹，可以贻谋远传者，莫不收贮其中，以防意外之虞。"[2] 如，皇史宬的整个建筑由正殿、东西配殿以及碑亭等部分组成，而殿身为无梁建筑结构，没有木料，全部采用砖石结构。拱形屋顶，窗户东西对开，利于通风换气；库内冬暖夏凉，温湿度变化不大，有天然空调之功效。从档案保护环境角度看，可谓独具匠心：全砖石结构，既能防火、防盗，又经得起风雨的侵蚀，坚固耐久。

其二，严格的水文和结构防水、防潮。清代孙从添《藏书纪要》认为："若往来多门，旷野之所，或近城市又无容地，接连内室、厨灶、衙署之地，则不可藏书""而卑湿之地不可待言矣"。[3] 其思想与现代不能在靠近江河或低洼之地建设档案库房的要求是一致的。古人在设计档案库房的围护结构时，也有与现代档案库房建筑思想一致的表现。一是抬高架空室内地面以防水、防潮。如明清内阁大库和皇史宬的室内地面就远远高出室外地面，皇史宬正殿的石台基高出地面142厘米。二是增大围护结构厚度以防潮。如一般档案建筑的围护结构层厚度均达到90厘米以上，而皇史宬最薄地方的厚度也超过了100厘米。三是围护结构层采用小导湿系数材料防潮。古人很早就利用酸碱中和的原理防潮，用黄土、石灰、沙子等搅拌制成三合土，形成防潮地面。其原理是酸性的黄土和碱性的生石灰结合后胶结形成的石状体导湿系数较小，具有良好的防渗漏和抗潮湿性能。四是通风防潮。古代档案建筑的窗户采用对称布置的方式，有利于室内空气对流通风，达到通风换气降湿的作用。五是库内筑有安置档案的高台石基，利于防潮、防鼠。

（2）新时代生态性档案库房建筑思想

所谓生态性档案库房建筑，一般具有以下特征：充分利用和节省再生资源，提高能源效率，减少有限资源依赖性，利用各种材料的蓄热能力与绝热性，提升围护结构的隔热能力，以此改善库内保护条件的可控性；重复利用

---

[1] 何清谷校注. 三辅黄图校注 [M]. 西安：三秦出版社，2006：398.
[2] 周雪恒. 中国档案事业史 [M]. 北京：中国人民大学出版社，1994：264.
[3] 徐雁，等. 中国历史藏书论著读本 [M]. 成都：四川人民出版社，1990：526.

可循环再生的资源或材料；控制废弃物排放，利用绿色生态方式对排放物进行无害处理；具有档案文化与环境友好的属性，符合可持续发展与生态环境建设的需要。

生态性档案库房建筑思想把生态保护思想与库房建筑理论结合起来，在档案库房建筑设计工作中，始终坚持"经济、实用、美观、环保、节能、和谐"等理念要素。在库房建筑选址方面，始终强调建筑与自然环境的协调统一，有利于提高档案库房的防震、防火、防水和防空气污染等能力。在库房建筑围护结构的设计和建设方面，则综合考虑防潮、隔热、散热、通风等的自然性、可靠性和节能性。在库房建筑材料的选择及要求上，则强调实用高效、因地制宜、结构合理、材料稳定、轻便牢固、安全无毒、绿色环保等思想。在库房建筑文化品位的要求上，更加强调生态文化浓郁，艺术内涵丰富，追求自然效益、社会效益和经济效益的完美统一。

生态性档案建筑思想的提出是人类档案保护历史发展的必然。其目的就是融合生态学原理与生态决定因素，在档案库房设计中寻求解决档案保护的生态和环境问题。以生态为中心是生态性档案建筑的道德基础。[1] 这是一种环境伦理观，强调生物（包括人类）和生态系统的价值和权利，强调整个生态系统的道德优先性，自觉运用生态规律引导人们形成档案建筑设计的世界观和价值取向，是生态性档案建筑发展的道德基础和原动力，比以往任何档案建筑理论和思潮都更强调建筑者的社会责任感和职业道德。系统性是生态性档案建筑的基本要求。因为，生态哲学作为一种新的哲学范式，尤其强调思维的整体性和世界观的系统性，而整体性是生态学的本真所在。所以，生态性档案建筑促使人、档案与自然的融合。生态性档案建筑是档案生态性保护思想的具体体现，是生态学对档案学影响的具体化，也是档案建筑学与生态环境科学相融合的成果，它们在方法论上是一致的。

4.4.4 档案自然与社会环境生态性保护思想

自然环境和社会环境是档案现实存在的两大环境系统，对档案信息乃至档案事业都有决定性的影响。档案自然环境是指档案库房周围自然因素的总和。档案社会环境是指影响档案事业建设和发展的社会因素的总和。因此，自然环境生态性保护系统和社会环境生态性保护系统是档案生态性保护系统

---

[1] 牛盛楠，等. 生态建筑蕴涵的哲学理念 [J]. 建筑，2007（3）：77-78.

不可或缺的两个部分。

(1) 档案自然环境生态性保护理论

档案自然环境生态性保护是现代科学发展观下人与自然和谐共生的必然性呈现，是人类价值理性的道德与文化回归，表现在价值必然性、工具必然性、道德必然性和文化必然性四个方面。

档案自然环境生态性保护的价值必然性，源于人与自然和谐共生作为生态文明下主客体之间价值关系的要求，源于自然环境生态性保护对档案保护主体的有用性和积极功能效应。因为，这种价值关系本质上是人类追求的自由和理想与自然生态的关系，没有人的需要就谈不上价值，但只有能满足人们对档案保护可持续发展需要的才是真正意义上的本真价值，即自然的外在价值与自然的内在价值的统一。

档案自然环境生态性保护的工具必然性，体现在尊重客观自然规律并非弱化人的主体地位，而是使得尊重客观自然规律本身具有一种工具效应，更能发挥人的主观能动性，进而加强人的主体地位。正是因为人类是一个在档案保护中有意识、有目的的能动性主体，才能够正确地利用自然和社会客观规律，如气候变化规律、生态平衡规律、资源再生循环规律、可持续发展规律等，并将这些规律用于满足人类档案保护的需要。可见，在自然规律对人类行为的制约性和人类对自然改造的能动性的双重作用下，只有尊重自然生态规律，充分发挥人类的工具理性，把档案保护工具和生态保护工具最大限度地统一起来，才能更好地实现档案自然环境生态性保护。

档案自然环境生态性保护的道德必然性，从伦理道德层面来说，是符合人类社会与自然生态的可持续发展伦理准则的，是人与自然和谐共生必然性的伦理应然之所在，也是人们的社会伦理与和谐伦理的充分觉醒。正如马克思所说的："人们按照自己的物质生产的发展建立相应的社会关系，正是这些人又按照自己的社会关系创造了相应的原理、观念和范畴。"[1]

档案自然环境生态性保护的文化必然性，是从人们在档案保护中的精神创造活动及其成果而言的，表现在人与自然和谐有利于档案保护的生态化要求，有利于档案保护可持续发展，符合人们的美感审视，是必然性的结果。反之，人与自然不和谐则不利于档案保护的生态化，不利于档案事业的可持续发展。因为，在人类的文化审美视觉中，自然是美的，和谐是美的，生态

---

[1] 马克思, 恩格斯. 马克思恩格斯全集（第4卷）[M]. 北京：人民出版社，1958：144.

是美的。档案自然环境生态性保护的文化必然性是人类与自然和谐共生的相互协调、相互促进而产生的美。

由此，档案自然环境生态性保护理论强调对库房温湿度、光线、空气污染物、有害微生物、档案害虫等进行生态性系统调控与防治。例如，库房温湿度的调节与控制，要求因地制宜，具体问题具体分析；节约能源，注重利用太阳能等可再生性可循环性清洁能源；与区域性地方性经济条件相适应；调控应具有系统性、整体性和综合性特点；与库房生态性建筑进行一体化设计，具备中央系统控制的功能；等等。档案自然环境生态性保护同样强调对库外自然环境的生态性保护，要求从整体上进行自然环境系统监测、防治空气污染、防治自然灾害、修复生态环境等"大环境"生态保护工作。

（2）档案社会环境生态性保护理论

社会生态环境是与自然生态环境相对应的一种社会客观存在。档案社会环境生态性保护系统是一个兼顾经济效益、社会效益与生态效益的复合型档案生态保护系统。它根据新时代档案信息保护的社会性问题和矛盾斗争焦点，以主导性与多样性相统一的生态性保护基本范式为主线，推进档案保护社会结构的优化调整，构建新时代档案保护的生态化社会系统。档案社会环境生态性保护的含义有狭义和广义之分。狭义指直接从事档案保护和档案资源开发利用管理的档案部门，按照生态经济社会发展规律对档案信息保护系统进行生态化设计、规划和变革的活动。广义指机关、企事业单位和个人按照生态平衡规律和经济社会发展规律推进档案保护生态化建设和变革，提高档案保护的生态效益与政治效益、经济效益和文化效益相融合的活动。因此，档案社会环境生态性保护系统主要受到政治生态系统、经济生态系统、文化生态系统的影响。

政治生态环境对档案社会环境生态性保护的影响，主要表现在三个方面：其一，机关、企事业单位和个人是否明确各自应担负的使命或职责以及各自应该扮演的角色，是否层层推进、自下而上地建立起完整的保护职能体系；其二，是否做好档案社会环境生态性保护理论上的充足准备，是否建立了档案社会环境生态性保护的整体思想体系和方法论体系；其三，档案社会环境生态性保护所需要的相关法律法规是否完备，相关的立法工作是否具有前瞻性、针对性，生态性保护在实践意义上是否具有规范性和操作性。

经济生态环境对档案社会环境生态性保护的影响是通过社会经济活动方式和经济力量体现出来的，经济基础决定上层建筑，因此，档案社会环境生态态性保护必然受到当时社会经济和生产力发展水平的影响。一方面，经济是人类社会档案事业存在和发展的基础，只有强大的社会经济和生产力，才能推进和解决档案社会环境生态性保护中的矛盾问题，才能促进生产出更多的人与自然和谐共生的社会生态产品；另一方面，要基于区域经济的差异性，因地制宜，解决经济发展不平衡带来的经济投入不足问题，制定出不同的档案社会环境生态性保护经济指标体系。

文化生态环境对档案社会环境生态性保护的影响，指生态性保护活动所赖以存在的社会思想意识、文化形态和观念形态的总和。它是社会成员在档案保护的社会化过程中逐渐积淀而形成的稳定的生态保护价值取向。各种传统文化观念的深刻影响，构成了档案保护文化生态环境的复杂性。例如，如何提高全体公民的档案生态性保护意识，树立档案生态性保护新观念，倡导档案生态性保护的思维模式。

由此，具体而言，档案社会环境生态性保护既强调微观社会环境生态性保护，又强调宏观社会环境生态性保护，使档案既受到管理机构严密的生态性保护，又得到全社会全面的生态性保护。微观社会环境生态性保护更加强调保护的组织结构、组织制度、组织文化和组织管理等方面的建设；宏观社会环境生态性保护则更加强调政治环境、经济环境、人文环境、法规环境、科技环境等方面的保护。

第 5 章　档案信息生态性保护的系统维度

保护好档案信息这一历史文化结晶，是档案信息生态性保护系统构建的核心要义。在系统中，档案信息保护人、档案信息、档案信息本体生态性保护、档案信息自然环境生态性保护、档案信息社会环境生态性保护等要素相互依存、相互作用、相互协调，这是一个开放的、动态的、平衡的、绿色的、循环的系统。

5.1　生态性保护系统构建原则

系统构建所涉及的内容很多，但归根结底重要的还是档案信息主体的价值观念、档案信息资源的本质特征及其运动规律、档案信息的自然环境和社会环境等因素的相互作用、相互联系。因此，笔者认真分析梳理后认为，档案信息生态性保护系统构建应遵循系统生态性与功能生态性相结合、资源生态性与开发生态性相结合、行政生态性与市场生态性相结合、科技生态性与管理生态性相结合、预防生态性与修复生态性相结合的基本原则。

5.1.1　系统生态性与功能生态性相结合

系统生态性原则是指档案信息生态性保护系统构建要以系统论和生态学为指导，有效达成档案信息的生产、传递、开发、利用等活动，实现档案信息保护主体、档案信息保护资源、档案信息保护环境等系统基本要素的生态平衡与协调关系。所谓系统，就是强调整体性，在此基础上分解协调，优化目标。既要宏观把握整体，又要协调综合各个子系统，最终实现整体的优化目标。[1] 所谓生态，就是档案信息的保护不能仅限于对档案信息本身的保

---

[1]　王碧波. 公共关系系统论[M]. 桂林：漓江出版社，1999：136.

护，还要对档案信息主体、档案信息环境的影响因子的活动及其相互之间关系进行保护。此外，系统生态性还强调，档案信息保护是一种全生态的集成保护，是先进技术方法和全新思想理念的集成，充分集成各种机关、企事业单位和其他组织的档案信息生态性保护系统，并使其有机融合，以实现保护目标。

功能生态性原则是指档案信息生态性保护系统构建要以实现档案信息安全性为基础，以实现保护系统的整体性、自组织性、动态平衡性、自控制性等功能为目标。档案信息安全性是档案信息生态性保护系统的基本功能，强调作为档案的真实、完整和可靠性，以保证其凭证价值与文化价值；也强调作为信息的安全可用性，以保证其流转、利用、有效。保护系统的整体性强调档案信息生态性保护系统是一个有机的整体，各个组成部分是相互联系和相互依赖的，任何变化都将影响到整个系统的平衡稳定。保护系统的自组织性强调各个系统要素的保护资源的结构的合理性，以市场供需变化为动力、以系统平衡为导向而自动组织形成档案信息生态性保护系统。保护系统的动态平衡性强调档案信息保护主体、档案信息保护资源、档案信息保护环境等按照合理比例进行配置，以使整个系统发展成熟达到一种动态的平衡；强调这种配置应该是政府配置与市场配置相结合，使系统各保护要素既处于不断变化之中，又能保持相对稳定的比例，从而维持系统的平衡。保护系统的自控制性强调通过系统内部的反馈和调节机制自我控制生态保护系统的失衡，使系统在一定的时空和资源条件下自动调节和恢复平衡。

系统生态性与功能生态性相结合是档案信息生态性保护系统构建的基本要求。系统的价值体现在其具有一定的功能，使主体能满足对系统的某种需求；而功能的充分发挥则需要系统各要素的相互作用和动态平衡。一方面，档案信息生态性保护功能是系统性价值存在的基础，系统的整体性、自组织性、动态平衡性、自控制性、安全性等功能相互协调，形成综合功能，促进系统性作用的发挥。例如，当系统出现局部要素结构比例失调时，系统的自组织性发挥结构调整功能，动态平衡性则利用新的要素结构比例促进系统达到新的平衡。另一方面，系统性是功能性转变为现实作用的条件。一般情况下，单一性功能的作用是不明显的，不足以引起保护环境态势的变化，而多种功能的综合作用则可以导致保护效果的显著变化，这就是系统性的力量。

5.1.2 资源生态性与开发生态性相结合

资源生态性原则是指档案信息生态性保护系统构建要以实现对档案信息主体、档案信息、档案信息环境等资源的生态性保护为基本原则。在档案信息生态系统中，档案信息人（主体）、档案信息、档案信息环境是系统的基本要素，资源生态性原则就是对档案信息生态系统的保护。在生态性保护实践上强调对档案信息人、档案信息生态位、档案信息资源、档案信息生态链、档案信息环境各因子进行全过程多维度的保护。在档案信息环境资源的利用上，则强调减量化、再利用与循环原则，要求用较少的保护材料达到既定的保护目的，节约资源和减少污染，提高保护效率；要求延长保护产品和服务的时间强度，降低资源流动速率，提高利用效率；要求保护材料资源使用功能完成后，通过再生循环，变成新的保护材料资源。

开发生态性原则是档案信息生态性保护系统构建的目的性原则。档案信息保护的最终目的是利用档案信息资源，发挥其凭证价值和社会文化价值。因此，应在生态文明思想的指导下，对档案信息资源进行开发利用，这样一来，不仅能满足广大民众对精神文化生活的需要，而且能够提升社会主体对生态性保护档案信息资源的自觉性。开发利用档案信息资源的形式主要有两个方面：一是对档案信息资源内容进行编研，形成二、三次档案信息，为利用者提供信息服务；[1] 二是对档案信息资源进行各种市场性的开发利用，如文艺作品创作、文化旅游产品开发等，为社会提供文化商品服务，实现文化增值。开发生态性原则强调，在档案信息资源的开发利用中实现保护价值，在保护档案信息资源中实现开发价值，使保护和开发两个价值目标实现相互补充，达成保护和开发的生态和谐统一，发挥档案信息资源的文化价值和经济价值。

档案信息生态性保护系统构建应遵循资源生态性保护与开发生态性保护相结合的原则。资源生态性保护是开发生态性保护的前提，开发生态性保护反过来可以促进资源生态性保护的发展。作为历史文化财富的组成部分，档案信息开发生态性保护也应该是文化产业化的一部分，但这需要对档案信息文化观念的理性把握，更需要进行教育和引导，这正是档案信息生态性保护系统的功能性体现。开发生态性保护档案信息，不仅能提高档案信息主体的

---

[1] 张端，等．新编档案管理实务［M］．成都：电子科技大学出版社，2017：316．

文化水平，还能创造新的经济价值。在进行开发生态性保护的同时，为减少档案信息环境受到"污染"，保持其档案信息生态系统的平衡性和稳定性，必须坚持档案信息资源生态性保护的原则。实践证明，档案信息资源同样是一种资本，能够满足人们物质和精神的需要，可以发挥社会效益和经济效益的功能。只有实现档案信息资源生态性保护和开发生态性保护相结合，才能有效建立起档案信息资源生态性保护系统，实现保护的可持续发展。

5.1.3 行政生态性与市场生态性相结合

行政生态性原则是指政府主导档案信息生态性保护系统构建的原则。具体就是政府行政主管部门通过体制建设和政策规定，建立有效的激励和约束机制，引导和推动档案信息生态性保护系统的建立，为满足人民群众日益增长的档案信息需求提供服务。档案信息作为国家历史记忆的宝贵财富，在整个档案信息生态性保护系统建设中，政府的责任尤其重要。政府应承担其政策倡导和对相应档案信息生态保护系统的形成和发展进行引导的责任。同时，政府作为公共管理产品的当然的最大提供者，[1] 必须成为提供档案信息保护的主要责任人。政府行政主导主要体现在建立相关档案信息生态保护机构，制定有关方针、政策、制度和法律等方面，协调各种环境资源供给，为档案信息保护系统营造生态环境。

市场生态性原则就是以市场为导向，让企事业单位、各种行业协会、民间组织和个人参与档案信息生态性保护系统构建的原则。市场生态性原则强调在自愿、平等、公平、诚实、信用的生态环境下进行保护资源的市场化配置，这样可以在微观层面上调动更多档案信息保护组织参与到系统建设中来，充分发挥各种组织的功能，调动全体社会公众的保护热情，共同推进档案信息生态性保护系统建设，充分实现系统建设的社会化和多元化。市场生态性原则是一种多元主义的价值观，强调档案信息生态性保护系统构建多元化的市场主体参与的合理性和必要性，因为从生态系统看，生态位越多，结构越合理，比例越均衡，系统就越稳定，因此，参与档案信息生态性保护系统建设的主体越多，系统就越稳定。

行政生态性与市场生态性相结合原则就是档案信息生态性保护系统构建的政府行政主导与市场多元参与相结合的原则。政府行政主导的主要作用是

---

[1] 张邦辉，等. 行政生态学理论研究述评 [J]. 云南行政学院学报，2008（6）：17-19.

制定发展政策规划，整合资源，搭建合作平台等。市场多元参与的主要作用在于提供市场资源，如建设资金、保护技术、人才供给、岗位培训等，是政府行政主导的有效补充。一方面，档案信息生态保护是一项长期且艰巨的任务，除了大力推进法规建设、人才培养、资金筹集，还要增强全社会的档案信息保护意识，这就要充分发挥政府的行政主导作用，承担起档案信息保护的领导责任；另一方面，单靠政府行政力量显然是不够的，必须让市场的资源配置在档案信息保护中有所作为，凝聚公众之力。简言之，就是利用政府行政权威，组织和动员市场各方面的力量，实现档案信息生态性保护系统的平衡稳定。

5.1.4 科技生态性与管理生态性相结合

科技生态性原则是指强化科技生态因子作用于档案信息生态性保护系统构建的一种方法论原则。它强调利用生态性科学技术从内因和外因的层面克服影响档案信息长久保存的各种不利因素。内因方面表现为弱化档案信息制成材料本身存在的各种不利化学成分的影响，提高档案信息制成材料本身的耐久性的技术，如造纸技术、新型材料技术、磁材料技术、光盘技术等；外因方面表现为消除档案信息周围各种不利自然环境因素影响，延长档案信息寿命的各种保护技术和方法，如库房建筑、温湿度控制、防火、防盗、防光和有害气体、防风化、防氧化锈蚀、载体材料制造、实体修复等技术。现代科技保护注重利用分析检测技术，采用定性和定量方法，研究档案信息损坏与环境的关系，充分利用绿色、循环的保护材料，加强多学科结合进行综合性研究。因此，科学技术是第一生产力，是影响档案信息生态性保护系统构建的第一环境生态因子。

管理生态性原则是指消除各种人为性的社会环境不利因素对档案信息生态性保护系统的影响，提高系统稳定性的原则。管理生态性原则强调社会性的生态环境保护，是公共管理生态性的理念。[1]例如，在政府主导和市场参与的条件下，采取设立保护机构、制定政策、健全法规、制定标准、人才培养、岗位培训、组织再造、完善机制等措施。近年来，档案信息科技生态性保护得到了一定发展，如计算机技术、网络技术、数据存取技术等的应

---

[1] 孟晓. 现代管理新趋势：生态管理及其应用[J]. 佳木斯大学社会科学学报，2009（6）：39-40.

用。但不可否认，长期以来我们以档案信息本体的保护为主，对保护材料、保护技术、保护环境等方面的研究工作始终处于一种被动的状态。究其原因，就是管理生态性保护体系跟不上，宏观管理力度不够、保护政策法规不健全、保护机制失调、市场主体参与保护积极性较低，无法形成一个循环保护的闭合管理性系统。

科技生态性与管理生态性相结合是档案信息生态性保护系统构建的基本要求。科技生态性保护和管理生态性保护是档案信息保护不可或缺的两方面内容，它们是相辅相成、相互促进、彼此依存、相对独立的知识理论体系。前者属于档案信息科技生态性保护学，后者是档案信息管理生态性保护学。离开管理生态性保护系统，档案信息的科技生态性保护是被动的；没有科技生态性保护系统，档案信息的管理生态性保护则缺乏必要的物质技术基础。因此，两种生态性保护的结合，可以进一步促进档案信息生态性保护观念的提高，形成系统性生态化保护档案信息本体及其生态环境的理论体系。尤其是在当前保护科技有待成熟之时，更应加大管理生态性保护的力度，做好档案信息保护的前端控制和后端环境生态性保护。同时，充分利用现有的生态性科技成果和技术资源，遵循可再处理原则，尽量减少对档案信息本体的干预，为后人留下再处理的空间。因为，任何科技性保护技术和方法都是动态变化的，是随着人类科技的发展而进步的，管理生态性保护也必将适应这种发展而不断进步。

5.1.5 预防生态性与修复生态性相结合

预防生态性原则是档案信息保护"以防为主"思想在档案信息生态性保护系统构建中的具体体现，是把"防"的观念和方法贯穿整个系统建设的原则。预防生态性原则，一是强调这种防是全过程、全空间、全系统的生态性防护。从系统的层次性维度看，是对每个层级的子系统的每一个组成要素的生态性防护；从系统的时间性维度看，是对档案信息产生前的文件系统形成与运转时期、档案信息系统形成与运转时期、档案信息被其他系统利用而实现价值时期等档案信息生命周期全过程的生态性防护；从系统的空间性维度看，是对档案信息生态位、档案信息生态链、档案信息微观和宏观生态环境的生态性防护。二是强调防是档案信息生态性保护系统构建的主体性工作。这是因为系统中的档案信息人、档案信息本体、档案信息环境等的绝大部分还处于健康稳定的状态，还没到修复的那一步，因此，预防生态性要求成为档案信息生态性保护系统构建的重点。

修复生态性原则是档案信息保护"治"的思想在档案信息生态性保护系统构建中的具体体现，是把"治"的观念和方法贯穿整个系统建设的原则。修复是档案信息保护系统必不可少的内容，因为对于档案信息个体而言，其作为一种具体事物始终是有寿命的，从产生之日起就注定有损坏消失的一天，损坏是绝对的，完好是相对的，因此档案信息修复的任务不会消失，而且，当档案处于破坏状态时，修复的任务重要而迫切。如果遭到破坏的档案信息不及时进行修复，损坏的程度就会扩大，速度就会加快，直至无法挽救而完全损毁，造成无法估量的损失。修复生态性原则强调修复也是贯穿档案信息生态性保护系统的一项不可或缺的重要内容，要利用一切生态性的保护科技理念和手段，注重保护材料的生态性。在方法论上，既要修复档案信息本体，也要修复档案信息环境，才能使整个档案信息生态性保护系统保持平衡稳定的状态。

预防生态性与修复生态性相结合原则是"以防为主，防治结合"思想对档案信息生态性保护系统构建的基本要求，既是生态性保护的方法论，更是生态性保护的重要思想。它强调综合防治，目的是体现生态性保护的整体观、全程观、系统观思想；强调预防为主，目的是体现保护系统主体的生态多维观、档案信息本体的生态多维观以及档案信息环境的生态多维观。同时，还体现了保护系统各生态性保护要素之间相互联系、相互作用、相互影响、互为条件、辩证统一的生态哲学思想。

5.2 生态性保护系统构成

由于档案信息生态性保护系统是一个动态和复杂的整体，是多样性、差异性的统一，是各组成部分间相互依存、相互作用、相互制约的稳定的平衡体，因此，应当立足于区域现有的经济社会条件，以生态性保护思想和方法为指导，整合自然的和社会的建设资源来构建档案信息生态性保护系统，在宏观上整体组织协调推进，在微观上使用生态性保护技术，以确保达到档案信息保护资源配置的最优化。

5.2.1 系统总体架构

从总体上看，档案信息生态性保护系统由档案信息保护人、档案信息、档案信息本体生态性保护、档案信息自然环境生态性保护、档案信息社会环境生态性保护五要素组成。其中，档案信息保护人是保护主体，档案信息是保护对象，档案信息本体生态性保护、档案信息自然环境生态性保护、档案信息社会环境生态性保护是保护管理与技术。从系统总体架构看，包含三个子系统，即"档案信息保护人—档案信息本体生态性保护—档案信息""档案信息保护人—档案信息自然环境生态性保护—档案信息""档案信息保护人—档案信息社会环境生态性保护—档案信息"，如图5-1所示。

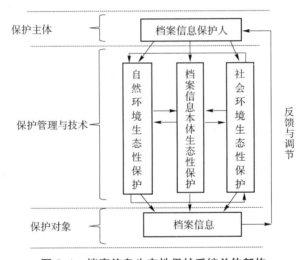

图 5-1 档案信息生态性保护系统总体架构

由图5-1可见，档案信息生态性保护系统三个子系统都分别与档案信息保护人、档案信息形成一个闭环保护循环系统，分别为"档案信息保护人→档案信息本体生态性保护→档案信息→档案信息保护人""档案信息保护人→自然环境生态性保护→档案信息→档案信息保护人""档案信息保护人→社会环境生态性保护→档案信息→档案信息保护人"。其中，保护对象档案信息与保护主体档案信息保护人之间是通过反馈与调节发生关系的。此外，在保护管理与技术层面上，档案信息本体生态性保护、自然环境生态性保护和社会环境生态性保护三个子系统之间可以进行物质技术与能量的交流与整合，形成相互依存、相互作用、相互制约的平衡保护状态。

5.2.2 系统组成要素

(1) 档案信息保护人

以社会角色划分，档案信息保护人包括各级政府、民间组织和企事业单位、公民个人三个部分。以与档案信息的关系划分，档案信息保护人可分为档案信息生产者、档案信息传递者、档案信息利用者、档案信息管理者四个部分。两种划分标准的不同种类之间是相互交错的。例如，一个企业既可以是档案信息生产者，也可以是档案信息传递者、档案信息利用者、档案信息管理者；档案信息生产者既可以是各级政府，也可以是民间组织和企事业单位、公民个人。如图5-2所示。

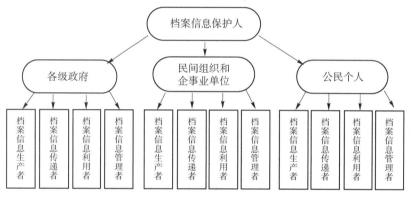

图 5-2 档案信息保护人结构

各级政府是档案信息生态性保护的主要组织者和领导者。与其他任何社会组织和个人相比，各级政府对档案信息生态性保护具有不可替代的公共行政管理优势，是一个不可缺少的保护主导性角色。也就是说，如果没有政府强有力的政策、法规和资金支持，档案信息生态性保护就会缺失必要的经济基础和上层建筑，而离开了政府在保护资源配置上的主导权作用，任由市场的力量发挥作用，档案信息生态性保护可能会乱象丛生而导致国家记忆的丢失。这种主导性角色具体体现在：一是能够顶层设计，制定科学合理的整体性、战略性保护规划，为档案信息生态性保护提供政策性支持；二是能够依法保护，制定完善的系统性法规体系，提供档案信息生态性保护的制度供给，在相关法律、规章框架下，根据各地区档案信息生态性保护实际情况进行相关保护法规建设；三是能够保证资金支持，依法划拨专项保护经费，为档案信息生态性保护提供财政支持这个最基本的物质保障。

　　各种民间组织和企事业单位是档案信息生态性保护主体的重要组成部分。这些组织和单位既可能是档案信息生产者，也可能是档案信息传递者、档案信息利用者、档案信息管理者，因此他们不可能置身于档案信息生态性保护系统之外。当然，他们在档案信息生态性保护中的作用因社会分工的不同也会各有不同，具体表现在：一是各种专门的档案信息行业组织和机构，主要作用是提供保护的行业标准等理论性和实践性支持，如各类档案馆以及各种相关的学会等，可以为档案信息保护提供强有力的技术支撑；二是各种市场化非专业性的组织和单位，主要作用是自筹经费和组织有关人员及技术保护本单位的档案信息，他们按照市场化原则配置保护资源，在资金与保护管理方面自主性强，在档案信息生态性保护的市场方面有优势，可以鼓励他们积极参与相关领域的保护投资与建设，推动档案信息的开发性保护；三是各种志愿性组织和机构，如志愿者组织、非政府组织等，他们提供志愿服务性保护，以提升档案信息保护的社会效益为宗旨，具有档案信息保护的社会公益性，在提高民众保护档案信息的自觉意识方面有不可替代的重要作用。

　　公民个人是档案信息保护主体的有机组成部分。信息化时代，公民个人既可能是档案信息生产者，也可能是档案信息传递者、档案信息利用者、档案信息管理者。因此，公民个人也是重要的档案信息保护人，他们参与或承担保护工作的深度和广度，是档案信息生态性保护能否实现的一个重要指标。一方面，公民个人对档案信息生态性保护具有较高的自觉性认知和理解能力，他们参与或承担保护工作，便于档案信息的传承和发展，也更有利于生态性保护意识深入群众中间；另一方面，公民个人积极主动和自觉参与档案信息保护工作，能够对各级政府、民间组织、企事业单位保护档案信息的行为进行群众性监督，促进档案信息生态性保护系统的稳定性与高效性。

　　档案信息保护人，无论以社会角色划分还是以与档案信息的关系划分，每一种划分标准下的不同档案信息保护人都是可以相互转化的。例如，非政府机构的民间组织、企事业单位和公民个人参与各级政府的档案信息保护项目，则保护人身份就是政府，反过来亦然。同一个社会组织在产生档案信息时是档案信息生产者，而在利用档案信息时则是档案信息利用者，在进行档案信息传递时则是档案信息传递者，同时还可能是档案信息管理者。此外，档案信息保护人生态性保护系统中的角色定位，究竟是主导者还是参与者，还要看其具体的保护对象。同一个档案信息保护人，针对不同的保护对象，其角色定位可以是不同的，也是可以相互转化的。例如，某个省级综合档案馆，当其保护对象是该馆馆藏的纸质档案信息时，角色定位是代表政府的，就是保护的主导者；而当其保护对象是民间组织或企业单位的档案信息，角色定位是代表这些组织或单位的，就是保护的参与者。

（2）档案信息

档案信息是生态性保护主体的保护对象，即保护的客体。按照保护主体不同划分，档案信息可分为政府档案信息、民间组织档案信息、企业单位档案信息、事业单位档案信息、公民个人档案信息等。按照保护地点不同划分，档案信息可分为档案馆藏档案信息、档案室藏档案信息、文件中心藏档案信息等。按照档案制成材料不同划分，档案信息可分为纸质档案信息、胶片档案信息、磁性档案信息、光盘档案信息、口碑档案信息等。一般而言，每一种保护主体的档案信息可以有若干种档案制成材料，如，政府档案信息可能有纸质档案信息、胶片档案信息、磁性档案信息、光盘档案信息等若干种。如图5-3所示。

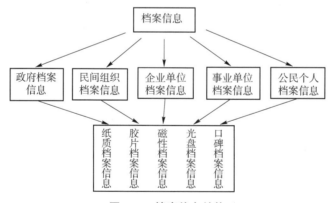

图5-3　档案信息结构

由于保管机构的不同，档案信息的成分结构和价值也有所不同。档案室作为单位（包括社会组织、企事业单位等）的内部机构，其保管的档案信息一般是本单位各部门形成的各种门类和载体的全都档案信息，档案信息的价值体现为对本单位的价值。档案室是我国档案机构组织体系中最普遍的保管业务机构。管理机关的党、政、工、团文书档案信息的是文书档案室；保管科技档案信息的专门档案室是科技档案室；保管影片、照片、录音带等特殊载体的档案室是声像档案室;专门管理人事档案的机构是人事档案室;管理本单位形成的各种门类档案的机构是综合档案室;由若干单位联合起来设立的统一保存和管理各个单位形成的档案的机构是联合档案室;对档案、图书、情报一体化信息管理的实体机构是档案信息中心;对档案和档案的前身文件进行管理的机构是文件中心。档案馆保管的档案信息大致可分为三大类:第一类是各级国家档案馆集中保管的各类档案信息;第二类是部门档案馆管理的本部门档案信息;第三类是企业、事业单位档案馆管理的本单位的档案信息。国家综合档案馆一般按照行政区划统一保管党和国家的档案。此类档案馆数量众多,有国家级、省部级、区市级、县级等各级综合档案馆,是我国档案事业的主体。其保管的档案信息价值体现为对国家和社会的价值。此外,民间组织和公民个人保存的档案信息量多面广,涉及各种载体形式,如戏剧、歌曲、故事、方言、小调、传说等,被称为口碑档案信息。

从本身属性看,档案信息的特点主要有:一是原始记录性。它是人类社会活动直接的、原始的、同时态的记录,真实反映社会活动的真实内容和过程,还原社会活动的历史原貌。二是知识性。它记录着人类在社会活动中获得的知识,是知识的原载体,是存储和传递知识的原始记录,使知识传递既有空间扩展性又有时间延续性。三是信息性。它不仅具有信息家族的共同特征,即可扩充性、可压缩性、可替代性、可传输性、可扩散性、可分享性,还具有档案信息本身的特殊性,即原生性、真实性、回溯性、联系性和积累性。四是文化性。档案信息是一种精神文化财富,记录和反映着同一时期社会文化的发展水平,如教育、科学、技术、文学、艺术、道德等方面。同时,档案信息也是我国各族人民在社会活动中形成的历史原始记录,它记录和反映着各民族的文化特质,如语言、心理素质、性格、风俗、传统以及生活方式等。

从保护属性看,档案信息具有以下特点:一是分布广,保护主体多。有人类社会活动的地方就有档案信息,所涉及的管理机构、社会组织众多:既有各种档案馆、档案室的,也有各种文件中心的;既有室内保管的,也有露天保存的;既有为各种社会组织所有的,也有为个人所收藏的。这为档案信息生态性保护系统构建提供了理论和实践基础。二是种类多,保护难度大。档案信息从制成材料看,几乎涵盖了所有中国古今各种载体材料:既有物质的,也有非物质的;既有直观的,也有非直观的。其对保护的要求高,有较大的挑战性，需要完善有效的保护系统，从而为生态性保护系统构建提供了内在动力。三是差异大，保护不平衡。我国东与西、南与北气候差异巨大，保护的自然环境差异相应也很大；在经济上中西部地区与东部地区的发展很不平衡，相应的保护的经济环境也很不平衡。此外，我国还有许多少数民族地区，那里交通不便、气候恶劣、生态复杂、经济贫困、文化闭塞，保护的自然环境、经济社会环境均无法与发达地区相比。因此，这为政府主导下的民间组织、企业单位参与生态性保护工作提供了更多的机会。

（3）档案信息本体生态性保护

档案信息本体生态性保护是指直接针对档案信息本身的生态性保护理论与技术。若按照保护对象的特征划分，它包括载体材料生态性保护、记录材料生态性保护、信息生态性保护等方面的理论与技术。载体材料生态性保护和记录材料生态性保护均可再分为预防生态性保护、治理生态性保护和修复生态性保护等方面的理论与技术。信息生态性保护则可包括信息人生态性保护、信息内容生态性保护、信息网络生态性保护和信息权利生态性保护等方面的理论与技术。如图5-4所示。

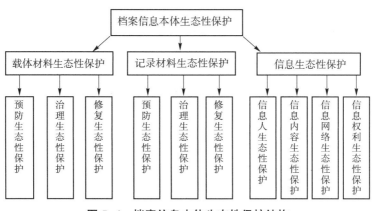

图5-4 档案信息本体生态性保护结构

档案信息本体生态性保护是档案信息生态性保护系统中最为核心的子系统，是档案信息保护最直接的第一道防线，也是生态性保护是否成功的关键。它要求在充分掌握档案信息制成材料耐久性及其损坏规律的基础上，在档案信息生态性保护理论的指导下，建立档案信息生态性保护的一整套管理和技术体系，并强调在保护的每个环节，吸收和利用生态学思想和方法，使其贯穿于档案信息生态性保护的始终。例如，纸质古籍类档案信息的预防生态性保护,在选择装具时,除了强调装具材料的牢固耐久、无毒无污染,还要建立一整套关于装具材料及制造的标准体系,从原材料的选择、加工工艺、制造流程与方法到产品质量控制等各个环节,都有生态性保护相应的标准。以此类推,在选择档案信息纸张载体时,除了要明确纸张的耐久性指标要求,还要有一套生产过程的生态性控制标准。通过这一系列强调保护过程的生态性标准,真正实现生态性保护的提前介入和全程控制。

档案信息本体生态性保护的主要特点:一是直接保护性。这是与档案信息自然环境生态性保护和档案信息社会环境生态性保护相对而言的,档案信息本体生态性保护的理论依据和技术方法均直接面对并作用于档案信息本身,旨在提升档案信息本身的耐久性和抗老化能力。二是内在保护性。这是马克思主义哲学思想"内因是事物发展变化的根据,外因是事物发展变化的条件,内因决定外因,外因通过内因而起作用"[1] 在档案信息本体生态性保护上的体现。档案信息本体生态性保护就是通过改变档案信息制成材料的成分,提升档案信息本体的物理化学性能,从而强化其耐久性和抗老化能力。三是前端保护性。档案信息本体生态性保护强调在档案信息制成材料形成之前保护工作已经开始,把保护工作实施于档案信息生产的原材料的前端控制上,从源头上提高档案信息制成材料的耐久性和抗老化能力。例如,光盘材料在制造时要选择理化性能最优的盘基和记录介质;纸质材料在制造时要选择理化性能最优的植物纤维原料,在生产过程中要严格控制漂白、打浆、施胶等生产环节的工艺,并少用金属设备和强酸强碱。四是结构保护性。众所周知,有什么样的机构就会有什么样的性质,有什么样的性质就会有什么样的功能,因此结构决定功能。档案信息本体生态性保护就是通过改变本体结构进而优化其功能,实现具有较高耐久性和抗老化能力的功能性提升。例如,纸质材料中,如果含有木素则纸张极易氧化和水解而老化,而如果含有一定比例的半纤维素则可以提高纸张的强度性能。

(4) 档案信息自然环境生态性保护

自然环境就是环绕人类周围的各种自然因素的总和,档案信息保护离不开自然环境。自然环境生态性保护是档案信息生态性保护系统中重要的子系统,不可或缺。档案信息的自然环境有内环境与外环境之分,内环境是指库房内档案信息保管的微观自然环境,即库房内的自然环境;外环境则是保管

---

[1] 罗长海. 辩证唯物主义基本原理 [M]. 北京:北京工业大学出版社,2003:113.

档案信息的库房之外的宏观自然环境，即库房外的自然环境。一般来说，库内自然环境生态性保护就是采取各种有效技术方法，建立一套符合档案信息生态性保护标准的库内环境条件，主要内容包括库房建设、设备配置、温湿度调控、光线防控、污染防治、微生物防治、害虫防治等方面。库外自然环境生态性保护就是利用生态性保护思想和技术，保护档案信息的库外自然环境，主要内容包括自然环境监测、自然灾害防治、空气污染防治和生态环境修复等方面。如图 5-5 所示。

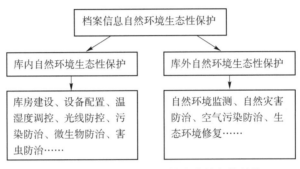

图 5-5　档案信息自然环境生态性保护结构

显而易见，库内自然环境是随着库外自然环境的变化而变化的，这是绝对的，但在库外自然环境的影响下，库内自然环境的变化需要一定的过程，这是绝对性中的相对性；同时，库外自然环境也会受到库内自然环境的影响，但这是相对的。例如，库房内温湿度的变化规律总是受到库房外温湿度的变化规律所影响，但很少能影响库房外温湿度的变化；库房内污染源对库房外的自然生态环境能产生一定的影响，但这种影响也是暂时的。反过来说，如果库房外自然生态环境有严重的污染源，那么库内自然环境是一定会受到污染影响的。因此，在档案信息生态性保护过程中，既要注重保护库内自然生态环境，又要有效保护库外自然生态环境，确保库内和库外两个自然环境系统有利于档案信息制成材料的耐久性。

档案信息自然环境生态性保护的主要特点：一是外在保护性。相对于档案信息本体生态性保护而言，档案信息自然环境生态性保护是针对档案信息周围的自然环境条件采取保护措施的。这些自然环境条件都是档案信息本体保护的外因，外因通过内因而起作用，做好环境条件的保护工作可以延长档案信息的寿命。二是隔断保护性。隔断是保护的重要手段。通过微观自然环境和宏观自然环境，在档案信息周围竖起两道自然屏障，库房内利用建筑、设备和技术进行温湿度调控、光线防控、污染防治、微生物防治、害虫防治等，库房外利用管理和技术进行自然环境监测、自然灾害防治、空气污染防治、生态环境修复等，目的是隔断有害因子对档案信息的破坏作用。三是预防保护性。对于档案信息本体而言，内外两种自然环境保护都是预防性的保护，在本体结构和理化性能不变的条件下，自然环境保护就是最主要的变量。因此，通过温湿度调控、光线防控、污染防控、微生物防控、害虫防控、自然环境监控等达到预防性保护的目的。四是治理保护性。由于人类生态文明的发展还处于初级阶段，两种自然环境发生不利于档案信息耐久性的变化是必然的。两种自然环境经常会出现空气污染、有害生物、自然灾害等病害，此时对档案信息的保护主要表现为治理性保护。

（5）档案信息社会环境生态性保护

社会环境是指影响档案信息保护的各种社会或人为因素的总和，亦称为人为环境。社会环境生态性保护强调利用各种管理性保护思想和方法，建立良性的档案信息保护社会生态环境，消除各种不利的社会或人为因素对档案信息的损坏。一般而言，社会环境生态性保护包括微观社会环境生态性保护和宏观社会环境生态性保护。微观社会环境生态性保护是指档案信息保护组织机构内部各种要素对档案信息的生态性保护，主要包括组织结构生态性保护、组织制度生态性保护、组织文化生态性保护和组织管理生态性保护等部分。宏观社会环境生态性保护是指档案信息保护组织机构外各种社会生态保护资源的总和，主要包括经济环境生态性保护、行政环境生态性保护、人文环境生态性保护、法规环境生态性保护和科技环境生态性保护等。如图5-6所示。

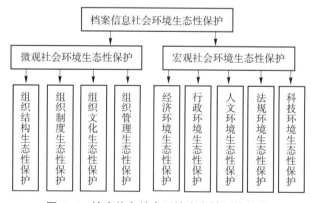

图 5-6　档案信息社会环境生态性保护结构

由档案信息社会环境生态性保护结构图可以看出，档案信息社会环境生态性保护是档案信息生态性保护系统的子系统，与档案信息自然环境生态性保护一起构成了档案信息生态性保护的环境系统。从保护工作的社会化角度看，档案信息保护始终受到社会生态环境的影响和制约，而且也是一种最为复杂的影响和制约关系。任何档案信息生态性保护工作者都应该自觉地去认识、研究社会环境生态性保护系统的状况、特点及变化趋势，在此基础上努力使档案信息保护工作去适应社会环境，并充分把握社会环境的作用规律。如今，档案信息保护进入了生态文明的新时代，社会生态环境系统日趋复杂化，保护主体的保护视角不能局限于单纯的由里向外视角，必须是由里向外、由外向里、纵横联通的多维多重视角的有机统一。

档案信息社会环境生态性保护的主要特点：一是间接保护性。这是相对于档案信息本体生态性保护而言的，是社会组织活动以及人的能动性对档案信息的作用，是一种间接的生态性保护行为。无论是微观社会环境还是宏观社会环境，都是首先作用于档案信息保护人，再通过档案信息保护人作用于档案信息，实现对档案信息的保护。二是管理保护性。档案信息社会环境生态性保护强调管理对档案信息的保护功能。微观社会环境生态性保护就是以组织管理的手段对档案信息进行保护的，即通过组织结构管理、组织制度管理、组织文化管理、组织控制管理等实现生态性保护。而宏观社会环境生态性保护则是通过对经济环境、行政环境、人文环境、法规环境和科技环境的有效管理来实现生态性保护的。三是价值保护性。档案信息的价值属性是其原始记录性所决定的，有对本单位的价值和对社会的文化价值，即短期价值和长远价值。档案信息价值性是档案信息社会环境生态性保护的动力源泉。因此，价值保护性是档案信息社会环境生态性保护的重要特征。四是经济保护性。马克思主义告诉我们，经济基础决定上层建筑，生产力决定生产关系。而档案信息社会环境生态性保护是属于上层建筑和生产关系范畴的，其成败的关键取决于经济基础和生产力。因此，档案信息社会环境生态性保护的基础是经济环境，体现了经济保护的属性。

5.2.3 系统要素之间相互关系

（1）保护人与档案信息本体的关系

档案信息保护人是保护主体，档案信息本体是保护对象。档案信息保护人通过档案信息本体生态性保护、档案信息自然环境生态性保护、档案信息社会环境生态性保护三个保护子系统分别作用于档案信息，使档案信息处于多重多维保护的状态。因此，档案信息保护人与档案信息本体是密不可分的，缺少任何一方，保护关系便不存在。

一方面，档案信息保护人的保护理论与技术素养和保护组织实施能力深刻影响档案信息的本体生态性保护、自然环境生态性保护、社会环境生态性保护，影响档案信息作为国家宝贵历史财富的安全性和完整性及其作用的发挥和价值的体现。保护理论与技术素养包括保护生态观念、保护伦理道德、保护科学与技术、保护文化建设等方面的素质。保护组织实施能力包括对保护规划设计、保护科学技术、管理理论方法的掌握和运用能力，具体就是本体生态性保护、自然环境生态性保护、社会环境生态性保护三个方面的能力。例如，具有较高保护素质和保护能力的档案信息生产者能够强化档案信息制成材料的结构和理化性能，提高档案信息的耐久性；高素质、强能力的档案信息管理者能够优化档案信息库内自然环境和库外自然环境诸条件，使档案信息不受到高温高湿、紫外线、空气污染、有害生物、自然灾害等的影响。因此，在一个档案信息保护人的保护素质较高、保护能力较强的档案信息生态性保护系统中，保护资源必定是比较丰富也比较给力的，档案信息的作用和价值自然能得到充分发挥。

另一方面，档案信息耐久性的高低和完整性、安全性保护的质量，深刻地影响着档案信息价值和作用的发挥，进而影响档案信息保护人的发展和进化以及保护活动的组织推进。也就是说，档案信息保护的效果是档案信息保护人的价值体现。在档案信息生态性保护系统中，档案信息既是人们保护的对象，也是人们社会活动必不可少的工具。因此，档案信息保护人借助档案信息掌握理论知识，提高保护实践能力，进而提高保护业务水平，完善自身保护知识结构，反过来促进档案信息保护人的管理能力和保护能力。例如，档案信息社会价值的充分发挥，就会获得社会的认可和重视，进而促进档案事业的发展，作为档案事业主体的档案信息保护人的社会职业就会得到巩固，具有较强的社会吸引力。

（2）保护人与档案信息本体生态性保护的关系

档案信息保护人通过档案信息本体生态性保护作用于档案信息。档案信息保护人是保护主体，档案信息本体生态性保护是保护手段。因此，保护人与档案信息本体生态性保护的关系是以档案信息保护理论技术为主、以档案信息管理方法为辅的交互关系。即保护人利用载体材料生态性保护、记录体材料生态性保护、信息生态性保护等方面的理论与方法对档案信息进行技术性保护和管理性保护，同时，载体材料生态性保护、记录体材料生态性保护、信息生态性保护等方面的管理方法和保护技术标准也会对保护人起到约束和管理的作用。

档案信息保护人是档案信息本体生态性保护的组织者和实施者。保护人应以现代生态文明理论为指导，充分掌握载体材料生态性保护、记录体材料生态性保护、信息生态性保护等方面的理论与技术，并在此基础上发挥保护人的主观能动性，主动适应生态性保护技术发展的时代潮流，积极研究档案信息保护新理论与新技术，探索和开发出档案信息生态性保护的新模式。保护人只有掌握档案信息生态性保护的新理论和新技术，才能有效组织实施保护工作，新理论和新技术也才能发挥应有的作用。同时，在使用新理论和新技术的保护实践中，保护人的保护观念和保护能力才能不断提高，反过来又能动地促进生态性保护技术的使用和进步。

档案信息本体生态性保护理论与技术深刻影响保护人的本体保护观念、本体保护行为模式和本体保护能力。档案信息本体生态性保护理论与技术的发展，使档案信息生产者、档案信息传递者、档案信息利用者、档案信息管理者的界面模糊，他们只有密切联系起来，形成统一战线，才能更好地发挥载体材料生态性保护、记录体材料生态性保护、信息生态性保护等方面的理论与技术。因此，保护技术的发展，可以扩展档案信息保护人的保护空间，提高档案信息保护人的保护能力，改变档案信息保护人的保护观念，甚至改变保护人与保护人之间的关系。

（3）保护人与档案信息自然环境生态性保护的关系

档案信息保护人以档案信息自然环境生态性保护理论与技术为手段，对档案信息的自然环境条件加以生态性控制，以实现档案信息的有效保护。档案信息自然环境生态性保护理论与技术离开了档案信息保护人，便不能发挥应有的保护作用；同样，档案信息保护人不学习和掌握档案信息自然环境生态性保护理论与技术，也不具备保护档案信息的能力。也就是说，只有两者的有机结合才能发挥效用，实现档案信息的库内和库外两个自然环境系统的稳定平衡，提高档案信息制成材料的耐久性。

档案信息保护人既是档案信息自然环境的一部分，也是档案信息自然环境生态性保护的组织者和实施者。生态文明建设思想强调人与自然的和谐共生，树立尊重自然、顺应自然、保护自然的理念。在档案信息生态性保护的语境中同样也要强调"档案信息保护人是档案信息自然环境的一部分"这种理念，档案信息保护人既要控制和调节直至治理档案信息保护的自然环境，使其有利于延长档案信息的寿命，同时又要保护自然生态环境，不使用有害于自然生态环境的非生态性保护技术。例如，不使用对人畜有害的灭菌技术、不使用污染大气的杀虫技术等。档案信息保护人又是档案信息自然环境生态性保护的组织者和实施者，利用档案信息自然环境生态性保护理论与技术，从微观自然环境和宏观自然环境两个层面，在库房内进行温湿度调控、光线防控、污染防治、微生物防治、害虫防治等技术保护，在库房外采取自然环境监测、自然灾害防治、空气污染防治、生态环境修复等保护技术，有效隔断有害自然环境因子对档案信息的破坏。

档案信息自然环境生态性保护理论与技术深刻影响保护人的自然环境保护观念、自然环境保护行为模式和自然环境保护能力。档案信息自然环境生态性保护理论与技术的进步，使库内和库外两个自然环境保护被纳入档案信息保护人的整体性保护中。因为，库内和库外两个自然环境是相互联系、相互作用的，只保护其中的任何一个，最终两个都保护不好而使整个保护系统的作用失效。因此，自然环境保护技术的发展，拓展了档案信息保护人的自然环境保护空间，提高了档案信息保护人的自然环境保护能力，改变了档案信息保护人的自然环境保护观念，也改变了保护人与保护人之间的关系。

（4）保护人与档案信息社会环境生态性保护的关系

档案信息保护人是档案信息社会环境生态性保护的主体，档案信息社会环境生态性保护是档案信息保护人的工具。档案信息保护人以档案信息社会环境生态性保护理论与方法为手段，对档案信息的社会环境系统进行生态性管理与控制，使档案信息得到有效保护。档案信息是人们社会活动的产物，从某种意义上说，没有社会生态环境就没有档案信息，也就没有所谓的档案信息保护人。档案信息保护人是因档案信息社会生态环境的形成而产生的。因此，档案信息保护人只有建立良好的档案信息社会环境生态性保护系统，强化各种管理性保护思想和方法，才能消除各种不利的社会环境因素对档案信息的破坏。反过来说，因为有了档案信息社会环境生态性保护系统，各种档案信息保护人才拥有合理的保护生态位，并通过保护生态链建立起相互依存、相互作用的保护生态关系。

人既是自然的，也是社会的。档案信息保护人既是档案信息社会环境的一部分，也是档案信息社会环境生态性保护的组织者和实施者。个人或组织因为与档案信息的生产、传递、利用和管理发生关系而成为档案信息保护人,档案信息保护人通过保护生态位和保护生态链建立了档案信息社会环境,形成了微观社会环境生态性保护系统和宏观社会环境生态性保护系统。在微观上,档案信息保护人利用组织结构生态性保护、组织制度生态性保护、组织文化生态性保护和组织管理生态性保护等理论和方法对档案信息组织实施社会环境生态性保护;在宏观上,档案信息保护人通过经济环境生态性保护、行政环境生态性保护、人文环境生态性保护、法规环境生态性保护和科技环境生态性保护等理论和方法对档案信息进行社会环境生态性保护。

档案信息社会环境生态性保护理论与方法深刻影响保护人的社会环境保护观念、社会环境保护行为模式和社会环境保护能力。在档案信息社会环境生态性保护系统中,保护人的保护生态位是通过档案信息社会环境生态性保护理论与方法形成的,而维持各个保护生态位平衡关系的生态链就是档案信息社会环境生态性保护理论与方法。例如,在政府机关档案信息管理中,市政府办公室档案室和市政府档案馆之间的档案信息保护关系是通过档案信息管理法规、行政管理体制、保护标准体系等建立起来并组织实施档案信息保护的。因此,档案信息社会环境生态性保护理论与方法深刻影响保护人的社会环境保护观念、社会环境保护行为模式和社会环境保护能力。

(5) 本体生态性保护与自然环境生态性保护的关系

本体生态性保护与自然环境生态性保护是档案信息生态性保护系统中同一层级的两个相对独立的子系统。本体生态性保护作用于档案信息本身,改变的是其本体结构和理化性质,即通过内因起作用。自然环境生态性保护则作用于档案信息的自然环境,控制的是其周围的条件因素,即通过外因起作用。辩证唯物主义告诉我们,事物发展变化的内因和外因是相互联系、辩证统一的。因此,档案信息的本体生态性保护与自然环境生态性保护也是相互联系、辩证统一的,本体生态性保护总是依托一定的自然环境生态性保护而存在,自然环境生态性保护则通过本体生态性保护而对档案信息起保护作用。

本体生态性保护与微观自然环境生态性保护的关系是最为直接和密切的。因为档案信息制成材料总是保管在库房里,库房是档案信息保护中最基本的物质技术基础。本体生态性保护是基于一定的库房条件展开的,而库房微观自然环境生态性保护也是在本体生态性保护的前提下进行的。例如,纸质档案信息的本体生态性保护需要优质的造纸植物纤维原料和造纸工艺及熟练的工人，纸质档案信息生产完成后，又需要一个档案库房这样的自然环境进行生态性保护。也就是说，本体生态性保护技术的发展离不开库房微观自然环境生态性保护条件，库房微观自然环境生态性保护技术是为了适应本体生态性保护的需要。

本体生态性保护与宏观自然环境生态性保护的交互关系主要体现在：一是本体生态性保护通过微观自然环境生态性保护进而为宏观自然环境生态性保护提出需求。档案信息本体生态性保护与微观自然环境生态性保护的关系极其密切，而微观自然环境生态性保护又受到宏观自然环境生态性保护的深刻影响，因为宏观自然环境的变化总会促进微观自然环境的变化，保护好微观自然环境的前提是保护好宏观自然环境。二是宏观自然环境生态性保护为本体生态性保护提供物质基础。档案信息的各种制造原材料无不来自宏观自然环境，在档案信息保护人制定的档案制成材料标准体系下，宏观自然环境提供符合标准的档案信息原料。因此，宏观自然环境生态性保护是本体生态性保护的基础。

（6）本体生态性保护与社会环境生态性保护的关系

档案信息本体生态性保护和社会环境生态性保护都具有社会性，都是人类社会活动的产物。本体生态性保护关注的是档案信息本体生成过程中的保护规律，社会环境生态性保护研究的是档案信息及其保护人的社会关系的管理规律。从保护的本质属性看，本体生态性保护强调档案信息本体内部诸要素的保护，即内因的保护问题；社会环境生态性保护追求的是档案信息社会环境各个组成部分的协调统一，即外因的保护问题。从保护系统生态链看，档案信息本体生态性保护成败的决定因素是保护人，而社会环境生态性保护是影响保护人保护行为的重要因素，即保护人受到社会环境深刻的影响，甚至在一定意义上说，没有社会生态环境保护就没有本体生态性保护。因此，社会生态环境保护做得好，能够提高本体生态性保护的技术水平和管理效能，促进保护人的发展；本体生态性保护做得好，能够消除各种不利的社会环境因素的破坏，促进生态链的形成和完善。

本体生态性保护与微观社会环境生态性保护是在一定时空上的被管理与管理的关系。在档案信息生态性保护系统中，保护时空就是开展保护活动所涉及的时间条件和空间条件。保护时间表现在保护活动在时间轴上的周期和过程。保护空间是开展档案信息保护活动的场所和范围，既有物理空间，也有虚拟空间。在这样一定的保护时空上，微观社会环境生态性保护实践是通过档案信息保护人（保护组织）对本体生态性保护进行管理的，具体有组织结构生态性保护、组织制度生态性保护、组织文化生态性保护和组织管理生态性保护等方式。因此，只要有人类社会活动的产物档案信息，就同时产生本体生态性保护与微观社会环境生态性保护。

本体生态性保护与宏观社会环境生态性保护的交互关系主要表现在：一是本体生态性保护为宏观社会环境生态性保护提供了完整的保护对象。本体生态性保护以预防生态性保护、延缓生态性保护和修复生态性保护等理论和技术强化对载体材料和记录材料的保护，以信息人生态性保护、信息内容生态性保护、信息网络生态性保护和信息权利生态性保护等理论与技术实现对信息的保护。如此，本体生态性保护把完整的档案信息呈现在宏观社会环境生态性保护系统面前，成为宏观社会环境生态性保护的客体对象。二是宏观社会环境生态性保护为本体生态性保护提供价值需求。档案信息的价值有第一价值和第二价值，第一价值是对本单位的价值，第二价值是对社会的长远价值。本体生态性保护为档案信息发挥对社会的长远价值奠定了基础，但是否能有机会发挥其社会价值，就看宏观社会环境生态性保护的需要，即经济环境生态性保护、行政环境生态性保护、人文环境生态性保护、法规环境生态性保护和科技环境生态性保护等方面的价值需求。

（7）自然环境生态性保护与社会环境生态性保护的关系

自然环境生态性保护与社会环境生态性保护都属于对档案信息生态环境的保护。人类社会活动离不开自然环境和社会环境，档案信息的保护也离不开自然环境的保护和社会环境的保护。在档案信息生态性保护系统中，两大环境保护子系统的平衡是系统稳定的关键。自然环境生态性保护强调以库内的温湿度调控、光线防控、污染防治、微生物防治、害虫防治等技术和库外的生态环境监测、自然灾害防治、空气污染防治和生态环境修复等技术实现对档案信息的自然性保护。社会环境生态性保护强调组织保护以及经济、行政、人文、法规、科技的保护来实现对档案信息的社会性保护。自然环境生态性保护与社会环境生态性保护是须臾不可分离的。

自然环境生态性保护是档案信息社会环境生态性保护的基础，社会环境生态性保护是档案信息自然环境生态性保护的发展。一方面，自然环境生态性保护是对档案信息周围的物质条件进行的保护，是保护的物质基础；另一方面，社会环境生态性保护是从保护人的复杂社会关系层面上进行保护，是保护的社会化发展。

(8) 反馈与调节

反馈是指整个保护系统对保护对象的保护效果信息对保护主体行为产生影响的过程，是保护系统动态稳定不可或缺的机制。在档案信息生态性保护系统中，经过档案信息本体生态性保护、自然环境生态性保护、社会环境生态性保护三个子系统的保护过程，在一个保护周期内是否能为档案信息的安全与完整、传承与发展提供良好的保障？其中每个子系统的保护状态和功能发挥如何？整个保护系统是否形成良性稳定的运行机制？这些问题都必须通过反馈机制才能使保护主体及时获得相关信息，进而对整个系统的保护行为作出相应的调整。

调节是指通过反馈机制使保护主体获取保护对象的保护效果信息后，对其保护行为进行的控制和调整。这是系统自动校正误差的机制，是以反馈为基础的。具体而言，保护系统对档案信息本体生态性保护、自然环境生态性保护、社会环境生态性保护分别进行调控与整合，促使三个保护子系统结合成为保护功能协调的档案信息生态性保护系统，以产生更好的保护效益。

5.3 生态性保护系统功能

建构档案信息生态性保护系统的根本目的就是发挥其应有的功能。档案信息生态性保护系统功能是指档案信息生态性保护系统各要素相互作用，充分发挥本体生态性保护、自然环境生态性保护、社会环境生态性保护理论与技术的作用和效能。档案信息生态性保护系统的功能主要有档案保护功能、信息安全功能、知识管理功能、生态治理功能、社会控制功能和文化生态保护功能。

5.3.1 档案保护功能

档案保护功能是档案信息生态性保护系统最基本的功能。没有档案保护功能的充分实现，档案信息生态性保护系统就失去其建设和发展的意义。档案保护就是档案信息本体生态性保护、自然环境生态性保护、社会环境生态性保护的理论与技术的总和。因此，利用保护技术维护档案的安全与完整是档案信息生态性保护系统彰显其功能的永恒主题。近年来，档案保护技术在纸张保护、古籍保护、字迹恢复、照片修复等技术方面取得了一系列的成果。由此，档案保护功能就是档案信息生态性保护系统整合保护科学理论与技术对档案进行保护的价值和作用。主要体现在：

一是对档案的预防性保护功能。预防性保护是指防止档案遭到可能性破坏的所有措施。强调关注预防性保护的整体，关注档案环境的影响；强调全体组织机构员工具有保护意识，并积极参与预防保护过程；强调公民个人和档案关系者的参与、先进技术与传统工艺的使用以及法规体系与经济基础等构成的综合保护体系。生态性保护思想强调应用现代科学理论与技术，研究档案损坏的规律，制定科学保护档案的技术方法，贯彻"以防为主"的预防性保护思想。在预防性保护技术应用方面，主要包括库内自然环境的调节与控制、库外自然环境的防护、自然生态系统的保护、社会生态系统的保护以及载体材料防老化保护、信息数字化保护等方面的预防性保护技术和方法。将上述技术和方法构成一个综合性的生态性保护系统，并使之良性运行而实现预防性保护功能。

二是对档案的治理性保护功能。治理性保护就是消除档案周围环境不利因素的保护措施。强调在一定的时空范围内运用管理性的措施，包括经济的、行政的、法律的、科技的、文化的手段，消除各种不利于自然和社会的因素，维护档案的保护秩序及其安全完整。生态性保护思想认为，周围环境是档案保护的重要条件，有自然环境和社会环境之分，自然环境分库内自然环境和库外自然环境，社会环境分宏观社会环境与微观社会环境。环境中的不利因素多是档案损坏的外因，如不适宜的温湿度、空气污染、有害生物、光线辐射、库房建筑不符合要求、人类不良活动、人为破坏、生态环境破碎等。对于这些影响档案耐久性的环境因素，只有用科学的治理技术和方法加以控制和消除，才能实现生态性保护系统对档案的治理性保护功能。

三是对档案的修复性保护功能。修复性保护就是"对破损或存在不利因素的历史记录进行修正、恢复，提高其制成材料耐久性的技术方法"。[1] 修复性保护首先是一项复杂而细致的技术性工作；其次是一项科学性的保护工作，遵循档案制成材料的耐久性的保护规律；再次是一项具有充分安全性的保护工作，所使用的修复技术是要经过反复试验的。修复性保护功能是档案信息生态性保护系统中本体生态性保护子系统保护功能的体现。生态性保护思想认为，档案是有生命的，其损坏是不可避免的，这是事物发展的普遍规律。因此，档案的修复性保护是不可或缺的，包括各种档案制成材料的修复

---

[1] 郭莉珠. 档案保护技术学教程[M]. 北京：中国人民大学出版社，2002：276.

性保护，如纸质、金属、石质、陶瓷、木质、棉麻、磁质、光盘、字迹、胶片等材料的修复性保护。它强调科学性、技术性、安全性的有机统一，并使用绿色、环保、健康、安全、高效的生态型保护材料和技术，以实现生态性保护系统对档案的修复性保护功能。

5.3.2 信息安全功能

档案信息是重要的信息资源。信息安全是指利用一切理论和技术避免信息系统受到各种破坏和干扰，以确保信息的可靠性、保密性、可用性与完整性。信息安全功能是档案信息生态性保护系统在整合保护科学理论与技术对信息进行的保护中所发挥的能效和作用。信息安全功能是档案信息生态性保护系统中档案信息本体生态性保护子系统的重要功能，包括信息人生态性保护、信息内容生态性保护、信息网络生态性保护和信息权利生态性保护等方面的功能。信息安全问题从来就是一个复杂而重要的关系社会和谐发展的问题，涉及各个保护人和保护子系统并贯穿档案信息生态性保护系统运行过程，具体包括信息载体安全、信息自身安全、信息环境安全等，尤其是信息载体是多种载体并存的，如系统平台、应用平台、物理平台、网络平台与通信平台等。

一是信息安全保护的稳定性。在档案信息生态性保护系统中，信息安全保护体系的三个重要组成部分是管理性保护、组织性保护与技术性保护。管理性保护是保护体系的核心，同时也是保护体系发挥其效用的重要保障。管理性保护包含保护人素质培训、法律法规及标准建设等方面。组织性保护是保护体系运行的基础，包括保护人配置、岗位设置、机构设置以及组织管理等部分。技术性保护是保护体系的关键，贯穿整个保护体系运作的始终，包括硬件环境安全技术、信息载体技术、信息技术等，构成了技术性保护体系。管理性保护、组织性保护以及技术性保护三者之间相互联系、相互作用、相互协调，形成稳定的信息安全保护结构，缺少了其中任何一个，结构的稳定性就会受到破坏。只有三者相互合作，才能实现保护体系的有效性。

二是信息安全保护的多维性。在信息安全保护的技术性保护体系中，生态性保护系统理论强调安全结构的多维性，即三维结构。它由安全服务、系统单元和协议层次等三个维度构成。首先是安全服务维度。按国际标准的规定，安全服务包含数据可靠性、数据保密性、数据完整性、数据抗抵性、安全审计、身份认证、访问控制等服务内容。其次是系统单元维度。信息网络系统中的信息载体依赖于系统单元的安全性呈现,系统单元包括系统平台、应用平台、物理平台与通信平台等。最后是协议层次维度。国际标准化组织规定了开放系统互连参考模型的七个层次协议,按照单元与协议对应原则,模型中的每个单元都应与相关协议层次相对应,以多个不同的安全服务确保系统单元的安全性。例如网络平台中,利用用户访问控制与用户身份认证的层次协议和安全服务,确保数据传输与数据存储的机密性与完整性等。

三是信息安全保护的系统性。信息安全保护是一个系统,目标是保障信息的保密性、完整性、可用性、可溯性等安全属性。具体来说,就是要做到访问控制、数据保密、系统完整、用户身份正确、数据完整、攻击阻断、故障隔离、数据恢复、法律规范等安全防范措施。档案信息生态性保护系统的信息安全保护系统具有较强的自适应性与动态性,可以根据信息安全风险强化安全需求,提供不间断的安全保障,形成一个集保护、策略、检测、恢复、响应于一体的动态、完整、稳定的安全保护循环系统。

5.3.3 知识管理功能

知识管理是指社会主体对其管理的知识资源进行识别、获取、加工、存储、传播和利用,以实现显性知识和隐性知识的创新与共享的过程。知识管理既包含知识生产、知识传递、知识获取和知识利用等知识过程的管理,也包含对与知识过程相关的组织、人员、资产、科技、活动和设施等要素进行的全方位管理。档案信息本身是一种知识载体,是知识信息与载体材料的结合物。档案信息保护就是一种以知识管理为指引的档案信息管理,同时又是以档案信息管理为基础的知识管理。[1] 其目标是保护档案信息的安全性、保密性、可靠性和完整性,充分发挥档案信息的知识功能,实现档案信息的社会文化价值。因此,档案信息生态性保护系统在本质上是一个运用生态性和系统性理论与技术保护知识管理系统的生态性系统。主要表现在:

一是知识管理为档案信息生产和利用提供管理思想和方法论。档案信息是主体社会活动的原始记录,是知识的结晶。档案信息被用于新的社会实践活动,形成新的档案信息和新的知识。档案信息这种"通过社会化的档案实践活动进行档案记忆的累积与更新,使特定的观念、知识、价值以一定的媒

---

[1] 徐拥军. "档案知识管理"系统构建的原则与策略 [J]. 档案学通讯, 2009 (2): 58-61.

介展现出来、传递下去，成为可感知与传播的精神产品，最终促进社会依照既定的规范得以延续和维持。"[1] 档案信息的生产和再生产方式使自身的文化知识价值得以延续并增值。而知识管理是现代具有创新功能性的一种管理思想和管理模式，以知识创新和知识共享为目标，与档案信息生产和再生产的目标相一致。其管理过程都包括知识获取、知识组织、知识集成、知识转化、知识服务等知识管理环节；其管理主体都是在遵循"统一领导，分级管理"的管理体制下的机关、组织和个人；其管理理念都是强化创新意识、重构服务体系、提高管理效益、挖掘隐性知识、创造知识价值等。因此，知识管理为档案信息的生产和利用提供管理思想和方法论。

二是档案信息本体生态性保护系统本是一个知识管理系统。档案信息本体生态性保护系统包含载体材料生态性保护、记录材料生态性保护、信息生态性保护三个子系统，第二层次子系统又包含预防生态性保护、治理生态性保护和修复生态性保护、信息人生态性保护、信息内容生态性保护、信息网络生态性保护和信息权利生态性保护等方面的理论与技术。从功能要素来看，档案信息本体生态性保护系统几乎涵盖了知识管理系统的主要功能。首先是知识采集功能。它是指档案信息保护人收集、整理、加工的过程，强调档案信息知识采集的方向性、侧重性、连续性和动态性。其次是知识存储的功能。它是指档案信息保护人对档案信息知识进行存储分级、存储分类、存储加密并采用适当的存储方式的过程，强调存储的安全性、科学性、保密性、可用性和完整性。再次是知识扩散功能。它是指档案信息保护人利用各种标准化信息技术实现档案信息知识的共享，强调技术性、标准化、交互性和安全性。最后是知识利用与创新功能。它是指档案信息保护人依据组织战略进行档案信息知识的生产和再生产，实现档案信息知识的利用和创新，强调档案信息保护人的知识需求有效性以及较合理的知识结构、较强的创新能力和解决问题能力。

三是档案信息生态性保护人具有社会知识管理的职能。档案信息生态性保护人包括各级政府、社会组织、企事业单位和公民个人。社会知识管理不仅包括各级政府机关和社会组织内部的知识管理，还包括机关之间、组织之间、机关与组织之间、组织与个人之间、个人之间的知识积累、转移和创新等的管理。因此，档案信息生态性保护人具有社会知识管理的职责，即优化

---

[1] 丁华东，等. 论档案记忆再生产的实践特征与当代趋势 [J]. 档案学通讯，2017 (4)：4-7.

整个社会档案知识资源配置,建立政府档案知识管理、社会组织档案知识管理、企事业单位档案知识管理、个人档案知识管理等知识管理子系统,将适当的知识推送给社会成员,实现社会知识共享和增值。在此过程中,各级政府起决定性的主导作用,其他保护人起参与配合作用。因为,对于各级政府而言,档案信息知识是政府提供公共服务和科学决策的资源,也是政府部门提高运作效率的关键;对于社会组织、企事业单位和公民个人而言,则可以强化其知识管理生态位,提高知识获取能力、知识共享能力、知识应用能力和知识创新能力,进而提高可持续竞争优势,获得双赢的结果。

5.3.4 生态治理功能

生态治理是生态文明发展的要求,是为了强化人与自然、社会之间和谐发展的关系,进一步解决自然生态系统和社会生态系统的各种非平衡危机。它强调人类行为要避免各种损害生态环境,保障自然的永续利用和社会的可持续发展,促进各种关系的平等与和谐,既包括人与自然、人与人的关系,也包括经济、政治、物质、环境、技术、制度、思想、文化、科学等的关系。档案信息生态性保护系统要求档案信息保护人、档案信息、档案信息自然环境、档案信息社会环境等要素的平衡协调与可持续发展,确保档案信息本体生态性保护、档案信息自然生态性保护和档案信息社会生态性保护三个子系统的良性运行。因此,档案信息生态性保护系统的功能与生态治理的内在价值诉求相一致,具有生态治理的重要功能。生态治理功能是指档案信息生态性保护系统在档案信息保护中强化保护人、档案信息、自然环境、社会环境等要素之间的和谐关系,强化自然生态系统与社会生态系统良性运行机制的价值和作用。主要表现在:

一是体现了生态治理的有机整体观。生态性保护不仅是档案信息本体的保护,而且是自然环境和社会环境的保护,是一种整体性的保护观,强调保护的可持续性,体现了生态治理关于人与自然、社会的相互依赖、不可分割的发展共同体理念。生态性保护从一开始就以整体性生态性保护作为自己的实践理念,强调保护生态完整性的责任感和使命感,既要求提高档案信息保护的效率,又要求不能破坏自然和社会生态环境的平衡性。因此,从实践功能的角度看,生态性保护实践其实就是生态治理理论的具体实践,是生态治理功能的一种实现方式。

二是体现了生态治理的生态伦理观和生态价值观。档案信息是有其形成和流转的生态环境的,这就是由人、自然、社会三者组成的"生境"。档案信息生态性保护必须回归其"生境"的保护,否则,生态性保护就只是一句空话,不会得到可持续性的保护。因此,生态性保护的本质体现了人与自然、社会全面协调发展的生态伦理观和生态价值观,与生态治理所追求的伦理与价值不谋而合。生态治理理论认为,人是价值的中心而非生态环境的主宰,人的价值追求不能凌驾于生态环境整体利益之上,人们应树立以人和生态环境为本的价值观念。同时,人类社会的伦理道德不能仅局限于人类社会自身,而应扩展到自然界,树立人与自然和谐共生的伦理道德观。

三是体现了生态治理的生态科技观。生态性保护强调档案信息保护科技应当是"绿色科技",既要保证高效保护珍贵的档案信息本体,又能有效保护档案信息的自然生态环境和社会生态环境,不能片面追求功利性的高效保护档案信息本体而损害档案信息生态环境保护的可持续效益性。体现了生态治理关于用生态理性校正科学理性以实现生态理性和科学理性辩证统一的思想,用人文精神校正科学理性以达到人文精神与科学理性辩证统一的思想,用生态伦理观校正科技观以达到道德观与科技观辩证统一的思想。可见,档案信息生态性保护系统是生态治理理论在保护科技领域的具体实践。

四是体现了生态治理的可持续发展观。生态性保护理论认为,生态性保护必须以保护档案信息生态环境为前提,如果没有档案信息自然生态环境和社会生态环境的有效保护,就不可能实现档案信息的动态性永久保护。人类任何急功近利的保护实践都可能破坏档案信息生态环境系统的稳定平衡,使档案信息保护的可持续发展性遭到破坏。生态治理理论否定"重增长、轻发展"传统观念,更加强调人与自然发展的协调性和公平性以及人类在社会发展中的生态保护责任和义务。因此,档案信息生态性保护系统是生态治理可持续发展理论的生动实践。

5.3.5 社会控制功能

社会控制是指社会组织利用社会规范对其成员的社会行为实施约束的过程。其作用是协调各个社会运行系统之间的关系,使系统运行轨道、运行方向和运行速率不断得到修正和控制,实现功能耦合、结构协调和同步运行,促进社会的良性运行和协调发展。档案信息是社会活动的产物,具有社会控制的作用。档案信息生态性保护系统的社会管理功能是指该保护系统在有效保护档案信息的同时,还具有化解社会矛盾、协调社会关系、规范社会行为、控制偏轨行为和维护社会稳定等社会公共事务管理的作用。主要体现在：

一是协调社会关系。档案信息生态性保护系统倡导全民保护及保护主体多元化的理念，各类保护人包括各级政府、民间组织、企事业单位、公民个人等。这就要求以各级政府为主导，整合社会资源，推进社会管理职能向公共服务职能转变，理顺各种保护主体间的利益关系。为此，只有加强各保护主体之间纵向和横向的互动，加强协调合作，才能实现档案信息生态性保护系统的良性运行，有效保护档案信息。当然，这种协调合作是建立在利益共同体原则基础上的，因此建立保护主体间的合作伙伴关系十分重要。而在其中起决定作用的各级政府，它的作用是完善保护法规体系，并提供良好的公共服务。

二是规范社会行为。档案信息保护离不开良好的法规环境，需要建立起一整套保护法规体系，具体包括法律层的、行政法规层的、行政规章层的、标准体系层的保护法规。目的是以具有强制性的法规体系来规范档案信息保护的社会行为，维护档案信息保护和利用的良好秩序，调控档案信息生态性保护系统的良性运行。特别是在市场经济条件下，档案信息的安全性、完整性、真实性、保密性受到前所未有的挑战，更需要规范各级政府、社会组织和公民个人各自的社会角色、职责和活动界限，严惩组织和个人在经济利益的驱动下做出破坏档案信息安全性的行为。可见，档案信息生态性保护系统的法规体系具有规范社会组织和个人社会行为、发扬社会正气、营造社会良俗，树立法治社会观念的功能。

三是化解社会矛盾。档案信息是中华民族历史文化的结晶，承载着各族人民的科学知识、历史原貌、风俗习惯、宗教信仰、道德观念、价值取向等文化元素。档案信息生态性一体化保护极大地促进了文化交流和传承，增进了文化融合，减少了文化冲突，最大限度地化解了社会矛盾甚至民族矛盾。生态性保护理论认为，进一步解决矛盾要依靠相关政策和法规，协调好政府、组织、个人的利益关系，调动民间参与保护的积极性，建立多元化的保护和利用机制，最大限度地实现档案信息资源的共有共享。

四是强化社会意识。生态性保护理论认为，档案信息保护主体包括各级政府、社会组织、公民个人等，档案信息的形式和种类繁多，保护系统层包括本体保护、自然环境保护、社会环境保护等。因此，档案信息生态性保护系统具有主体全民性、客体多样性、保护多体系化等特点。这些特征有利于档案信息保护宣传、教育的深入开展，强化保护主体的意识，形成强烈的档案信息保护社会意识。形成全社会的保护观念是保护系统发展的最高境界。

5.3.6 文化生态保护功能

档案信息是一种文化生态。档案信息文化生态是指中华民族在社会历史发展过程中创造和发展起来的物质文化和精神文化的状态和环境。文化生态是直接影响档案信息文化生存和发展的各种要素的有机统一体，包括文化自然生态和文化社会生态两个方面。因此，文化生态保护就是保护好档案信息文化赖以生成的自然和社会生态环境，维护档案信息文化正常传承系统的过程。生态性保护理论认为，档案信息文化生态具有不可再生性，一旦生态破碎，将会丧失历史记忆，破坏民族文明的发展。文化生态保护功能是指档案信息生态性保护系统对档案信息文化赖以形成和发展的自然生态环境和社会生态环境进行有效保护，以维系档案信息文化生态系统平衡的价值和作用。主要表现在：

一是档案信息文化生态的系统性保护功能。档案信息文化生态具有系统性的特点，系统各要素之间相互依赖、相互作用、相互制约，形成推动档案信息文化传承和发展的动力。生态性保护理论认为，档案信息文化生态系统包含多个子系统，如经济的、政治的、物质的、制度的、风俗习惯的、思想价值的等，共同推动档案信息文化的形成和发展。档案信息保护必须以档案信息文化保护为前提，而档案信息文化保护又必须以档案信息文化生态保护为前提。因此，我们要用系统论方法保护档案信息文化生态，而不能把某种具体的文化现象从其生存环境中抽取出来进行保护，以防止档案信息文化家园与文化精神的缺失。此为档案信息生态性保护系统的文化生态保护功能。

二是档案信息文化生态的区域性保护功能。档案信息文化生态具有区域性特点，总是占据着一定自然的和社会的空间，保留着相同的文化特质，具有明显的民族区域性。档案信息文化生态既是一个地理空间，又是一个文化空间。生态性保护理论认为，档案信息文化生态保护必须关注其区域性特点，把行政区域保护模式与民族区域保护模式结合起来。具体而言，就是民族区域性与行政区域性相统一，文化空间性与地理空间性相统一，并以此作为档案信息文化生态保护系统建设的着眼点。众所周知，任何一种文化的形成和发展，是与一定区域和一定社会关系下的生产生活方式分不开的。只有在同一区域的同一文化生态环境中，文化的保护才能获得充分的信息、能量、认同和支持。如果强力阻断这种区域性文化生态系统内的物质和能量交换,档案信息文化的生命力将会萎缩,文化生态保护就不可能实现。为此,档案信息生态性保护系统自觉地把保护范围扩展至民族区域和行政区域的文化生态保护,充分调动保护的民族和区域文化要素,发挥档案信息文化生态的保护功能。

  三是档案信息文化生态的动态性保护功能。档案信息文化生态具有动态性特点。一方面,档案信息文化生态环境因子的形成和发展是一个动态的过程,各因子(如自然生境、社会生境等)之间相互联系、相互作用、相互制约,以维护生态系统的动态平衡。另一方面,档案信息文化因子也因为生态环境的变迁而不断变化和发展,反过来促进各种生态环境因子的动态演进。因此,档案信息文化生态保护也应该是动态性的。生态性保护理论认为,档案信息保护是一种静态与动态相结合的保护机制,静态保护是相对的,动态保护是绝对的,故要强化动态保护的功能。由于文化生态环境总是处于动态变化之中,各种文化要素之间平衡关系也是动态的,档案信息的形成、流转、利用和管理也随这种逻辑而发生连续性的发展变化。因此,档案信息生态性保护系统注重档案信息文化生态的动态性保护,尊重并维护档案信息文化生态自身的发展逻辑,以实现档案信息的有效保护。

第 6 章　档案信息生态性保护的管理维度

生态性管理张力是档案信息生态性保护系统的重要功能，因为档案信息保护不仅是一种社会管理性工作，更与自然环境和社会环境一刻也不能分离。因此，生态性保护的管理功能就是为了消除各种人为性的社会环境不利因素对档案信息安全的威胁，在公共管理的维度上建立生态性的保护体系。主要内容有生态性保护模式、生态性保护的组织实施、生态性保护的微观社会管理、生态性保护的宏观社会治理等。

6.1　基于耐久性的生态性保护模式

耐久性是指档案信息制成材料抵抗自身和环境因素长期老化作用的能力。影响档案信息制成材料本体耐久性的内因主要是原料的质量、材料的化学成分及其物理化学性能、材料的生产过程等，外因是各种环境因素、生物因素和人为因素。从材料耐久性的变化规律而言，生态性保护模式有预防生态性保护、治理生态性保护、修复生态性保护三种模式。

6.1.1　预防生态性保护模式

预防生态性保护模式是指以生态理论为指导，以安全风险评估为基础，以生态性保护技术为手段，对档案信息及其环境进行生态性保护，提高档案信息制成材料耐久性，阻止或延缓环境因素对档案信息物理和化学性质的影响，延长档案信息寿命的保护模式。预防生态性保护的核心是档案信息受到不利因素威胁之前进行的保护性介入和干预，包括档案信息形成前后有效的质量管理、监测、评估、调控等行动。

（1）预防生态性保护模式的实践特点

预防生态性保护模式的实践特点主要有风险管理性、主动保护性、前端控制性和体系保护性。

其一，风险管理性。档案信息在其运动过程中是有损坏风险性的。预防生态性保护模式是基于生态风险评估标准的保护模式，其核心是针对长期持续累积型风险和个体事件型风险采取相应的预防性保护技术手段及风险社会管理方法。长期持续累积型风险一般是指对档案信息的危害风险有一个长期的积累过程而非突发性瞬间生成的，如温湿度的变化、光辐射、微生物、昆虫、空气污染物等。长期持续累积型风险预防性保护是基础性日常性的预防性保护，通常是从环境条件控制入手，结合档案信息本体的理化性质，本质上与传统意义上的档案信息库房保护大体一致。个体事件型风险是指对档案信息危害的风险为突发性的个体事件，如火灾、水灾、震灾、盗窃、破坏等。个体事件型风险一旦成为现实灾害，其破坏力是十分巨大的。因此，个体事件型风险预防性保护要超前谋划，使应急准备工作不断系统化和精细化。风险社会管理把风险预防性保护从技术性保护上升到管理性保护，一方面，从组织管理制度的层面强化风险预防管理的规范性和标准化，使档案信息预防性保护处于严谨的整体分析和持续不断的评估状态下，采取有效措施防范存在的风险隐患；另一方面，通过教育培训和制度约束，不断树立预防性保护的风险管理理念，提高公众风险意识，促进档案信息预防性保护的社会化。

其二，主动保护性。预防性保护在思想和实践上的重要特征就是一改过去被动性的直接干预向主动性的预防保护转变。主动保护在思想上要主动树立整体保护意识和风险防范意识，强调预防保护的本体保护、自然环境保护、社会环境保护"三合一"的生态系统性和整体性；在实践上则更加注重技术和管理的协同作用，正确处理档案信息利用与保护之间的关系，加强预防性保护系统的建设。主动保护性是保护人在档案信息保护上的能动性的反映，具体而言，就是主动创造一个"安全舒适"的档案信息保管环境，减缓或抑制环境因素对档案信息的破坏作用，维持内因保护与外因保护、技术性保护与管理性保护的平衡状态。

其三，前端控制性。诚如上述，预防性保护具有对档案信息预防性主动干预的特点，但这种干预的时机和节点在哪里呢？档案信息生态性保护系统强调干预时机的重要性，要求把"干预的时机"确定在档案信息及其关联性事物的设计生产阶段，即在档案信息及其关联性事物形成前采取行动。因此，前端控制性预防保护就是档案信息预防性保护工作提前介入档案信息的生产、传递、利用、管理以及自然环境保护、社会环境保护的规划设计之中，建立起统一标准、密切相关、互为保证、相对独立的预防保护运行模式，从而组成一个严密、完整的档案信息安全性预防保护系统。例如，档案信息本体的前端控制性预防保护时机要体现在档案信息制成材料的原料控制、生产工艺控制、化学成分控制等环节；档案信息库房建筑的前端控制性预防保护时机要体现在建筑的设计控制、材料控制、质量控制、设备控制等环节。

其四，体系保护性。预防性保护是一种体系性的保护，即通过对档案信息本体、档案信息自然环境、档案信息社会环境等子系统构成的风险体系进行评估、研判并采取相应的预防保护措施，延缓档案信息老化的进程，以实现对档案信息长久保存利用的目的。从体系的结构要素而言，体系预防性保护包括档案信息保护人的预防性保护、档案信息本体的预防性保护、档案信息自然环境的预防性保护、档案信息社会环境的预防性保护等。从生态系统的角度而言，体系预防性保护包括自然因素的预防性保护和人为因素的预防性保护。

（2）预防生态性保护模式的实践原则

预防生态性保护档案信息的实质就是阻断内外因素对档案信息耐久性的影响，维持档案信息的原始性完好状态，最大限度地保护它的历史文化价值，在实践上，预防生态性保护模式主要遵循以下原则：

其一，保护库房环境生态安全原则。库房环境生态因子主要是人和环境条件。人既是档案信息的创造者，也是档案信息长期保存的最大威胁者。库房环境条件是档案信息损坏的重要原因。在工业化进程加快的背景下，各类库房灾害呈现出全面性、体系性与复杂性等特点，库房环境生态安全系统易出现失衡现象，因此，要完善制度，加强管理，消除隐患，不断提高安全技术水平。库房环境生态安全保护的指导思想是"以防为主"，在此过程中，库房建筑是档案信息保护最基本的物质基础，是预防性保护的第一道屏障，要以生态建筑的标准来建设；预防人为因素的风险，通过政策、法规以及公民不断提高档案保护意识来解决；预防自然力的破坏，则应主要依靠科学技术来调控和预防。因此，面对由保护人、档案信息、空气温湿度、各种生物、空气污染物、库房建筑等组成的微生态系统，库房环境生态安全保护既要重视库内自然生态的保护（技术性保护），又要强化社会生态的保护（管理性保护），强调"以人为本""人与自然的生态平等"等生态文明思想。

这是一种控制档案信息保管环境的"整体性、综合性行为"。[1]

其二，保护档案信息原始样貌的原则。档案信息保护理论认为，保管的档案绝大部分是完好的或基本是完好的，基本上维持着其原始样貌状态。因此，预防生态性保护档案信息实际上就是维护其历史面貌，保留其历史痕迹，以实现其历史文化价值。预防性保护档案信息原貌，实质就是防止产生破坏档案信息的可能性因素，及时消除病害风险，延长历史原貌的寿命。一般来说，档案信息历史原貌的损坏无非是由自然因素和人为因素两个方面引起的。自然因素主要包括库房自然环境条件，如温湿度、空气质量、光线、微生物、昆虫、库房建筑等；人为因素主要是关于人的社会关系和社会行为，如人的道德修养、保护意识、社会活动、组织机构等。为此，要通过利用新技术和新材料、健全政策法规等措施控制档案信息的生态环境，确保档案信息原始样貌不受到损坏。

其三，预防保护适度性原则。所谓适度性就是预防性保护不能无限扩大，而是要在准确评估档案信息、库内外自然环境、社会环境的风险现状，依据自身条件选择、确定档案信息预防性保护的原则及技术方法。首先是思想观念上要树立"以防为主"的理念，切实认识预防保护的重要性，预防保护意识不能松懈。其次是预防保护技术要稳妥可靠有效，既要采用先进的技术，又要确保保护的可靠性和有效性。再次是资源使用要有较强的针对性，切忌面面俱到。例如，在资金、技术使用上要强调效率，把有限资金应用于解决最为关键的档案信息保护技术方面，提高保护的效果。最后是库房建设要有适度的前瞻性。无论是大型综合档案馆，还是中小型专业档案馆，档案信息库房建设上要注意库房功能的可扩展性，制定长期发展规划，预留有足够的可扩展空间，为今后对库房进行功能上的改造、扩建、整合做好准备。

(3) 预防生态性保护模式的实践内容

预防生态性保护模式在实践内容上可以分为管理层面的预防性保护和技术层面的预防性保护，其中，管理层面的预防性保护又有宏观的预防性管理保护和微观的预防性管理保护。

其一，宏观预防性管理保护。首先是制定相关档案信息保护法律，建立健全法规体系。只有完善的法律法规，才能从制度上规范和保护档案信息不会受到人为的损毁。其次是制定长远管理保护的策略。预防性保护是一项长

---

[1] 周耀林. 档案文献遗产保护理论与实践 [M]. 武汉：武汉大学出版社，2008：171.

期的工作,要目光长远地规划好保护策略,注重档案信息预防性保护的前瞻性、系统性和科学性,制定的保护体系要能够在相当长的时期内发挥应有的适用性功能,并且具有分类分级保护的管理功能。再次是建立标准化的预防性保护体系。在政策上要强化保护标准化理念,在实践上要加强技术的标准化研究工作,制定各标准的适用范围和内容,结合环境和库房功能因素进行分析评估,完善标准化保护技术体系。

其二,微观预防性管理保护。首先是建立库房巡检制度,定期检查档案信息管理状态,评估存在的风险,分析档案信息周围环境因素变化的规律,在已经取得的调研成果的基础上制定预防性保护方案。其次是制定应急保护预案,对各环节可能出现的灾害风险都应制定相应的具有针对性的保护方案,以应对突发灾害,例如火灾、盗窃等人为灾害或者地震、水灾等自然灾害,确保档案信息在突发灾害事件面前不受到损坏。再次是建立多层次的微环境系统,特别是对于那部分珍贵而且材质相对比较脆弱容易受到损害的档案信息而言,要在管库下设特藏室,在特藏室下设密封容器,形成多层次的相对隔绝的微环境气候体系保护屏障,最大限度地降低环境因素引起的老化速度。最后是通过仿真技术对档案信息进行复制,以复制品形式提供利用,这样可以避免真品在提供利用过程中受到人为和环境有害因子的破坏作用。

其三,预防性技术保护。首先是自然环境的预防性保护技术,主要包括湿度调控技术、光线防控技术、空气污染物防控技术等。其次是生物因素的预防性保护技术,主要包括有害微生物预防技术、有害动物预防技术等。再次是人为因素的预防性保护技术,主要是工作人员的保护操作技术。此外,还有消防技术、安防技术、自动化控制技术、档案信息生产技术、包装材料生产与使用技术、库房建设技术等。

6.1.2 治理生态性保护模式

治理生态性保护模式是指在党和政府统一领导下,以生态理论为指导,以档案信息行政管理机关为主导,以各级各类档案信息保护人为主体,以完善的法规体系建设为基础,以多方参与合作互动为手段,共同促进档案信息安全治理和提升档案信息安全服务能力的保护模式。它强调治理保护过程中各级各类档案信息保护人的协调性、参与性、融合性以及保护成果共享性,鼓励利益相关方之间建立合作关系,协调各方形成保护利益共同体。

（1）治理生态性保护模式的实践特征

治理生态性保护模式的实践特征主要有主体多元性、对象扩展性、保护法治性、价值公益性等。

其一，主体多元性。治理生态性保护的主体就是档案信息保护人，即档案信息生产者、档案信息传递者、档案信息利用者和档案信息管理者。这超出了传统意义上档案部门的范围。传统的档案部门是指档案行政管理机关、档案馆、档案室等，与治理生态性保护的主体范围相比较，传统的档案部门相当于档案信息管理者。因此，治理生态性保护重新定位了主体的范畴，是与档案信息保护发生关系的任何主体，包括具有明确定位、分工和角色的政府机关、民间组织、企事业单位和公民个人。于是，在档案信息治理生态性保护过程中，在党和政府统一领导下，行政管理机关应创造各种路径，让全社会各级各类主体参与到档案信息治理保护事务中来是新时代的要求。同时，各主体之间的协调合作与互动是实现治理生态性保护的重要条件，因此要协调保护主体的利益诉求，充分发挥保护主体的主观能动性，理顺治理生态性保护系统的结构，建构多元主体沟通协调的机制。

其二，对象扩展性。与传统的档案保护活动相比，治理生态性保护因为保护主体的多元性，不同主体对应着不同的保护对象，因此保护对象的范围和领域变得相当广泛，不仅包含传统的档案机构的档案信息，还包括档案机构以外的其他机构的档案信息。同时，治理生态性保护还包括对保护人保护关系和保护活动的治理，确保政府机关、企事业单位、民间组织和公民个人在保护工作上履职尽责、协同合作、明确分工。在此过程中，政府档案部门是整个社会系统档案信息保护事务治理的主导者、组织者和推动者，而企事业单位、民间组织和公民个人则在政府档案部门的指导下对各自的档案信息保护事务进行治理，其相互关系应该是协调的、透明的、合作的，使保护工作形成一个对象扩展了的动态平衡的整体。因此，生态性保护就是一种政府公共治理与社会公共治理相结合的治理性保护过程。

其三，保护法治性。档案信息保护法规体系是为了调节档案保护治理的各种关系，规范档案保护治理的运行。过去那种单一的刚性保护治理手段在法治化的今天是无法实现档案信息生态性保护的，法治化是治理生态性保护的前提。因为，在档案信息保护权利已经普遍泛化为现代社会主体的责任和义务，依法规范和约束与档案保护相联系的一切行为，将档案保护工作由行政指令性保护向依法治理性保护转变，是新时代的要求。档案保护治理强调依法治理档案保护工作，在整个档案保护治理实践中始终贯穿着法治理念、法治原则、法治精神和法治方略。充分发挥法规体系的引领、规范和保障作用，确保政府机关、企事业单位、民间组织和公民个人在档案保护领域的责任和义务赋予能够维持稳定的平衡状态，调节各保护主体的利益，形成档案保护事务的共治和善治局面，以实现档案保护治理体系的法治化。

其四，价值公益性。档案信息治理生态性保护不仅为国家治理服务，还要为社会公共治理服务，在价值追求上表现为保护治理的公益性，即为实现档案信息保护服务社会发展的目标，激发保护主体的积极性和参与性，需要树立档案保护治理的价值取向，以实现档案保护治理公益性。档案信息治理生态性保护作为一种新型的公共事务管理模式，其目标是寻求一条有效平衡各种价值的路径，在治理目标上体现出回应时代需要的包容性，即其治理价值追求不仅是为国家档案信息保护利益服务，而且也为企事业单位、民间组织和公民个人的档案信息保护利益服务，更加强调全社会主体利益的满足和协同。也正因为如此，档案信息治理生态性保护实现了多元主体自身参与档案保护事务治理的多元需求，建构了满足各种需求的保护治理网络格局与协同机制，促进生态性保护的协同共治。

(2) 治理生态性保护模式的实践原则

治理生态性保护模式的实践原则主要有综合性治理原则、协同性治理原则、包容性治理原则和法制性治理原则。

其一，综合性治理原则。档案信息安全风险是综合性的，涉及政策风险、法规风险、体制风险、资源风险、实体风险、信息风险、开放及利用风险等。因此，档案信息生态性保护的综合治理要以"以防为主、防治结合"为指导思想，强调调动一切保护因素，提高保护工作的综合治理能力。具体包括：一是强化全社会公民个人的档案信息保护意识，营造档案信息保护的良好社会生态环境，这是由档案信息保护的社会性所决定的。二是强化前端控制与提前介入，提高档案信息制成材料的质量，增强档案信息对环境有害因素的免疫力，为档案信息保护工作准备良好的基础条件。三是强化物质技术基础与创新，调控和改善档案信息保护的自然环境条件。物质技术是档案信息治理生态性保护的基石，是档案事业发展的根本动力。四是完善规章制度，依法严格进行库房管理，及时消除各种危害档案信息安全的不利社会环境因素，充分发挥人的主观能动性。五是变被动的治为主动的治，既要加强对损坏档案信息的修复抢救，又要加强对档案信息自然环境和社会环境有害因素的治理，做到内修外治，把档案信息损坏减少到最低限度。六是加强对档案信息治理生态性保护工作的治理，即治理的治理，编好治理监督与指导制度的笼子，充分发挥档案信息治理法制化的作用。总之，上述六个方面缺一不可，只有它们相辅相成，才能构成档案信息生态性保护的综合治理。

其二，协同性治理原则。档案信息安全风险的治理靠一两个部门的单打独斗是不可能完成的，必须打破部门限制，进行跨系统、跨部门、跨领域的协同合作治理。协同治理是指各种档案信息保护人共同管理档案信息安全风险而采取的联合行动的总和。在协同治理原则下，各种档案信息保护主体针对档案信息安全风险点，科学设计协同治理路径，建立健全协调联动制度体系，提高协同治理组织化程度，协同推进档案信息安全风险识别、预警、防范、处置等工作，提高档案信息安全风险治理生态性保护的能力。具体模式主要有：一是国内同一地区不同保护主体的档案信息安全风险协同治理。即在地方政府主导下，各类档案信息生产者、传递者、利用者和管理者以合作保护项目为依托，整合各自优质保护资源进行共享和互补，推动档案信息安全风险的有效治理。二是国内不同地区不同保护主体的档案信息安全风险协同治理。例如，在我国可以由多个省、自治区、直辖市级档案信息安全保护主体联合组成区域性档案信息保护联合体，协调区域范围内相关保护人推动档案信息安全风险协同治理。三是国际合作中不同保护主体的档案信息安全风险协同治理。在各国家档案行政主管部门的主导下，各国家不同的保护主体之间通过项目合作的形式推进档案信息安全风险协同治理的国际合作，加强档案信息协同治理经验的国际交流。

其三，包容性治理原则。包容性治理是衡量档案信息安全风险善治的一个重要维度，是指各种保护主体能参与和影响治理生态性保护的决策过程，公平分享政策结果、治理收益和社会资源，各自的权益能够得到尊重和保障的公共治理方式。强调治理主体结构的多元包容性，利益相关方参与治理权利的机会公平性，主体之间互动交流与信任的程序包容性，利益相关方共享治理成果和收益的包容性。档案信息保护的包容性治理的价值是在政府的主导下激发了企事业单位、民间组织和公民个人的档案信息治理活力，在一定程度上推动并增加非政府组织的参与性，进一步提升社会档案信息治理的开放性。

其四，法制性治理原则。依法治档是加快完善档案治理体系、提升档案治理能力现代化的重要内容。国家档案局《全国档案事业发展"十三五"规划纲要》提出,要"形成较为完整的档案法规标准、高效的档案法治实施、严密的档案法治监督、有力的档案法治保障的档案法治体系,档案法治治理能力和水平显著提升"。因此,法制性治理是治理生态性保护模式实践的重要原则。法制性治理原则是以制度能力建设为手段,完善档案信息保护治理能力建设的制度保障体系,实现法制性治理。强调通过档案信息治理的制度构建、制度实施、制度调适、制度创新等法制性方式,推动档案治理的法制能力建设。其逻辑行程首先是建立和完善与档案信息保护治理相适应的档案法律、法规和标准体系,以基础工程引领档案信息保护治理;其次是把档案信息保护治理作为一项复杂而长期的系统工程加以推进,使治理的科学化与治理体制机制的法治化结合起来,优化治理系统,形成良好的治理效果。

(3) 治理生态性保护模式的实践内容

治理生态性保护模式的实践内容主要包括公正化治理保护、开明化治理保护、效能化治理保护和可持续治理保护等方面。

其一,公正化治理保护。档案信息治理保护的价值性就是实现档案信息保护的公平正义。档案信息的原始凭证性是其能够维护公平正义的治理价值基础,正如2018年国际档案大会年会所强调的"档案是维护社会公平正义、调和矛盾冲突、捍卫平等权利和促进多元文化融通的有力凭证"[1]。这种公平正义不仅包括治理中各类保护人的利益平衡,还包括各类保护人的权利平等,它取决于法制体系的完善程度和保障能力。因此,《全国档案事业发展"十三五"规划纲要》强调,"档案法治能力和水平的显著提升对奠定档案工作在国家治理中的基础支撑作用具有重要意义。"为此,在法治化建设方面:一是要建立体系完备、科学合理的档案治理保护法律法规体系,使公正化治理有法可依;二是强化保护人的执法能力建设,提高依法治理保护档案信息事务的能力;三是要完善监管机制,建立分工合理、权责一致的档案信息行政管理的监管体系;四是要强化保护人特别是公民个人的档案信息保护法治意识。

其二,开明化治理保护。档案信息保护的目的是延长档案信息的寿命,延长档案信息寿命的目的是提供开放利用以充分发挥档案信息的社会文化价值,因此,开明化治理保护是档案信息治理生态性保护的重要环节。档案善

---

[1] 黄霄羽,等. 持辩证思维显精神慰藉融社会治理——2018档案年会主题折射国内外档案工作的最新特点和趋势 [J]. 档案学研究,2018 (3):133-137.

治是通过档案信息社会共享来实现的,档案信息保护善治也必须通过社会协同保护来实现。档案治理保护的开放透明要体现在档案信息生态性保护系统的不断开放上,即让各类档案信息保护人参与到档案信息本体生态性保护系统、档案信息自然环境生态性保护系统、档案信息社会环境生态性保护系统等子系统的保护治理活动中,强调保护治理立足用户需求,强调用户参与,注重用户互动、用户反馈、用户体验和开放效果,灵活调整开放透明的治理保护策略,做到档案治理保护的组织透明、决策透明和实施透明。

其三,效能化治理保护。效能化是档案信息保护善治的重要指标。效能化治理保护是指一定时间内调动各种资源参与档案信息治理保护所取得的效益,即强调为实现档案保护善治而所能实现的有效功能。这就意味着,既要重视一定时间内档案信息治理保护所消耗的资源,不能盲目追求高效而忽略统筹谋划和风险评估,要通过科学决策和科学技术来提升档案信息治理保护绩效;又要重视提高档案治理保护活动产生的有效功能,注重治理保护效果和治理保护质量,以消耗最少的资源获得最佳的治理保护效果。档案信息治理保护的高效能是通过多元主体协同共治得以实现的,它以政府档案管理部门为主导、其他多元主体协同参与为主要方式,即政府主导、多元合作、社会参与、市场调节,体现了档案信息治理保护的本质是治理保护主体间权责关系的平衡、调整和分配。

其四,可持续治理保护。档案信息治理保护的可持续性是实现档案信息保护善治的必然要求,强调治理保护的稳定和谐,尤其是档案信息本体的安全保护系统以及档案信息自然环境和社会环境的安全保护系统的完善和培育。为此,既要强化不同社会组织参与并发展社会化档案信息治理保护机构,消除治理保护中产生的各种不和谐因素,又要理顺档案信息治理保护工作与各项非档案治理保护工作的深度融合,构建稳定有序的生态性档案信息治理保护系统,实现档案信息治理保护的可持续发展。因此,系统要素平衡稳定以及保护人与保护对象、保护人与保护环境、保护人与保护人之间的和谐共生是档案信息治理保护的可持续治理生态追求。具体而言,一是培育档案信息保护人的治理素养,提高其适应不同治理环境、创新治理方式、利用新型治理技术的能力;二是建设好档案信息资源这个治理保护对象,形成数量丰富、质量优良、结构合理的档案信息本体生态性治理保护系统;三是完善档案信息自然环境治理保护系统和档案信息社会环境治理保护系统,善治档案信息安全的环境因子。

6.1.3 修复生态性保护模式

修复生态性保护模式是指档案信息保护人以生态理论为指导，以修复技术和科学管理为手段，对已损坏或含有不利耐久性因素的濒损档案信息进行修复性保护的模式。当档案信息存在隐患时，修复性的技术和管理是不可或缺的，因此，修复生态性保护是一项多维的内容丰富的文化活动，是一项集管理性、科学性、经验性为一体的技术工程。

（1）修复生态性保护模式的实践特点

修复生态性保护模式的实践特点主要有规范性、救治性、可识别性等。

其一，规范性。规范性是指关乎档案信息安全、修复质量以及技艺传承的标准和规范体系。修复生态性保护必须建立一整套规章制度体系，否则无法保证档案信息的安全性和修复的质量。规范性涉及交接制度、修复档案数据规范、保管措施规范、技术与质量验收规范等方面。近年来，我国古籍、档案修复规范化建设取得一定的成绩，主要有《纸质档案抢救与修复规范》（DA/T64—2017）、《古籍修复技术规范与质量要求》（GB/T 21712—2008）、《档案修裱技术规范》（DA/T25—2000）、《历史图牒档案修裱技术规范》（DA/T37—2008）、《古籍普查规范》（WH/T21—2006）、《古籍特藏破损程度定级标准》（WH/T22—2006）等。国外的文献及档案修复标准和规范主要有《信息和文献工作、档案和图书馆用图书、档案和其他纸类文献的装订要求、方法和材料》（DIN 33902—2004）、《文献保护用修复和有关处理方法、推荐方法》（BS4971—2002）、《文件与文献修复技术》（美国佛罗里达州档案馆2008）等。总的来看，修复规范体系还远未完善，一方面要进一步加快对缺失标准和规范的制定工作，另一方面要积极修订目前过时的修复技术标准。

其二，救治性。所谓救治就是档案信息已经受到损坏或正在面临不利因素的破坏，不救不治则不足以挽救档案信息于危亡。虽然档案信息绝大多数是完好的，但由于高龄或灾害等原因，总有一定数量的档案信息处于濒危之中，因此对"生病"档案信息的救治工作总是存在而急迫的。具体而言，这种救治性主要表现在三个方面：一是抢救性修复灾害受损档案信息。突发灾害受损档案信息的修复往往极为紧迫，目的是及时阻断损害蔓延和深化，尽可能多地挽救尚有治活希望的档案信息，因此必须以最快的速度采取相应措施，把损失控制在最小的范围之内。当然，灾害受损档案信息的损坏一般具有不可逆性，恢复原貌已不太可能，但可以利用一切有效的方法进行加固、信息恢复等。二是治理性修复高龄老化档案信息。治理性修复强调在"整旧如旧"及"保持历史面貌"的原则下，积极修复高龄老化档案信息，以延续其使用寿命和社会价值。高龄档案信息或多或少存在因老化而破损的问题，必须采取措施进行修复，以延长其寿命，恢复其原貌。当然，这种"恢复原貌"是相对的、可逆的和可识别的。三是防治性修复存在不利因素的档案信息。防治性修复强调在最小干预的原则下对档案信息进行预防性的治理保护。其目的是对尚未出现明显破损，但实际上已发生劣化现象或已存在不利耐久性因素的档案信息及其环境进行治理，及时消除不利因素，提高档案信息的耐久性。

其三，可识别性。所谓修复可识别性是指修复部分或区域与原件未修复部分或区域有明显的区别。强调"整旧如旧"及"美观和谐"前提下的区别，是一种"远观一致，近观有别"的样态，其目的是达到美学和史实的双重要求；同时，这种可识别的区别本身就是档案信息修复的一种历史痕迹，是其历史遗存不可或缺的一部分，是客观真实的历史记录，应该受到尊重。修复可识别性一方面是为了保持修复原件的客观真实。档案信息具有原始记录性和凭证价值，其修复必须关注和尊重原始性和真实性，强调维护档案信息客观的历史的真实面貌，要求真实显示修复部分和原件的形态，尤其是它们之间的"区别"，而不是将修复品变成自身的赝品。另一方面是为了防止作伪，强化修复伦理意识。强调修复是在最小干预原则下为延长档案信息的寿命而进行的不得已的措施，不是故意作伪。因此，可识别性意在告诉人们修复的部分以及修复的次数，避免因错觉产生错误的价值判断。

（2）修复生态性保护模式的实践原则

修复生态性保护模式的实践原则主要有维护历史面貌原则、最小程度干预原则、可逆性修复原则、安全性修复原则等。

其一，维护历史面貌原则。这是修复生态性保护实践的首要原则。年代越久远，档案信息的历史痕迹越厚重，承载的历史信息就越丰富。历史痕迹是由各个历史时期的档案信息历史原貌累积而成的。因此，档案信息历史面貌是指档案信息本体及其在修复前的保管利用过程中，由于历史性的原因累积形成的痕迹信息的整个价值状态，是档案信息原貌和历史痕迹的总和。维护历史面貌的修复生态性保护原则就是既要在外观上保持档案信息原貌，又要在本质上提高档案信息的强度和耐久性，即所谓"修旧如旧"的"可识别修复",而不能搞所谓的"修旧如新",更不能进行无原则的"增减补充甚至再创造",对档案信息造成人为的修复性损坏。维护档案信息历史面貌是对档案制成材料,包括信息、载体、历史痕迹进行全面的修复生态性保护,这就要求尊重原件,一切以维护档案信息安全和历史原貌为出发点,在修复生态性保护中最大限度地保持档案信息的本体特征和历史痕迹,确保档案信息的凭证价值不受削弱。

其二,最小程度干预原则。这是修复生态性保护实践的基本原则,也是修复保护工作者应当具有的职业伦理。最小程度干预是指修复中对档案信息制成材料及其历史痕迹的最少干预,最大限度保持档案信息的历史原貌,即对档案信息的影响程度始终要控制在最小范围,无论是预防性修复、保护性修复还是抢救性修复。具体而言,就是在选择修复材料、修复内容、修复方法时,要进行全面充分的调查、论证和试验,选择风险最小和效果最佳的技术,力求不影响档案原貌并对档案制成材料的载体和信息的干预达到最小化。因此,要把握好最小程度干预的度,这个"度"即科学试验数据所提示的干预的界限或阈值,任何超过这个界限或阈值的修复都是过度的。例如,在纸质档案制成材料的修复中,对糨糊用量和补缺方面的要求是"宁补勿裱,宁补勿托",对修复补配材料方面的要求是"质地宁薄勿厚,颜色宁浅勿深",对托裱质量方面的要求是"宁软勿硬",对修裱方式选择方面的要求是"能进行局部修补,绝不考虑全托"。

其三,可逆性修复原则。所谓可逆性修复是指用于档案信息修复的方法在修复处理后,如果经论证确有必要,可通过可逆性处理再恢复到处理前状态的生态性修复技术。修复方法的可逆性是非常必要的,因为尽管修复的目的是有利于档案的永久保存,但还没有一种修复方法是可以做到一劳永逸的。因此,可逆性的修复方法,可以为再修复留有空间和余地,使后人可以恢复修复前的档案信息原态并进行再修复处理。同时,科学技术的飞速发展也为发现更好的修复方法提供了可能性,原先的修复方法并非唯一,为后人的再修复提供了新的选择。当然,可逆性原则并非一成不变,而是具有灵活性的,特别是在抢救性修复中。抢救是修复工作的核心,这是在极为紧迫的情况下进行的修复处理,如果修复方法的可逆性不理想而抢救修复的效果较佳且能解决其他修复方法无法解决的难题,应该尝试使用,此时的原则应是"抢救第一"。例如,在抢救修复因各种灾害造成的濒危纸质档案制成材料中,可以选用高分子化合物在一定条件下与纸张发生聚合而提高档案信息强度的修复方法。

其四，安全性修复原则。维护档案信息的安全是整个修复工作展开的前提，如果在修复中损害档案信息的安全性，修复工作便无意义。这种安全性主要包括以下内容：一是修复环境的安全，即修复工作室要符合安防标准，具有防火、防盗、防人为破坏的功能，以保证修复环境的安全；二是修复过程的安全，即所采用的修复技术在修复过程中不能损害档案信息的安全性，决不允许让修复二次破坏档案信息，造成所谓的"保护性破坏"；三是修复材料的安全，即所选用的修复材料对档案制成材料及其环境而言是绿色安全的，不能含有可能促使档案制成材料老化的有害化学成分，也不能含有可造成环境污染、对人畜有害的物质；四是信息内容的安全，就是在修复过程中要确保档案信息内容的安全不受破坏，如字迹被污染覆盖、色素被氧化褪色、磁记录信息失真等。

（3）修复生态性保护模式的实践内容

修复生态性保护模式的实践内容主要包括树立修复保护思想融合的大修复观、本体修复技术集成性保护、环境修复技术系统性保护、修复管理标准化纪实性保护等方面。

其一，大修复观：修复保护思想的融合。修复技术发展离不开修复保护思想的引领。当前，修复思想的实践对象已不仅限于档案信息，还有图书、文物、字画等，其事业界面也早已不仅限于档案馆，更拓展到图书馆、博物馆等，研究视角也不再是单纯的修复技术与工艺，而是"包括技术、管理流程、修复标准、历史发展甚至是伦理规范等多个维度"。[1] 因此，应树立大修复观，走修复大融合的道路。所谓大修复观就是修复工作应该走出狭窄的档案界，与图书馆界、博物馆界相融合，形成修复利益共同体，在技术、理论乃至人才培养上实现"共享共生"的价值形态。在实践上，档案馆、图书馆和博物馆可以共同组织修复项目研究与开发，共同制定修复标准与规范，共同组织修复学术交流活动，共同推进学科专业建设与人才培养，共同推动档案图书文物修复一体化发展的进程。

其二，本体修复技术集成性保护。对档案信息本体的修复，传统与现代的技术主要包括修裱、去污、去酸、加固、灭菌、除霉、褪色字迹恢复等针

---

[1] 赵淑梅，等. 中国纸质档案修复技术的回顾与展望——基于1965—2017年相关文献的统计分析 [J]. 档案学通讯，2018（4）：108-111.

对档案制成材料的修复技术，还包括信息保真、信息复制、信息迁移等针对信息内容的再生性修复技术。随着技术的不断进步和多学科的融合发展，对档案信息本体的修复技术出现了多技术多学科集成化的趋势。例如，在去污技术方面，集成了激光清洗、机械清洗、静电除尘、超临界清洗、超声清洗、酶清洗等去污清洁技术，融合了光学、化学、机械工程学等学科。在信息再生性修复技术方面，集成了图像处理、海量存储、虚拟现实、全息扫描、多种媒体等技术。因此，修复技术集成性保护是指在多学科理论的指导下，借鉴其他学科的修复技术，并与档案信息修复技术有机融合，进行修复技术重组，形成具有高效修复功能的修复技术集合。修复技术集成性保护具有单学科单技术无法达到的技术效果，是修复生态性保护实践的主要方向。

其三，环境修复技术系统性保护。环境作为外因对档案信息老化的作用是极为重要的，因此，档案信息的修复必须包括环境的系统性修复技术。这种系统性修复主要表现在对档案库房环境的温湿度、光线、空气污染物、有害气体、微生物、昆虫及人类行为的控制上，以此来修复和优化档案信息环境的物理、化学、生物等要素组成的环境保护系统，实现其耐久性的增强和寿命的延长。档案信息环境修复是一种系统性技术保护，也是一种前端控制性的修复，在实践中，单纯依靠某个方面（如温湿度）的某一种技术（如空调系统调控温湿度技术）是很难达到理想的环境修复效果的，必须在系统上从技术和管理两个维度集成各个方面和各种技术进行系统性修复保护。例如，建立温湿度、光线、空气污染物、有害气体、微生物、昆虫及人类行为的综合自动化监控和调节管理系统，使修复后的环境系统要素处于平衡状态。

其四，修复管理标准化纪实性保护。修复管理标准化是以档案信息修复标准体系建设为核心内容的修复规范性工作。随着各相关学科的进一步融合以及大修复体系的形成，那种各自为政的修复理念、设备、技术水平将不适应新时代的要求，必须建立一套操作规范、流程严谨、质量保障、评估量化、定性准确的标准体系，推动档案信息修复从经验到科学，将技术与管理融合，从无序到规范，将定性与定量统一。所谓修复管理纪实性是指在档案信息修复过程中同时态建立修复档案以纪实整个修复流程的情景。纪实是为了记录修复集成了哪些修复技术，使用了哪些材料，经历了哪些工艺流程，进行了哪些登记以及调查研究等，便于研究者了解档案信息修复前的面貌，也有助于修复者在使用更好的修复方法时能够进行可逆性操作。修复纪实的过程和内容主要包括三个方面：一是修复保护前信息收集的纪实材料；二是修复保护基本操作纪实材料；三是整理归档器物保护修复纪实资料。

6.2 基于保护人的生态性保护模式

保护人是指与档案信息的生产、流转、利用和管理过程直接发生关系的组织和个人，主要有档案信息生产者、档案信息传递者、档案信息利用者和档案信息管理者四种。相应地，按照档案信息保护人划分，生态性保护模式有政府组织生态性保护模式、民间组织生态性保护模式、企事业单位生态性保护模式和公民个人生态性保护模式四种。

6.2.1 政府组织生态性保护模式

政府组织生态性保护模式是将档案信息收藏在国家各级政府的综合档案馆以及机关档案室等组织机构中，运用生态性保护理论和方法对其进行保护的模式。简单地说，就是以各级政府组织作为保护人的档案信息生态性保护模式。

（1）政府组织生态性保护模式的实践特点

政府组织生态性保护模式的实践特点主要有高度集中性、层级保护性、公共事业性、馆藏生态性等。

其一，高度集中性。"集中统一领导"是我国档案信息保护工作的政治组织原则，即全国档案信息保护工作要在各级人民政府统一领导下，由各级行政管理机构统一管理。这种高度集中性强调对保护工作进行全面规划、统筹安排，统一法规和标准，统一理念和策略，统一监督和指导。具体表现在：一是各级人民政府建立档案信息保护的统一领导机构；二是制定统一的保护规划；三是建立集中的保护机构。

其二，层级保护性。"分级管理，维护档案的完整与安全"是我国档案信息保护工作的管理体制和基本要求。这种层级保护性要求各级政府行政管理部门主管本行政区域内的档案信息保护工作，强调按照统一的规定和要求，制定本行政区域内的档案信息保护规划、制度；对本区域内机关团体、企事业单位及其他组织和个人的档案信息保护工作实行监督和指导。具体包括：一是保护机构分级管理，即各级政府行政管理机构依法管理所辖的档案信息集中保护机构；二是保护工作分专业开展，即专业主管机构根据本专业特点制定保护工作的具体规划、制度和办法并进行适时监督和指导；三是档案信息分级保护，即对不同价值的档案信息进行分级保护，可将保护级别分为一级保护、二级保护和三级保护。

其三，公共事业性。政府组织生态性保护的公共事业性体现在综合档案馆所具有的科学文化公共事业性质上，因为它是我国党和国家的科学文化公共事业机构，是档案信息生态性技术保护、管理保护研究的永久性基地。从社会职能看，各级综合档案馆承担着延长档案信息寿命、实现档案信息价值的职能，是一种繁荣公共文化事业和推动社会文明进步的公益性事业。也正因为如此，党和国家极为重视综合档案馆事业的建设和发展，机构及人员均为国家事业编制，建设经费列入国家事业经费预算，由本级政府根据具体需要实行统一划拨。

其四，馆藏生态性。政府组织生态性保护一般是在各级政府的综合档案馆和机关档案室等馆藏机构中完成的。"维护档案安全与完整是馆藏工作的基本要求，安全是要保证馆藏档案实体安全和内容安全，完整是要维护档案的齐全收集和系统整理。"[1] 库藏安全系统是一个多因素、多环节、多专业的综合系统，安全保护体现于库房保护的每一项工作之中，贯穿于馆藏档案信息的接收、征集、整理、鉴定、保管、编研、利用等环节。馆藏保护是研究馆藏档案信息耐久性变化规律，并应用生态学理论以及科学保护技术，对抗环境因素和人为因素的作用，延缓库藏档案信息的老化速度，维护其完整性与安全性的综合防治过程。在具备良好的库房建筑这一基本物质基础的前提下，对抗环境因子的破坏，主要依靠科学技术；而应对人为因素的影响，则通过建立健全法规制度和提高人们的道德伦理和保护意识来解决。生态性保护理论强调，库房内的人、档案信息、光线、微生物、空气质量等各种要素的组合就是一个微生态系统，既要重视库内自然环境生态系统的保护，又要重视社会环境生态系统的保护。

（2）政府组织生态性保护模式的实践内容

政府组织生态性保护模式的实践内容主要包括各级国家综合档案馆的保护、各级国家专业档案馆的保护、各级党政机关档案室的保护等方面。

其一，各级国家综合档案馆的保护。各级国家综合档案馆是我国档案信息生态性保护的主体，纵向看可分为四个层次：第一个层次为中央级综合性档案馆，包括中央档案馆、第一历史档案馆和第二历史档案馆。其中，中央

---

[1] 冯惠玲，张辑哲. 档案学概论 [M]. 北京：中国人民大学出版社，2007：77-78.

级综合性档案馆负责对新民主主义革命时期的革命历史档案信息及中华人民共和国成立后党和国家机关的长期和永久保存的档案信息的生态性保护，第一历史档案馆负责对明清及以前各朝代中央机构形成的档案信息的生态性保护，第二历史档案馆负责对民国时期中央机构形成的档案信息的生态性保护。第二、三、四层次分别为省级综合档案馆、市级综合档案馆、县级综合档案馆，它们分别负责对本级历史档案信息和中华人民共和国成立后本级党政机关及下属机构长久保存的档案信息的生态性保护。

其二，各级国家专业档案馆的保护。中央和地方的一些专业主管部门为了更加有效地保护某一特殊专业形成的或特殊载体形式的档案信息，于是建立了各级国家专业档案馆。其类型主要有三种：一是特殊载体档案馆，如照片档案馆、电影资料馆等，主要负责对以感光材料和磁性材料为载体的档案信息的生态性保护。在实践上，特殊载体档案馆对库房建筑、人员配备、设备水平、保护条件等方面都有较高的要求。二是城市建设档案馆，几乎地级以上的城市均设有此类档案馆，因为按照国家要求，4万以上人口的大、中城市应建立城市建设档案馆。在实践上，城市建设档案馆主要负责对有关城市规划与建设及其管理工作中形成的各种载体的文字、图表、声像等档案信息的生态性保护。可见，城市建设档案馆是集区域性保护与专业性保护特征于一身的专业档案馆。三是部门档案馆，如外交部档案馆、交通部档案馆等，负责对本部门所属和管理的全部档案信息的生态性保护。

其三，各级党政机关档案室的保护。综观全国档案工作，各级党政机关都建有机关档案室，统一保存和管理本机关的档案信息。机关档案室是各级党政机关的内部机构，也是国家政府组织生态性保护工作组织体系的基层业务机构。从保护功能看，一方面，机关档案室提供档案信息生态性保护服务，确保本单位档案信息安全完整；另一方面，机关档案室保护工作是整个国家政府组织生态性保护工作的基础，所保护的档案信息的齐全完整、质量水平、积累程度和保管状态等是国家全部档案的安全完整的重要基础。从具体保护任务看，一是对本机关的文件材料归档保护工作进行指导和监督；二是统一生态性保护和提供利用本单位的全部档案信息；三是监管指导所属机构的档案信息生态性保护工作。

6.2.2 民间组织生态性保护模式

民间组织生态性保护模式是指档案信息被收藏在社会团体、民办非企业单位和基金会等非政府的社会中介性组织中，运用生态性保护理论和方法对其进行保护的模式。简言之，就是以民间组织作为保护人的档案信息生态性保护模式。

（1）民间组织生态性保护模式的实践特点

民间组织生态性保护模式的实践特点主要有民间性、公益性、自主性等。

其一，民间性。民间组织作为独立于政府和企事业单位之外的社会组织，其档案保护工作不是政府组织保护工作的一部分，而是在国家档案法规及有关民间组织档案管理规范治理下的民间性保护活动。例如，《浙江省民间组织档案管理办法》（浙档〔2007〕57号）对民间组织档案的归档范围、时间、归档要求、整理要求、保管要求、开发利用等方面作了明确的规定。民间组织档案信息生态性保护的民间性特点是由其形成和保管的非公有性所决定的，因为就非公有档案信息而言，其管理惯例是谁形成谁保管，谁保管谁负责保护。因此，民间组织作为民间档案信息的保护人，一方面要在《中华人民共和国档案法》（以下简称《档案法》）及相关法规的强制性规范下保护档案信息的安全与完整；另一方面在保护的理念、技术和方式方面应体现民间的特色，如民间的立场、价值、视角、风俗、文化、个性等。因此，总体而言，民间组织生态性保护可以弥补政府及市场在保护资源配置上的"不及"缺陷，及时补漏，满足社会对档案信息保护的需求。

其二，公益性。民间组织从事的活动主要集中于公益或互益服务方面，没有利润诉求，是非营利性的。因此，其对自身社会活动中的历史记录——档案信息的保护也是属于公益性的或是互益性的。主要表现在：一是档案信息保护的非营利性。这是基于履行档案法所规定的义务，是为社会公众的需要而保护档案信息的。二是档案信息保护的自愿性。民间组织的成员参与保护活动是建立在自愿为公众服务的基础之上的，不像政府组织的档案信息保护那样具有一定的强制力。三是档案信息保护的自治性。民间组织的保护决策和行为受公益服务需求的约束而不受政府组织、企事业单位等外部因素的控制和影响。因此，作为保护人的民间组织是档案信息生态性保护社会化和公益化的重要力量，如实地反映民众和社区关于档案信息保护需求的真实声音。

其三，自主性。民间组织对档案信息的保护在法律允许的范围内具有选择行使档案信息保护的自由权。如，对采取什么方式保护、用什么力量参与保护等问题的回应行为都是具有自主性的。当然，民间组织对档案信息行使各项保护权利的自主性是相对的，受到国家经济、政治、文化、法律和社会的制约。因此，这种自主性是以社会公共利益的实现为前提的，而不是毫无限制的任意自主和无边自由的保护行为。民间组织档案信息生态性保护自主性还体现在：民间组织是国际档案信息保护交流和合作的重要力量，同时也是推动档案信息保护非市场化建设以弥补政府主导保护方面的不足，提高档案保护综合治理能力的民间力量。

（2）民间组织生态性保护模式的实践内容

民间组织生态性保护模式的实践内容主要包括民间组织生态性保护的规范化、民间组织生态性保护模式的信息化、民间组织生态性保护模式的科学化、民间组织生态性保护模式的协同化等方面。

其一，民间组织生态性保护模式的规范化。民间组织档案信息保护体系的良性运行离不开完善的制度、规范和标准体系。规范体系建设需要从两个层面同时发力：一是国家层面，有关部委应在档案法基础上适时制定出台统一规范的民间组织档案信息保护管理制度，不断推进民间组织档案信息保护工作的规范化，提高民间组织档案信息保护管理的顶层政策设计现代化水平。二是省区市层面，地方各级党政管理部门应针对民间组织档案信息保护管理制定出台更为具体可操作的配套性制度和规范，使专业术语、适用范围、机构设置、人员结构、岗位职责、归档制度、整理要求、查询借阅制度、保管制度、修复制度、信息化制度以及开发利用等环节都应有相应的规定，使档案保护管理工作做到有法可依，有章可循。

其二，民间组织生态性保护模式的科学化。不能为了保护而只管不用，要在做好保护的前提下管用并举，这就要求做到民间组织档案信息生态性保护的科学化。一是理念的科学化，树立生态性保护的理念，以生态学理论指导保护实践；二是制定档案信息生态性保护的管理办法、操作规程、监控机制、纪实机制等保护实务；三是完善软硬件设施，提高民间组织档案信息保护的水平和服务质量；四是推进民间组织生态性保护的信息化，加快档案信息生态性保护纪实档案的数字化，实现保护成果信息共享。

其三，民间组织生态性保护模式的协同化。建构民间组织及其主管部门之间的横向协同保护机制，形成综合协调生态性保护合力的民间档案信息保护体系。一是建立不同民间组织之间的协同保护关系，加强相互间的优势互补；二是建立不同民间组织主管部门之间的协同保护关系，这是一种跨行政区域的合作，需要加强顶层设计；三是建立民间组织与政府档案机构之间的协同保护关系，可以及时移交档案信息并得到相关业务指导，提高民间组织档案信息保护的理论与技术水平；四是建立民间组织与主管部门之间的关系，强化主管部门对各民间组织档案信息保护的支持力度。

6.2.3 企事业单位生态性保护模式

企事业单位生态性保护模式是指以企业单位、事业单位为保护人，运用生态性保护理论和技术，对所收藏的档案信息进行保护的模式。

(1) 企事业单位生态性保护模式的实践特点

企事业单位生态性保护模式的实践特点主要有接受国家档案局的统一管理、接受各级档案行政管理部门的监督与指导、接受各专业主管部门的统一管理等。

其一，接受国家档案局的统一管理。《档案法》明确规定，"国家档案行政管理部门主管全国档案事业。"企事业单位档案是国家全部档案的重要组成门类，其档案信息保护也必然是国家档案信息保护工作的重要组成部分。具体而言，国家档案局统一管理全国的企事业单位档案信息保护工作，当然，这种"统一管理"是宏观的、整体性的，而不是微观的、具体的，具有统筹规划、组织协调、统一制度、监督和指导的职能。因此，企事业单位档案信息保护工作要树立接受国家档案局的统一管理的理念，严格遵守国家档案局制定的有关企事业单位档案信息保护的制度、标准、规范，不断提高保护治理的能力，使本单位档案信息保护工作适应社会文化发展的需要。

其二，接受各级档案行政管理部门的监督与指导。《档案法》规定，企事业单位档案信息保护工作受到各级档案行政管理部门的监督与指导，即由各级档案行政管理部门"主管本行政区域内的档案事业，并对本行政区域内机关、团体、企事业单位和其他组织的档案工作实行监督和指导"。因此，地方各级档案行政管理部门依据国家企事业档案工作的有关政策与法规，按照属地管理的原则，结合本地区实际情况，对本行政区域内各企事业单位档案信息的保护工作进行统筹规划、组织协调、监督指导，促进本地区档案生态性保护系统的平衡与发展。在实践上，企事业单位档案的保护工作要在各级档案行政管理部门的监督与指导下，本着为国家和社会保护具有保存价值的档案信息的原则，完善保护法规，提高保护理论与技术水平，建立运行良性的档案信息生态性保护系统。

其三，接受各专业主管部门的统一管理。我国的档案事业管理体制强调中央和地方各级专业主管机关要对所属专业系统的企事业单位档案保护工作实行监督和指导。因此，管理本专业系统和所属企事业单位的档案保护工作，加强保护体系建设的统筹、协调、监督和指导，是各专业主管部门的职责。具体而言，企事业单位的档案保护工作要在专业主管部门的统一管理下，完善保护制度，强化保护系统建设，采用先进的保护技术和管理理念，维护本单位档案信息的安全与完整。

（2）企事业单位生态性保护模式的实践内容

企事业单位生态性保护模式的实践内容主要包括企事业单位档案馆的保护、企事业单位档案室的保护、企事业单位档案信息中心的保护等方面。

其一，企事业单位档案馆的保护模式。这种保护模式一般出现在大型企事业单位里，是保护本企事业单位各类档案信息的基地，具有较强的综合性与专业性的相统一性，这是档案信息生态性保护工作发展的客观要求。在实践中，企事业单位档案馆的保护模式的主要内容有：一是对大型企业和企业集团、事业单位形成的档案信息本体进行保护，特别是对那些本单位的体现资本密集、技术密集、生产过程高端的科技档案信息的生态性保护；二是建立完善的档案信息保护的物质技术基础，这也是衡量大型企业和企业集团、事业单位能否设置档案馆的基本标准，因此，应具备较好的库房建筑条件、较高的档案信息综合管理保护水平、较强的保护自动化控制能力；三是整合内部众多的职能部门或下属单位，建立相对完整的档案信息保护系统，并与上级档案行政管理部门、其他大型企业和企业集团、事业单位的档案馆建立协同保护与合作。

其二，企事业单位档案室的保护模式。这是企事业档案机构中最普通、最大量的保护形式，是统一保护本企事业单位档案信息的内部职能机构，其保护服务的服务方向、服务对象、服务范围一般仅限于企事业单位内部的档案信息保护。具体保护工作体现在：一是建立健全文件材料的归档保护制度，对本企事业单位文件材料开展归档保护工作的指导和监督；二是统一管理保护本企事业单位的全部档案信息，并提供信息服务；三是定期履行移交保护义务，向地方政府综合档案馆移交具有长远社会价值的档案信息，使档案信息资源获得更好的生态性保护；四是监管指导本企事业单位所属机构的档案保护工作，及时进行监督、指导和检查。

其三，企事业单位档案信息中心的保护模式。这种保护模式主要针对规模较小、技术力量较弱的中小企事业单位，其档案信息保护的面不宜铺得太大，需要把档案、资料、图书、情报等的安全工作统一在一个档案信息中心的职能部门进行，有利于档案信息的安全与完整。正因为保护对象比较"杂"，因此企事业单位档案信息中心有必要为档案保护工作进行科学管理、完善规章制度、精心组织、明确职责分工，确保企事业档案生态性保护工作的顺利开展。

6.2.4 公民个人生态性保护模式

公民个人生态性保护模式是以公民个人作为档案信息保护人，以生态性保护理论为指导，以保护规范和技术标准为手段，对由公民私人收藏的档案信息进行生态性保护的模式。这种保护模式具有间接性和指导性的特点，依赖于政府的保护规制能力和公民个人的保护自觉性。

（1）公民个人生态性保护模式的政府责任

对于公民个人收藏保管的档案信息，政府组织的保护责任主要有以下方面：

其一，监督和指导的责任。地方各级政府的档案行政管理部门应当做好公民个人收藏保管档案信息的普查登记工作，及时建立公民个人收藏保管档案信息的收藏档案，完善监督和指导体系，对公民个人收藏保管档案信息的保护工作进行监督和指导，保证档案信息的安全和完整，为个人藏主提供保护技术咨询，组织和指导档案信息民间保护技术经验交流，开展保护技术培训等。

其二，征集和购买的责任。当公民个人收藏的档案信息缺乏必要的保管条件和保护技术，处于损坏、濒危和消失的风险时，各级政府档案行政管理机构应当履行征集和购买档案信息的职责，以丰富所属综合档案馆的馆藏内容，优化馆藏结构。征集和购买公民个人收藏档案信息的主要途径有社会调查征集、向个人藏主收购、接受私人捐赠等。档案信息征集和购买工作应遵循明确征集目的、馆藏体系完整、征集计划科学、加强预见性等原则，各级政府组织要尊重个人藏主的权益，树立以人为本理念，完善征集购买机制，实现国家与公民个人在档案信息保护上的双赢。

其三，健全政策法规的责任。建立和完善公民个人收藏保护档案信息的政策法规，以有效规范个人藏主的保护行为，明确公民个人拥有收藏档案信息的权利，同时规定其有保护档案信息不受损害、保证档案信息安全与完整的义务。此外，要建立一整套关于档案信息公民个人收藏保护的标准体系，使个人保护技术和环境条件有规范和标准可循。

（2）公民个人生态性保护模式的公民义务

档案信息是国家的宝贵财富。《档案法》规定"公民都有保护档案的义务"，因此，公民个人对其收藏的档案信息具有保护和传承的义务，主要表现在两个方面：

其一，安全管理保护的义务。维护档案信息的安全与完整，是安全管理保护工作的基本要求。作为档案信息保护人的公民个人，应参照相关规范和标准，采取切实可行的技术措施，做好安全保护工作。一是要做到"九防"，即防水、防潮、防热、防光、防尘、防霉、防虫、防火、防盗等，这是针对档案信息制成材料本体及其环境保护的安全管理。二是要保护档案的信息安全，维护其原始性、真实性和可靠性。因此，公民个人要为自己保管的档案信息创造符合保护标准的软硬件条件，如库房、设备、装具、保护技术等，投入必要的人力、物力进行日常管理保护工作。

其二，文化传承保护的义务。档案信息的完整性和连续性是中华文化发展稳延性的基础。虽然档案信息实体权归属公民个人所有，但本质上是国家的财富，其信息价值和文化价值是归全人类所有的。因此，档案信息公民个人藏主应承担起基本的文化传承保护的义务，其方式方法可以多种多样，如利用档案信息的内容、照片等作科学研究，进行史料编研，提供历史凭据作为法律证据，以历史知识作为文化传播之用，等等。

6.3 生态性保护的组织实施

档案信息生态性保护系统是一个动态的平衡系统，在实践中要因地制宜地选择相应的保护模式及多种保护模式相组合，适时推进生态性保护的组织实施，发挥其应有的生态性保护价值。其组织实施工作的内容主要有统一领导、分级管理，公共服务、依法保护，建设队伍、创新科技，资源共享、协同保护等。

6.3.1 统一领导，分级管理

统一领导是指由各级行政管理机构统一领导本行政区域的档案信息保护工作，对保护工作进行顶层设计、统筹安排，建立地方性法规和保护技术标准，并对保护工作进行监督和指导。分级管理是指由各级行政管理部门主管本行政区域内的档案信息保护工作，结合本区域的情况，制定档案信息保护规划、制度，对本区域内机关、单位及个人的保护工作进行监督和指导。

（1）统一领导保护工作

统一领导保护工作主要有三个方面：

其一，建立统一领导机构。由各级政府组织建立相应领导机构，统一管理档案信息保护工作。例如，省级领导机构（档案局）可设在省委办公厅，并由办公厅的主要领导兼任领导机构的一把手（局长），下设省级档案馆，统一领导本省内的档案信息保护工作，对保护工作顶层设计、统筹安排，建立地方性法规和保护技术标准，并对保护工作进行监督和指导，以消除档案信息保护"多头管理""条块分割"的弊端。

其二，制定统一保护规划。以调查评估为前提制定保护规划。科学的保护规划和方案源于正确的调查评估，即在调查与分析本区域的档案信息本体及其环境保护现状的基础上，科学制定理性的"统一保护规划"。在理论上，要求站在本地区档案信息保护和发展的战略高度，系统谋划保护的策略和计划；在实践上，要根据档案信息的价值、性质和损坏程度，分为短期规划、中期规划和长期规划，以及采用何种保护模式等。

其三，建立集中保护机构。档案信息所有权有国家所有、集体所有和个人所有之分。按照相关规定，国家机关、国有企业及事业单位所有的档案信息，应该移交集中性保护机构进行保护；而对集体所有和个人所有的档案信息，则应尽量征集和收购，征集和收购所得的档案信息也应由集中保护机构进行管理和保护。例如，广西各级国家机关、国有企业及事业单位的档案信息，以及征集得到的集体和个人档案信息，应由各级的相关综合档案馆等进行集中保护。

（2）分级管理保护工作

分级管理保护工作主要有三个方面：

其一，保护机构分级管理。保护机构分级管理一般是指在各级人民政府的统一领导下，档案行政管理机构依法管理所辖的档案信息集中保护机构，不同级别的行政管理机构管理相应的集中保护机构。例如，省一级的行政管理机构管理省级档案馆，市一级行政管理机构管理市级档案馆，县一级行政管理机构管理县级档案馆，各级集中保护机构的人员工资、基础建设经费、事业管理经费等，由其主管的人民政府按财政预算进行划拨。

其二，保护工作分专业开展。档案信息保护较强的专业性，决定了保护工作分专业开展的必然性。保护工作分专业开展是指在档案信息统一领导机构的管理和指导下,由专业主管机构根据本专业系统的特点,制定本专业系统档案信息保护工作的具体规划、制度和办法,并对保护工作进行监督和指导,确保国家有关档案信息保护方针政策和法规在本专业系统内得到贯彻执行。

其三,档案信息分级保护。对不同价值的档案信息进行分级保护,是由其价值的差异性和本体的完好程度所决定的。我国《档案法实施办法》规定:"各级国家档案馆馆藏的永久保管档案分一级、二级、三级管理。"为此,在档案信息保护方面,应将保护级别相应设为一级、二级、三级保护,一级保护的档案信息应包括国家珍贵古籍、档案,二级保护的档案信息应包括省一级、二级古籍、档案,三级保护的档案信息应包括除一级、二级以外的各种档案信息。分级保护最终都会体现在保护环境条件及技术保护的不同级别上。例如,有学者把国家重要档案划分为"重点、特藏和珍藏"三个保护级别,分别对应"档案库房、特藏室、微环境"三种保护环境。档案库房级别的要求:温度14 ℃~24 ℃、湿度45%~60%、光强度≤75Lux、有害气体含量要求为净化空气、氧气(%)要求正常;特藏室级别的要求:温度14 ℃~20 ℃、湿度45%~55%、光强度<75Lux、有害气体含量要求为净化空气、氧气(%)要求正常;微环境级别的要求:温度14 ℃~20 ℃、湿度45%~50%、严格防光、无有害气体、氧气(%)<2。[1] 因此,要在国家有关标准的基础上进行分级保护,各级档案信息管理机构应根据本地气候特点和经济承受能力,制定分级保护环境标准。

6.3.2 公共服务,依法保护

公共服务即以政府为主导的社会公共事业服务于档案信息生态性保护的水平和能力,包括基础设施以及教育、科技、文化等公共事业,为提高社会公众参与档案信息及其文化生态环境的保护活动提供各种保障。依法保护是指按照国家法律及各级行政管理部门的相关法规,对档案信息生进行生态性保护的过程,要求依法控制保护的各个环节及其环境条件,确保保护过程的安全。

---

[1] 张美芳. 分级保护与管理——国家重点档案保管环境最优化的实现方式[J]. 档案学通讯, 2010 (3): 76-79.

（1）强化公共服务

在公共需求扩张型社会，需要政府有关部门提供各种公共产品和服务来实现公众对档案信息保护和利用的需求。各级政府作为公共服务职能的承担者，强化公共服务工作主要有以下方面：

其一，强化公共服务的意识。树立以公共服务为核心的理念。一是强化以民为本的服务理念。建立强调公众参与的公共服务评价体系，扩展公众的档案信息保护决策和规划的参与权，提高公众参与的积极性，把公共服务从"官本位"向"民本位"转变。二是强化服务效率的理念。随着档案信息保护需求的增加，要求保护的公共服务降低成本、提高效率的呼声越来越高，因此要减少公共开支，避免好高骛远的面子工程，树立高效、低耗、绿色、环保的观念。三是强化公平互利的理念。在档案信息保护与开发过程中，利益之争是绕不开的问题，必须强化公共服务的公平互利原则，实现公众的档案信息保护共同利益，使公众能够享受到档案信息保护服务带来的效益，获得可持续发展的利益。

其二，强化公共财政投入。各级地方政府要加大对公共服务的投入力度。目前，各级政府用于档案信息保护的财政资金明显偏低，县级档案信息馆藏条件普遍较差就是明证，部分本该用于公共文化生态保护的财政资金被占用的现象时有发生。为此，要强化公共财政体制建设，夯实档案信息保护公共服务的前提性基础，以公共安全、公共教育、公共文化、公共基础设施和社会保障为重点，进一步完善各级档案信息管理保护机构的库房及设备条件，为档案信息生态性保护提供良好的环境。

其三，建立多元公共服务供给模式。为提高公共服务效率，应当在档案信息保护的公共服务中，强化竞争机制，积极培育民间档案信息保护组织，提高档案信息保护公共服务的市场化和社会化率，推进保护公共服务多元化。充分发挥民间保护社会力量，通过相互间的竞争与合作，向公众提供更为优质的档案信息保护服务。在多元化的公共服务供给模式中，政府要加强对民间保护服务机构的监管，建立有效法规体系，惩处违法行为，以适应公众多样化和个性化的服务要求，提高档案信息保护公共服务的效率和水平。

其四，保障公众参与的权利。尊重社会公众参与的权利，完善参与保护档案信息的机制，并将其纳入政府公共服务的保障体系中。一是促进档案信息保护民间组织成为公众参与保护的组织载体；二是完善社会公众参与保护的机制，在科学决策和制定保护规划上广泛征求民众意见，充分反映民众诉求；三是以网络为依托促进公民参与的多元化和立体化，拓展社会公众参与网络化，构建高效和透明的社会公众参与保护体系；四是以政府为主导完善社会公众利益的协调机制，化解在档案信息保护公共服务过程中的利益冲突和矛盾，促进社会和谐。

（2）坚持依法保护

市场经济条件下，档案信息保护面临的许多社会问题，只有坚持依靠法律法规才能得以解决。档案信息生态性保护的法治化是一个相当复杂的系统工程。

其一，强化依法保护意识。档案信息保护涉及的部门较多，人员广泛。虽然档案信息的历史文化价值普遍被人们所认同，但依法保护的意识并不强。为此，有必要采取多种形式，广泛开展主题鲜明的活动，持续强化依法保护档案信息的意识。只有提高全民依法保护档案信息的意识，档案信息保护法治化建设才能获得充分的思想保障。

其二，完善地方性法规体系。档案信息保护的地方性法规体系已基本形成，但还需要进一步健全和完善，特别是档案信息保护标准化、民间档案信息保护、档案信息保护非政府组织等方面的立法还有缺失。总体而言，主要措施包括：一是结合各个地区实际，把握区域社会发展的时代特点，强调以人为本，加强档案信息保护立法对各方利益协调、平衡的作用；二是将档案信息保护的立法调研、立项论证、立法规划等立法工作内容有机结合起来，不断完善立法的工作机制，提高立法质量；三是充分整合档案事业、图书馆事业和文博事业的统一立法工作，打破立法壁垒，解决目前"各自为政"的尴尬局面。

其三，加大行政执法力度。具体措施主要有：一是按照国家法律和地方性法规，定期对档案信息保护状况进行执法检查，坚决查处违法行为，树立法律权威；二是加强档案信息执法人员培训，提高法治素质，强化执法能力，做到有法必依、执法必严、违法必究；三是坚决果断依法严厉打击档案信息犯罪活动，维护法律的尊严；四是建立档案信息安全保护责任制，防止档案信息及其生态环境损坏加重。

其四，加强执法监督力度。行政执法监督是档案信息保护法治化的重要一环，是保证行政执法的有效开展、规范执法行为的必要内容，必须坚决加以落实。作为档案信息保护行政执法部门，应自觉接受依法监督，积极推进行政监督的常态化、规范化和制度化，把执法监督贯穿到行政执法工作的始终。在实践上，执法监督的内容主要有：一是档案信息保护行政执法的事前监督；二是档案信息保护行政执法的过程监督；三是档案信息保护行政执法的事后监督；四是建立社会公众参与执法监督的体制机制。

6.3.3 建设队伍，创新科技

人才队伍建设是档案信息生态性保护的第一资源，应通过教育和培训等手段培养具有扎实档案信息保护理论基础、良好科学素养和创新能力的人才。在此基础上，只有不断创新档案信息保护科学技术，才能推动档案信息生态性保护的可持续发展。

（1）加强人才队伍建设

人才问题是档案信息保护科技创新发展的根本性问题。目前，我们缺乏高水平的研究人员和学术带头人以及修复技术人才，因此，培养档案信息保护技术人才已成为当务之急。

其一，强化高等院校的专业培养。档案信息保护学作为综合性学科，同时具有自然科学和社会科学两种属性。而自然科学属性方面偏重于科技应用和工程实践，社会科学属性方面则偏重于社会管理学和文化生态学等领域。因此，高等院校档案信息保护专业是保护人才系统培养的重要途径。目前，高校档案信息保护人才的培养，主要有档案学专业的档案保护方向、博物馆学专业的文物保护方向。各地档案信息保护机构应从国内高校的相关保护专业中吸纳人才，甚至可采取订单式的培养模式。

其二，加强短期理论与技术培训。根据实际工作需要，由档案信息保护行政主管部门定期和不定期举办各种形式的短期保护理论与技术培训班，甚至与文物、图书等的主管部门联合举办，对在职保护工作人员进行理论教育和技术培养。从实践上看，加强在职理论与技术培训，对于有实践经验的档案、古籍、图书和文物保护人员而言，可以在短期内迅速提高其保护理论和技术水平，具有"短、平、快"的学习效果。

其三，依托档案信息研究机构进行培养。在一些国家和地区出现了许多类似于保护科学研究中心的研究机构，如档案保护科技研究中心、文物保护科研中心、文化遗产保护研究中心等，这些中心具有设备一流、经费充足、人才队伍较强及保护科技水平较高的优势。例如，加拿大文物保护研究所，资金由国家财政支持，现有工作人员80人，每年可承担大量文物保护工作，保护科技储备较强，可接受世界范围的文物保护技术咨询。[1] 在档案信息保护人才培养中，可选派有一定基础的在职人员到相关研究中心学习深造。

（2）不断创新保护科技

档案信息生态性保护必须依靠科学技术，只有不断创新保护科技，才能推动档案信息生态性保护的可持续发展。创新保护科技的措施很多，概括起来主要有三个方面：

其一，建立档案信息保护研究基地。在中国档案学会档案保护技术委员会的指导下，有条件的省区市可以整合省级档案学会档案保护技术委员会的保护技术科研资源，成立档案信息保护研究基地。在省级人民政府财政支持下，承担档案信息保护研究工作职能，可以集中设备、资金和人才的优势，开展档案信息保护的调查评估、理论研究、技术应用、项目建设等工作，突破传统保护科技瓶颈，开发新技术，并为地方档案信息保护机构进行专业指导，或提供技术咨询。

其二，加强档案信息保护基础研究。档案信息保护的指导思想是"以防为主，防治结合"的方针，以此思想为指导的保护基础理论突破，是档案信息生态性保护时代的呼唤。档案信息保护基础理论至少包括保护的基本概念、保护生态理论、生态价值理论、生态系统理论、文化生态理论、保护规律理论、保护治理理论等，以及与其他学科相互交叉和渗透的边缘性理论。一个不断成熟的档案信息保护理论研究必然根植于档案文化及其生态环境，从其档案历史文明中吸取营养，同时又必然随着档案信息生态保护的哲学思想和理论探索的深化而发展，这是一个不断积淀和发展的动态过程。

其三，加强档案信息保护的应用研究。应用技术研究的抓手主要是材料技术、工程技术和实验室建设，其中实验室建设是基础。国内外应用研究的历史经验一再证明，没有保护实验室的建设，就没有保护科技的创新和发展。保护实验室建设的基本思路就是要强化对实验室建设的极端重要地位的认识，加大设备和人员的投入力度，提高实验室科学化管理的水平。保护材料技术是档案信息保护重要的应用技术，不可或缺，新材料技术的研究和发展方向主要是保护的生物材料技术、无机材料技术和纳米材料技术等。保护工程技术是指将档案信息保护科技应用于现实保护工艺流程的技术性方法，是保护科技能否转化为现实保护效能的桥梁。

---

[1] 潘路. 国外文物科技保护的思潮与发展 [J]. 中国文化遗产, 2004 (3): 146-149.

6.3.4 资源共享，协同保护

资源共享是指保护人共同利用档案信息生态性保护资源，充分实现保护资源价值共享的过程。协同保护是指建立档案信息生态性保护协同机制，协调生态性保护系统各要素之间的有机联系，促进保护的可持续发展。

（1）推进保护资源共享

实现保护资源共享，是档案信息生态性保护系统可持续稳定和平衡的内在要求。其主要内容包括：

其一，生态性保护的信息资源共享。保护的信息资源主要是指保护的科学技术、研究成果、科研项目、政策法规、环境监测、工程建设等信息。保护的信息资源共享可借助保护信息资源管理系统及信息共享系统得以实现，其具体方法有：一是建立档案信息保护的信息基础数据库，围绕数据库建设核心，加大保护相关机构的资源收集和整合力度，注重对地方特色保护信息的收集加工，充分发挥各级管理机构加强保护信息资源建设的积极性；二是建立档案信息保护的信息资源共享平台，整合信息采集、数据库建设、信息管理和信息服务等子系统，实现保护信息资源的充分共享。

其二，生态性保护的人才资源共享。地方的档案信息保护人才较为匮乏，为提高人才使用效率，构建区域性保护人才资源共享体系，实现人才资源的共享是解决之道。在实践上的措施，一是树立档案信息保护人才资源共享的理念；二是制定人才柔性聘用的相关政策，既鼓励本单位聘请外面的人才，又鼓励本单位人才外聘其他单位，建立"互利互惠、效益最大化"的保护人才共享机制，做到"不求所有，但求所用"，如特聘专家、兼职教授等；三是建立保护人才科研成果信息交流平台，实现保护知识管理信息网络资源共享；四是出台统一的保护人才管理制度，促进人才有序循环和流动，防止各地出现人才恶性竞争。

其三，生态性保护的效益资源共享。开发利用，实现历史文化价值是档案信息生态性保护的最终目的。如何处置和分配这些开发利用产生的经济效益，答案是生态性保护效益资源的共享。这是和谐、绿色、可持续保护的需要，是生态性保护系统的必然要求。因为只有让利益相关方，如民间组织、公民个人充分享受到档案信息生态性保护带来的效益，才能有效发挥其参与保护档案信息的积极性，强化其保护自觉意识。因此，要建立各种利益相关主体的保护效益分配机制，做到"合作保护、分工协调、共生共赢"，避免因经济利益驱动而出现"乱保护""假保护""保护性损害"等现象，形成科学合理的生态性保护利益联结与平衡机制，实现效益资源共享。

(2) 推进可持续协同保护

实现可持续协同保护是档案信息生态性保护理论体系的重要功能目标。要协调保护系统的各个要素，促进保护系统的可持续发展，主要有以下措施：

其一，本体保护与环境保护协同。本体保护和环境保护是档案信息生态性保护系统的两大要素，其中，环境保护又包含自然环境保护和社会环境保护两个子系统。只有协同推进本体保护与环境保护的发展，才能不失偏颇，构建档案信息生态性保护的严密体系，促进生态性保护的可持续性。在实践中的主要内容，一是树立本体保护与环境保护协同发展观念，在保护规划建设时要统一纳入方案中，使之成为一个相互依赖、相互促进的功能性系统；二是统筹建立本体保护和环境保护的平衡关系，二者不可偏废，注意在环境保护基础上提高本体保护的功能，本体保护时以不损害环境保护为前提，使两者协调发展，产生协同保护的效益；三是强化生态性科技创新，开发新技术形成新理念，促进本体保护和环境保护的有机结合，以支撑建立理性、环保、绿色、健康的档案信息生态性保护系统。

其二，公有档案信息保护与非公有档案信息保护协同。公有档案信息保护的馆藏条件优越，保护技术力量雄厚，是档案信息生态性保护的主体；非公有档案信息是民间组织、私营企业和公民个人所拥有的，馆藏条件普遍一般，保护技术缺失，是档案信息生态性保护的补充。公有档案信息保护和非公有档案信息保护二者都是国家整个档案信息保护系统的有机组成部分，其保护对象各有生态、相互补充、无法取代，这是由档案信息生产者及其文化生态环境的多样性所决定的。为此，要建立公有档案信息保护与非公有档案信息保护一体化建设体制机制，积极推进两种保护的协同发展，提高生态性保护的经济效益和社会效益。

其三，政府机制保护与市场机制保护协同。以政府为保护主导机制开展的生态性保护称为政府机制保护；相对的，以市场为保护主导机制开展的生态性保护称为市场机制保护。两种机制的保护各有利弊，政府机制保护具有公益性、权威性，但也有垄断性弊端；市场机制保护可激发民间参与的积极性，利用社会资金，弥补政府投入不足，但也有逐利性弊端。因此，应强化政府机制保护与市场机制保护的有机结合，既要强化政府机制的保护主导作用，增加财政预算投入，强化政府机制保护立法和服务职能，依法生态性保护档案信息，履行裁判员职责；同时也要强化市场机制的保护辅助作用，发挥民间组织和个人的参与积极性，促进市场机制的开发性保护，实现档案信息应有的文化价值。

其四，档案馆保护与图书馆保护、博物馆保护协同。这是对档案、图书、文物、字画等对象的保护思想的融合，强调建立"一体化"的保护理念、保护机制和保护技术体系，即所谓的"大保护观"。因此，档案馆保护与图书馆保护、博物馆保护协同发展，要求在技术体系、管理流程、规范标准、学科建设、人才培养、学术交流、历史发展甚至是伦理规范等维度上追求一体化发展，形成生态性保护利益共同体。

6.4 生态性保护的微观社会管理

档案信息生态性保护的微观社会管理是指各级档案事业机构，如省级档案事业机构、市级档案事业机构、县级档案事业机构等内部直接影响和制约保护能力和效果的各种要素的总和。相对于整个国家社会环境而言，它是档案信息保护的微观社会环境管理，属于事业机构内部的管理性保护范畴。

6.4.1 生态性保护的组织结构

组织结构是指各级档案事业机构内部各部门之间通过档案信息保护的权责划分、工作流程和信息交流而建立的组织关系结构。生态性保护的组织结构有利于促进各级各类部门和人员认真履行保护职责，实现档案机构的宗旨和目标。

其一，档案信息保护目标的合理化。所设置保护目标的合理性，直接关系到保护的组织结构的总体设计是否成功。因此，设置保护目标务求合理化，而合理化的保护目标设置是有要求的：一是一致性的要求，就是保护的目标要与机构内个人的目标以及群体的目标实现有机统一；二是参与性的要求，也就是保护的目标要得到机构内全体成员的认同，并促使其积极参与各个步骤的实施过程；三是适应性的要求，亦即保护的目标必须自觉与区域地方社会经济和文化发展的需求相适应、相统一。

其二，档案信息保护分工的合理化。分工的合理化取决于分工等级和分工制度的合理化，要建立健全分工管理制度，解决好分工等级的合理化问题。具体要求有：一是合理可行的为全体成员所认同的机构内部的垂直分工方案；二是合理可行的工作规范程序及规章制度体系，对每一个成员的工作角色都有明确的任务和严格的规定；三是合理的权力结构，严格做到权力和责任相一致，有权必有责，失职必问责。

其三，档案信息保护组织协调的合理化。分工与协作是保护的组织结构设计合理化必须坚持的一条重要原则。即在合理分工的基础上，要强调协调合作组织实施，并明确每个部门、每个员工的保护工作内容、保护工作范围以及相互联系、协作和整合的具体方法，做到程序标准化、技术标准化、关系标准化和成果标准化的要求。

其四，档案信息保护组织规模的合理化。合理的保护组织规模才能产生较好的保护效率。档案信息保护组织规模越大，则其组织结构的复杂性就越大。因此，并非保护组织规模越大，其保护工作效率就越高，而是应该形成一个合理化的档案信息保护组织规模。就目前而言，虽然我国的整个档案事业是庞大的，但组织机构的设置是合理的，从档案馆和档案室的个体看，其管理的人员和保护人员的数量规模并不臃肿庞大，保护工作总体是合理高效的。

6.4.2 生态性保护的组织制度

档案信息保护的组织制度是指在各级档案事业组织机构内部，在设置各级保护部门、划分保护权限范围、沟通保护部门之间关系、推进保护工作程序、评价保护成果等方面进行合理安排的制度体系，是档案信息生态性保护工作者应当遵守和执行的行为规范。良好高效的组织制度是档案信息生态性保护工作推进实施的重要保证，是确保保护目标实现的坚实基础，一般包括计划性保护组织制度和控制性保护组织制度两类。计划性保护组织制度主要侧重于为下一步保护行动计划方案进行决策方面的制度安排，例如，档案信息生态性保护年度计划等；控制性保护组织制度则更加致力于督查指导和监控推进保护决策和计划的实施方面的制度安排，例如，保护工作岗位责任制等。计划性保护组织制度与控制性保护组织制度是辩证统一的，两者互为补充、相互促进。

组织制度创新是档案信息生态性保护系统发展的必然要求。只有适应时代发展要求的组织制度，才能研制出实用性的保护技术，确保生态性保护工作的高效性。组织制度创新基本原则：其一，高效性原则。组织制度的管理机制要精细合理,体现保护分工的专业化和部门化,既能实现保护的管理工作的高效性,又能够将保护的管理成本降到最低。其二,统一性原则。虽然档案信息保护机构内部门林立,但可以通过组织制度将其整合成一个有机结合的整体,以保证各档案信息保护部门的相互协调性,实现保护的整体效益性,倘若组织机构的规模越大,保护部门的层级越多,则组织制度的统一性就显得尤为重要。其三,职能化原则。即强调职责清晰,分工明确,责权一致,要求保护部门之间分工合理,实行专业化管理模式,推进保护工作的分专业齐头并进,提高档案信息生态性保护工作的效率。其四,自主性原则。在协调合作的保护机构中,既然有分工,就要给予每个保护部门一定的相对的独立性,确保其在一定的职权范围内能够独立开展档案信息生态性保护工作,并可以根据保护环境的变化做出相应的保护工作调整。

6.4.3 生态性保护的组织文化

档案信息保护的组织文化是指各级档案保护事业组织在进行档案信息生态性保护过程中形成的组织机构内在精神和行为方式的总和,即组织的保护价值观。它不仅包括保护机构关于档案信息保护的思想、宗旨、规划、目标等内容,还包括机构中保护工作者的思想品质、职业道德、行为规范、组织作风、社会形象等内容。保护的组织文化对档案信息保护的发展具有极为重要的作用,主要表现在以下方面:其一,导向作用。保护的组织文化引导着保护机构的价值取向、行为目标、规章制度建设等方面,影响保护工作者个人的性格、心理和行为。其二,约束作用。保护的组织文化的影响之深,可通过无形的、非正式的、非强制性的各种约定俗成的规范和人际伦理关系,制约和影响每个档案信息保护工作者的思想和行为。其三,激励作用。保护的组织文化能激发保护工作人员向更高的目标努力,达到个人发展与实现组织目标相一致。其四,凝聚作用。保护的组织文化能增强保护工作者的使命感、自豪感、归属感、责任心和凝聚力,培养员工的集体荣誉感和大局观念。

档案信息保护的组织文化建设,必须根植于区域地方经济社会和文化发展的土壤之中,走与生态文明相结合的发展道路,形成具有生态文明特征的档案信息生态性保护文化理论。主要内容包括生态性本体保护理论、生态性环境保护理论、生态性保护社会治理理论、生态性保护伦理等方面,构建起人与自然相和谐共生、保护效益较高的档案信息生态性保护系统。因为：其一，只有与生态文明相结合，才能充分地发挥保护的组织文化的全部功能；其二，当前绿色与生态的思想已深入人心，在此生态文化思潮的熏陶下，保护的组织文化与生态文化相结合成为必然；其三，要实现档案信息保护的可持续发展，保护的组织文化的生态化是其必由之路。

6.4.4 生态性保护的组织管理

档案信息保护的组织管理是指运用权威来协调各级档案事业机构内部的人力、物力，以实现保护的组织目标的过程，其目的主要是提高档案信息保护工作的效率。档案信息保护的组织管理是一个系统，其基本功能是消除档案信息保护机构内部的各种冲突和紧张状态，完成档案信息保护的组织目标。因此，作为生态性保护组织的管理者，其基本作用如下：一是对内观察档案事业组织机构内部各种保护要素的排列组合和运行秩序，明确各要素的生态位及其平衡关系；二是对外观察社会环境变化对档案信息生态性保护系统平衡态的影响，其目的就是寻求促使保护工作与外部环境的均衡融合发展。

档案信息保护的组织管理不仅要体现以"正式规则为主体"的管理思想，而且要体现"以人为本"的管理精神。科层制的管理方式就是"以正式规则为主体的管理思想"，[1] 其主要特征表现为：一是强调有明确的分工，把组织的每个保护工作人员个人的权力和责任进行固化和明确；二是强调有明确的职权等级划分，要求下一级职务必须接受上一级职务的管理和监督；三是强调有明确的组织管理规章制度体系，规定每个组织机构成员的权力、责任、关系和工作程序等；四是强调量才用人机制，要求按保护技术资格录用专业人才，并提供专门的保护技术教育和培训。"以人为本"的管理精神，其主要思想特征表现为：一是强调个人在实现组织机构的目标中扮演着主体的作用和地位；二是强调尊重个人发展的客观需要，要求保护个人的各种权利，并进一步依靠人、为了人、解放人和塑造人；三是强调对个人的生存与发展及其未来命运的关怀，并关注人的共性和个性发展；四是强调构建和谐社会、绿色生态环境，实现人与自然、人与社会、人与人的充分和谐发展。

---

[1] 郑杭生. 社会学概论新修 [M]. 北京：中国人民大学出版社，2003：213-216.

6.5　生态性保护的宏观社会治理

生态性保护的宏观社会治理是指对档案信息事业机构外部直接或间接影响和制约保护能力和效果的各种宏观环境因子的保护性治理。相对于档案信息事业机构内部而言，外部的各种环境因子是宏观的。这种宏观社会治理主要包括经济环境、人文环境、法规环境、科技环境等方面的治理。

6.5.1　生态性保护的经济环境

档案信息是人们经济社会活动的产物。经济社会的发展造就了档案事业，也促进了档案信息生态性保护的发展。因此，经济环境是档案信息生态性保护发展的第一社会环境因素。

其一，经济保障能力决定档案信息生态环境保护的质量。经济保障能力的强弱及规模的大小，决定了作为文化生态保护一部分的档案信息生态环境保护的质量。近年来，随着各级政府经济保障力度增强及民间组织资金参与度的增加，档案信息保护的基础建设、自然生态环境得到了较大的改善，人们对档案信息的需求迅猛增加，尤其是高龄、珍稀历史档案信息，增强了档案信息生态性保护的动力。

其二，经济保障制度决定档案信息本体保护的可持续性。近年来，各级地方政府每年都把档案事业经费列入财政预算，并有逐年递增之势，形成了档案信息保护经济保障的财政制度，较好地改善了保护的基本条件，有的市县政府还拨出专项经费，对重要的濒危历史档案进行修复性保护。及时的经费支持，使保护技术室、档案数字化室等保护基础设施及技术设备得以完善，提升了档案信息保护的现代化水平，为档案信息生态性保护奠定了坚实的基础。

其三，服务经济社会发展是档案信息生态性保护的动力源。据了解，近年来在经济发展规模和速度不断加大的条件下，各级地方政府也不断强化档案信息保护发展的规模和速度，想借此提高档案事业对经济社会发展的贡献率。因此，档案信息生态性保护工作要主动服务地方经济社会发展的需要。经济社会发展的需要是档案信息生态性保护系统可持续发展的根本动力，只有通过服务经济社会发展这一根本通道，才能充分发挥档案信息的价值和作用，档案信息生态性保护系统也才能借此获得发展的不竭动力。

虽然经济环境对档案信息生态性保护的作用是巨大的，但它还需要通过各方保护人和上层建筑的力量来推动才能充分显示出来。正如有学者认为："经济的发展并不意味着档案事业发展的必然，无论是局部或者全国的范围，都存在着档案事业发展落后于经济发展的现象。"[1] 因此，档案信息生态性保护，既要充分利用经济环境优势，又要努力争取非经济因素对档案信息生态性保护的支持。

6.5.2 生态性保护的人文环境

档案信息是一种文化现象，档案信息生态性保护离不开人文环境。人文环境是社会系统的各种文化现象，包括思想观念、风俗习惯、教育环境、宗教信仰等。这是一种无形的社会环境，是人类共同体的文化之魂。因此，保护好人文这一生态环境，是档案信息生态性保护的基本前提。

其一，地方社会风俗习惯的保护。各民族的风俗习惯丰富多彩，尤其是少数民族，如节庆、婚恋、农事、人生、禁忌、丧葬、居住、饮食、乡规民约、服饰、文娱、社交等，无不体现出民族文化的繁盛。民族平等和民族团结是党的民族政策的基本要求，应充分尊重各民族的风俗习惯，充分保障其文化发展权利。而各民族的档案信息正是地方民族社会风俗习惯活动的物态结晶，是民族社会历史发展的产物。因此，保护好各民族的社会风俗习惯，维护民族团结和社会稳定，档案信息生态性保护才具有和谐发展的意义。

其二，地方社会宗教信仰的保护。各民族的宗教信仰可谓多姿多彩、五花八门，并没有统一的宗教信仰，体现了民间宗教信仰的多元性。许多民族的档案信息就是对这些宗教信仰活动的真实记录，是民族文化的重要组成部分，对其做好保护和传承工作，是实现各民族档案信息生态性保护的重要基础。因此，在国家民族政策的指引下，应充分尊重各民族的宗教信仰权利，保障各种宗教信仰活动的正常开展。当然，对于其中的糟粕思想和不法行为，应当及时给予改革和取缔，积极培育文明健康、先进和谐的民族新文化。

其三，民族社会思想观念的保护。各民族在漫长历史发展中，形成了自己的社会思想观念，借此表达本民族征服、改造、利用自然的愿望和信心，

---

[1] 吴荣政. 中国档案事业发展的社会文化探源[M]. 北京：中国档案出版社，2008：238.

如无神论、平等观念、重视现实、伦理道德、热爱劳动、幸福观等方面的思想观念。总体而言，各民族的社会思想观念都一如既往地以档案信息的形式，进行民族文化的传承和发展，并在此过程中不断相互融合、相互促进，形成了多民族文化融合的思想观念体系。因此，各民族社会思想观念不仅是档案信息生态性保护的重要环境，也是维系各民族兄弟般团结和谐关系的重要思想纽带。

其四，地方社会教育环境的保护。一直以来，地方各级政府非常重视发展教育，形成了结构合理、功能良性的社会教育体系。"教育是直接影响人的身心发展的文化活动，它几乎与文化体内所有部分发生直接联系，任何一种文化要素如果不借助教育的传递和深化，都将影响其存在和发展。"[1] 因此，作为文化活动一部分的档案信息生态性保护离不开教育环境，只有不断加强各地的教育事业，才能不断提高各族人民的科学文化素质，创造灿烂的档案文化。在此基础上，人们的档案文化遗产的认知能力和保护能力才得以提高，进而提高其对档案信息生态性保护的整体水平。

6.5.3 生态性保护的法规环境

法规环境是指档案信息生态性保护所依赖的社会规范体系，具体表现为具有强制性的各种法规性文件，不仅包括法律范畴的立法性文件，例如法律、条例、规章、规则等，还包括具有强制力的非立法性文件，例如行业标准、行业规范等。其主要功能是维系良好的档案信息保护秩序，控制生态性保护系统良性运行。

其一，法律层面的保护。经过几十年的发展，我国档案信息保护法律体系已相对较为完整和系统，如颁布了《档案法》《中华人民共和国知识产权保护法》等。这些法律根植于深厚的社会实践基础、组织基础和思想基础，保障了档案信息的完整与安全，促进了档案信息资源的开发和利用。然而，随着我国市场经济的深入发展，现有的法律体系已不能适应国家治理能力和治理体系现代化的时代发展要求，有些法律所规定的保护对象和保护措施比较抽象、笼统，应当适时进行调整和补充，使之更具原则性、操作性、针对性、前瞻性和系统性。

---

[1] 袁振国. 当代教育学 [M]. 北京：教育科学出版社，2004：385.

其二，行政法规层面的保护。档案信息保护的行政法规一般可分为三类：一是关于档案信息管理行政事务的系统规定；二是关于某一方面的档案信息管理事务的局部性规定；三是关于某一项档案信息管理事务的具体规定。档案信息保护的行政法规具有权威性、稳定性、命令性和动态性等特点。目前，我国档案信息保护的行政法规是相对较为完整和系统的，为保护档案信息的安全性奠定了良好的基础。然而，由于档案信息保护的发展具有动态性，随着经济社会的发展，相关的保护行政法规也应适应这种变化而进行适时的调整，在兼顾继承性与发展性的基础上，制定出更符合档案信息生态性保护的规律和特点的行政法规。

其三，行政规章层面的保护。行政规章是指国务院有关部委、各级地方政府依法制定的关于档案信息保护的规范性文件。其作用是为解释、说明和执行有关档案信息保护的政策法规，提供具有操作性和具体性的行为规范。目前，这一类文件是最多的，各级地方政府都出台多种有关档案信息保护的行政规章文件。以广西为例，有《广西壮族自治区档案管理条例》《广西壮族自治区归档文件整理实施细则（试行）》《广西壮族自治区档案馆业务建设规范（试行）》等。为适应法治化建设新时代的需要，新的档案信息保护行政规章应具有制定程序简便性、内容专业性、操作具体性、地方民族性、保护主体多元性等时代特点。

其四，标准体系层面的保护。档案信息保护的标准体系是包括档案信息保护基础标准和业务技术标准两种类型的指导性文件集群。基础标准是具有广泛的档案信息保护指导作用的整体性标准。业务技术标准是具有专门性业务对象的档案信息保护工作标准。标准体系按使用范围划分，有国际标准、国家标准、行业标准等。据不完全统计，与档案保护有关的国际标准有24项，我国国家标准有25项、行业标准有25项、部队标准有1项。[1] 综观我国的档案信息保护标准，涉及了档案的载体保护、信息保护、库房环境保护、自然环境保护、社会环境保护、工作人员资质等宏观和微观领域，可以说完整的保护标准体系已经形成。今后的标准体系建设应更注重适时修订，避免老化，并拓展标准制定范围，提高民间组织的参与度，建立与图书、文博等事业机构的沟通机制。

[1] 周耀林. 档案文献遗产保护理论与实践 [M]. 武汉：武汉大学出版社，2008：290-295.

6.5.4 生态性保护的科技环境

科技环境是指档案信息保护的科学技术条件的总和。档案信息承载着科技发展结晶，而科技又推动着档案信息保护的发展。良好的科技环境是档案信息生态性保护可持续发展的重要动力。

其一，档案信息保护的人才环境建设。档案信息生态性保护迫切需要知识结构合理、专业能力强的高级专门人才。人才的数量、质量、成长及使用效率是保护人才队伍建设的实质，而人才环境建设则是其中的核心内容。具体措施主要有：一是完善高水平专业人才培养的体制机制，如在全国高校布局设立档案信息保护本科专业，有条件的高校设博士点和硕士点，建立立体化的多层次的人才培养体系，形成以高校为主体、档案信息科研院所为辅的高层次专业人才培养环境。二是营造人才聚集、使用、成长的良好环境。例如，制定有利于人才引进、培养、使用、激励和管理的各种相关政策制度；加强保护科技投入，合理配置科研经费及相关资源；尊重人才的个人发展权，充分发挥人才的作用，提高人才的使用效率，促进人才尽快脱颖而出。

其二，档案信息保护的理论环境建设。档案信息保护的理论是系统化的科学知识体系，源于保护实践又高于实践。如按档案信息保护的内容划分，主要有档案信息保护的指导思想、载体保护理论、信息保护理论、环境保护理论等。这些理论在档案信息保护实践中发挥了重要的指导作用，其中，保护的哲学思想对各种理论研究起到极为关键的引领作用。新时代，需要系统研究如何将生态学理论渗透到档案信息保护理论中，构建档案信息生态性保护理论。生态性保护理论体系主要包括生态文明建设理论、生态性管理思想、信息生态保护理论、档案生态性保护理论等，将为生态性保护实践提供新的理论指导。

其三，档案信息保护的技术环境建设。保护技术是档案信息保护实践经验不断积累起来的方法体系，是保护知识历史进化和发展的结晶，是保护主体实践水平的标志。如果没有技术的支持，档案信息保护的实践将会寸步难行，因此，档案信息保护的技术环境建设是保护实践可持续性的关键。若按保护功能划分，保护技术可分为预防性保护技术、治理性保护技术和修复性保护技术等；若按保护对象划分，保护技术主要有载体与记录材料保护技术、信息数字化保护技术、环境保护技术等。生态性保护理论强调，档案信息保护的任何一种技术应该同时具有高效保护作用和较好的环境保护功能。例如，鼓励利用物理技术、生物技术、无机材料等既高效又环保的技术和材料进行保护和修复实践。

其四，档案信息保护的科技创新环境建设。保护的科学技术是一把双刃剑，在高效保护档案信息的同时，也可能带来生态环境的负面影响，如发生生态危机、环境污染等。因此，在科技创新中应树立绿色、低碳的科技创新理念，营造生态化的科技创新环境，即把生态学的理念和方法渗透到档案信息保护科技创新的各个环节中，形成生态性保护科技。科技创新生态系统是由人（生物要素）和科技资源及其运行机制（环境要素）构成的，其运行机制有两种：一是以政府为主导，以事业机构为创新主体，如高等院校、科研院所、档案馆、档案室等；二是以市场为导向，以民间组织为创新主体，如企业、学会、非政府组织等。

第 7 章　档案信息生态性保护的技术维度

在档案信息生态性保护中，技术维度是相对于管理维度而言的，技术是解决问题的方法及方法原理，管理是管理者通过计划、组织、领导、协调、控制等职能来协调他人的活动，两者共同实现对档案信息的生态性保护，即俗话说"三分技术，七分管理"。尽管技术维度中，也存在对技术的管理问题，但仍然需要对生态性保护技术进行单独研究。档案信息生态性保护的技术维度，主要反映在档案信息所依托的载体生态性保护技术、档案信息内容生态性保护技术、档案信息保护所处的自然环境生态性保护技术、档案信息所处的社会环境生态性保护技术四方面。

7.1　载体生态性保护技术

载体指承载档案信息的物质材料，如纸张、石材、金属、木牌、盘片，以及字迹记录材料，如炭黑、颜料、染料、漆料等。随着材料技术的发展，有些载体和字迹记录材料融为一体，如光盘、胶（照）片、磁带等。载体与字迹记录材料生态性保护就是利用生态学原理和方法对上述材料展开的保护技术和方法。

7.1.1　载体生态性保护技术使用的总体要求

档案信息载体生态性保护应遵循一定的要求。这些要求直接影响档案信息生态性保护的技术选择和技术创新，包括以下四个方面：

（1）保护设计生态性要求

其一，设计目标生态化。保护技术的设计宜最大限度地预防或控制污染，以有效保护生态环境。

其二，技术设计精简化。保护技术的设计尽可能地简化工艺流程，同时减少所用资源的数量和种类。

（2）选用的保护材料生态性要求

其一，环境友好性。选用的保护材料本身或其分解物，都力求不能对环境造成直接或间接污染。

其二，生态友好性。选用的保护材料对人或其他生物无毒害作用，不能破坏生态平衡。

其三，可再循环利用。选用的保护材料回收后可分解，并且分解后可循环利用，同时要求避免组合相互污染的材料。

其四，性能稳定性。选用的保护材料宜有较稳定的物理和化学性能，pH值呈微碱性或呈中性。

（3）保护技术流程生态性要求

其一，节约能源。保护技术的操作流程中尽可能地消耗较少的能源，节约资源。

其二，可再处理性。前面的保护工艺流程不能对后面的再处理环节造成技术障碍，为后续进一步保护措施的处理留有余地。

其三，流程无公害。每一环节的保护流程均应无生态污染，不危害人体健康。技术处理完成后的残留物需回收、可降解、无毒、无害。

（4）保护技术产品生态性要求

其一，产品的生态协调性。应与周围生态环境相协调和相和谐。

其二，产品耐久性。选用的保护产品寿命越长，意味着对新产品的生产与使用越少，对物质和能量的消耗越少，也将对生态环境的影响越小。

其三，产品感官性能好。选用的保护产品需使人感觉舒服，愿意使用。

7.1.2 载体保护技术生态性分析

如前所述，档案信息所依托的载体生态性保护技术的使用有特殊的要求，而这种要求，需要具体化到技术使用中，需要对各种保护技术进行分析，以确定其是否属于生态性保护技术。这是判断是否认定为生态性技术的准绳，以及是否可采用该生态性技术的准则。

（1）纸质载体材料生态性保护技术分析

纸质档案在保管使用过程中，可能出现纸张强度下降、酸化及不同程度的破损。究其原因，主要是其自身的老化（内因）和外界自然环境的影响（外因）两个方面。内因主要表现在：造纸所选用的纤维素、半纤维素和木素在光、水和氧气作用下，发生的水解和氧化反应，同时纸张生产过程中留下的一些残留物，如漂白中的氧化剂、制浆和施胶中的酸等，都会加速纸张的老化反应。外因主要指不适宜的温湿度、酸、氧化剂、光线、微生物和昆虫等环境因素，它们作用于纸张，在水和氧气催化下，同时发生水解、氧化和光解反应。由此说明，如果想要延长纸质档案的寿命，就需消除或减少导致纸张老化的不利条件。具体的技术措施包括：

其一，防蠹纸技术。防蠹纸是用天然植物汁液浸泡纸张后阴干而成的书写纸张，具有去虫防霉功效，如黄檗纸、椒纸等。因为黄檗汁液中含有黄柏酮、小柏碱、黄柏内酯、棕榈碱等多种生物碱，而胡椒或花椒、辣椒汁液中含有香叶醇、枯醇、柠檬烯等挥发油，这些物质均有杀虫和驱虫的功能。防蠹纸技术的采用可以直接从书写纸的制作环节开始，可能情况下选用保护材料是天然植物、对人畜和生态环境无害的造纸材料。

其二，装帧技术。装帧技术原指书稿在印刷之前，对其制作、形态和用料等方面进行的艺术和工艺设计，在我国有千余年的历史。装帧技术适用于档案信息生态性保护的场景，如卷轴装，以减少直接的空气接触面积，其总体要求是：选料对生态环境无污染，对人对畜无不良影响；技术工艺流程简单，经装帧技术处理后的档案信息寿命长，感官性能好，且具有防止纸张污损、防虫和美化的效果。因此，装帧技术符合载体生态性保护基本要求，是一种生态性保护技术。

其三，修裱技术。修裱技术是指利用黏合剂和适宜的纸张、纺织品对受损的纸质档案进行修补或托裱的一种修复技术。[1] 它能提高纸质档案的强度和延长纸张的寿命。主要的修裱技术包括揭粘、修补、托裱等。其中，揭粘又分为干揭法、湿揭法、酶解法和综合法等；修补有补缺、加边、溜口等；托裱分为湿托和干托两种。在修裱技术的使用过程中，对其中生态性保护的要求是：一是黏合剂的化学性质稳定、不易生虫长霉、中性或微碱性等，一般可选用小麦淀粉糨糊作黏合剂。二是修裱用纸要求机械强度高、亲水性强、无有害杂质、中性或微碱性、伸缩性小等，一般使用手工纸作为修裱用纸。[2] 由此足见修裱技术从设计、材料选用、工艺流程等方面，都具有环境的生态友好性，是一种生态性保护技术。

---

[1] 郭莉珠. 档案保护技术学教程 [M]. 北京：中国人民大学出版社，2008：338.
[2] 郭莉珠. 档案保护技术学教程 [M]. 北京：中国人民大学出版社，2008：338-345.

其四,去污技术。去污技术就是利用物理或化学方法去除泥斑、霉斑、蜡斑、墨水斑等各种污斑的技术过程,可分为溶剂去污、机械去污、氧化去污三类。在采用各种去污技术时,需考虑尽量减少对档案信息及人和环境的影响。比如,机械去污是利用毛刷或手术刀等工具的机械力量除掉污斑,适用纸张强度好、污斑厚且易除的档案。溶剂去污法是用溶剂溶解的方式去除污斑,如水洗去污、有机溶剂去污等技术。氧化去污是利用氧化剂如氯胺T去污法、次氯酸盐去污法、过氧化氢去污法、高锰酸钾去污法等,把污斑的色素成分氧化变为无色而达到去污目的。

按照载体生态性保护基本要求,机械去污和水洗去污基本属于生态性保护技术,而有机溶剂去污和氧化去污则不是生态性保护技术。因为有机溶剂去污所使用的溶剂是汽油、苯、四氯化碳、丙酮等,属于可燃或易燃液体,有一定的毒性,可危害人体健康,对生态环境有破坏作用;而氧化去污所使用的过氧化氢、次氯酸盐、氯胺T、高锰酸钾等,不但损害档案信息的耐久性,还对人体健康和生态环境有不良影响。

其五,去酸技术。去酸技术即用化学方法将纸张中的氢离子除去的技术,主要有液相去酸和气相去酸两大类。液相去酸是使用碱性溶液与纸张中的氢离子反应而达到去酸目的,主要有碳酸氢镁水溶液去酸和氢氧化钙-碳酸氢钙水溶液去酸。气相去酸是利用蒸汽或碱性气体除去纸张酸性的方法,主要有二乙基锌去酸、氨气去酸、吗啡啉去酸、乙醇镁去酸、氧化镁惰性悬浮液去酸等。[1] 此外,还有氢氧化钡-甲醇溶液去酸、甲氧基甲基碳酸镁-甲醇-氟利昂混合溶液去酸等方法。

以上去酸技术中,碳酸氢镁水溶液去酸法和氢氧化钙-碳酸氢钙水溶液去酸法所用的溶液为弱碱性,且去酸后残留物可分解,对人、畜无毒,能耗少,对生态环境无害,属于生态性保护技术。同样,气相去酸法中的氨气去酸法,具有操作简便、无有害残留物、对纸质档案无影响等优点,但因其强烈的刺激性气味而对人体健康和生态环境有轻微影响,尤其对光盘的记录介质有损害作用。除上面特别提及的,其他去酸技术使用的材料对人和其他生物均有毒,对生态环境有不良影响,对档案信息耐久性亦有影响,它们不属于生态性保护技术。

其六,加固技术。加固技术就是对破损的或强度下降的纸质档案进行加

---

[1] 郭莉珠. 档案保护技术学教程[M]. 北京:中国人民大学出版社,2008:329-334.

固处理，提高其耐久性的一种技术，主要有丝网加固和派拉纶真空加膜等方法。其中，丝网加固是在纸质档案两面通过热压喷上聚乙烯醇缩丁醛胶粘剂蚕丝网的一种加固方法，它具有耐久性好的特点。派拉纶真空加膜是将对二甲基苯二聚体加热气化裂解成对二甲基苯自由基单体，在真空条件下让其在物体表面上自发聚合、沉淀而形成高分子化合物的派拉纶膜。此法能大大提高纸张强度和抗水、酸、碱的能力。[1]

其七，纳米材料技术。纳米材料技术是将纳米材料应用于纸质档案生态性保护过程的一种技术。目前已实现的应用有：一是将纳米材料用于纸张生产并提高其强度，如纳米抗菌纸、纳米防光纸、纳米抗老化纸等；二是将纳米材料用于纸质档案的修复，如有报道称，新型纳米纸质文物保护剂，可以提高纸质档案的强度和耐久性。[2]

根据现有资料，纳米材料纸张和保护剂具有尺寸稳定、耐高温、抗老化、抗霉变等优点。[3]

（2）金属载体材料生态性保护技术分析

金属载体材料包括铜器、银器、铁器、金器、锡器和铅器等。档案信息金属载体材料主要有铜质和铁质材料。因为在不利的物理化学和生物条件下，铜、铁载体材料会发生各种腐蚀现象，如在器物表面或器物内部，因此需对金属载体材料档案进行针对性的保护与修复。

本书以最常用的铜质和铁质档案载体材料的生态性保护作重点介绍，其中可采用的生态性保护技术如下：

其一，去污技术。铜质材料除尘去污的主要方法有清水醋酸去污、除尘去污、六偏磷酸钠溶液-超声波去污、蒸馏水-超声波去污等。铁质材料除尘去污的方法主要是5%六偏磷酸钠溶液去污和用蒸馏水去污。

这些去污方法具有可分解、可回收、可再循环利用等特点，对环境和生态无污染。例如六偏磷酸钠在国家标准中明确显示对人体健康是安全的；同时其处理工艺能耗小，不排放有害物质，属于典型的生态性保护技术。

其二，除锈技术，即去除有害锈的方法。其中，铜质材料除锈法主要有倍半碳酸钠溶液除锈法、双氧水溶液氧化除锈法、柠檬酸-硫脲溶液除锈法、

---

[1] 王成兴，尹慧道. 文物保护技术 [M]. 合肥：安徽大学出版社，2005：256-257.
[2] 吴向波. 纳米材料对纸质档案保护影响初探 [J]. 科技档案，2006 (1)：35-37.
[3] 吴向波. 纳米材料对纸质档案保护影响初探 [J]. 科技档案，2006 (1)：35-37.

乙腈水溶液除锈法、氨水溶液除锈法、锌粉–氢氧化钠溶液除锈法等。铁质材料除锈的方法主要有机械除锈法、弱酸除锈法（醋酸、柠檬酸、草酸等）、蒸馏水清洗除锈法、10%氢氧化钠溶液除锈法、激光除锈法等。

上述除锈方法中，并不都是作用于档案信息生态性保护的技术。比如：氨水不是生态性保护材料，它具有强氧化性，有毒，可危害人体健康，对生态环境有损害。硫脲有毒性，危害人体健康。乙腈可严重危害人体健康，燃烧后会产生一氧化碳、氰化氢、二氧化氮等有毒气体。相较而言，激光除锈法能很好地保留金属器物的表面细微图案，同时不会引起器物结构变化，属于生态性保护技术。

其他除锈方法，如锌粉–氢氧化钠溶液除锈、倍半碳酸钠溶液除锈、机械除锈、弱酸除锈、蒸馏水清洗除锈、10%氢氧化钠溶液除锈等，可分解、可回收、可再循环利用，处理过程能耗小，不危害人、畜及其他生物，对环境和生态友好，基本属于生态性保护技术。

其三，封护技术。铜质材料封护技术主要有苯骈三氮唑–乙醇溶液封护法、氧化银局部封护法、苯骈三氮唑–钼酸钠–碳酸氢钠复合封护法等。铁质材料封护技术包括缓蚀处理和封护处理两个环节。缓蚀处理是用化学方法在铁器表面形成致密保护膜以隔绝各种污染源的腐蚀，又称钝化膜。缓蚀处理主要有硅酸钠保护法和鞣酸–乙醇溶液保护法。经过缓蚀处理后，接着将进行表面封护处理。目前常用的封护剂主要有微晶石蜡、聚氨酯、聚醋酸乙烯酯、丙烯酸树脂等。[1]

上述封护材料中，氧化银是一种强氧化剂，对载体材料有一定损害作用，且其氨溶液易析出氮化银或亚氨基化银而发生爆炸，不属于生态性保护材料。鞣酸具有一定毒性，对环境有一定影响，可对人体造成伤害，是一种非生态性保护材料。钼酸钠对人体和其他生物具有一定的毒性，对生态环境的影响程度相对较低。苯骈三氮唑化学稳定较好，毒性很低，常用作循环水处理剂，少量使用对人体和生态环境无影响，基本上属于生态性保护材料。

其他封护材料中，如乙醇有轻微刺激性和毒性，少量乙醇对生态环境无影响，基本上属于生态性保护材料；硅酸钠、聚氨酯、微晶石蜡、丙烯酸树脂、聚醋酸乙烯酯等物质的化学稳定性好，封护效果好，操作工艺流程的能耗低，对人和环境无公害，因此都属于生态性保护材料。

---

[1] 沈大娲，等.铁质文物保护的封护材料[J].涂料工业，2009（1）：17-19.

其四，修复技术。铜质材料修复技术主要指针对变形铜器的整形技术，有锤打法、模压法和锯解法。铁质材料修复技术则有加固和黏接两种技术，主要针对脆弱和破碎的铁器，如使用丙烯酸酯类乳液渗透加固法。黏接破碎铁器时常用的黏合剂有环氧树脂、硝基纤维素等。

锤打法、模压法和锯解法等机械修复技术对生态环境无影响，消耗能源低，属于生态性保护技术。但硝基纤维素暴露于日光下可发生分解，受摩擦或冲击时会爆炸。因此不是生态性保护材料。

丙烯酸酯具有优良的抗氧化性、抗紫外线变色性、抗撕裂性；环氧树脂具耐酸碱、有良好的黏接强度、物理化学性能稳定。二者对环境均友好，属于生态性保护材料。

（3）石质载体材料保护技术分析

石质载体材料来自天然岩石，主要由氧、铁、钙、钾、硅、铝、钠、镁八大元素构成。石质载体材料受温度、水溶液、大气和生物的作用易风化，由此可能使石质载体档案受到损坏。石质载体档案生态性保护主要有裂隙灌浆修补、封护加固、黏接修补等方法。

其一，裂隙灌浆修补技术。裂隙灌浆修补主要适用大型石质载体材料。灌浆材料主要有环氧树脂浆液、聚甲基丙烯酸酯浆液等。[1] 灌浆施工步骤主要包括裂缝调查处理、设置灌浆嘴、封缝、灌浆、表面处理等。

环氧树脂浆液和聚甲基丙烯酸甲酯具有耐光老化性、热稳定性，不易变色，对生态环境友好，而且在处理过程不排放污染物，是一种生态性保护材料。

其二，封护加固技术。石质载体材料的封护加固是在清洁、脱盐等保护处理工作的基础上进行的。封护加固方法主要有微晶石蜡封护法、氢氧化钡封护法、氢氧化钙封护法等。[2]

微晶石蜡封护法是生态性保护技术。氢氧化钡因其毒性高而对人体和生物体有较强的危害性，对生态环境有较大污染；氢氧化钙有强碱性，对织物和器皿等物质有腐蚀作用。因此，氢氧化钡封护法和氢氧化钙封护法不是生态性保护技术。

---

[1] 王丽琴，等. 加固材料在石质文物保护中应用的研究进展 [J]. 材料科学与工程学报，2004（5）：778-782.

[2] 齐迎萍. 化学材料在石质文物保护中的应用 [J]. 文物保护与考古科学，2008（4）：64-68.

其三，黏接修补技术。石质载体材料的黏接修补主要针对残缺、破碎的石器，通常将聚甲基丙烯酸甲酯、聚醋酸乙烯酯等材料用丙酮稀释后黏接。常用的修补剂有熟石膏、硝基纤维素、丙酮、无定形二氧化硅、聚醋酸乙烯酯等。

其中，聚甲基丙烯酸甲酯和聚醋酸乙烯酯性质稳定，无毒，属于生态性保护材料；但熟石膏、丙酮、硝基纤维素等对人体健康有一定的损伤性，均为非生态性保护材料。

(4) **陶质载体材料保护技术分析**

陶质载体材料常见的损坏主要有难溶性盐类损坏、可溶性盐类损坏、温湿度变化造成的损坏、食物腐败造成的损坏、空气污染造成的损坏等。陶质载体档案生态性保护技术主要有清洗、黏接、补配、加固等方法。

其一，清洗技术。清洗是洗掉可溶性盐类、硅类和钙类难溶物、腐败物等三类污染物的过程。其中，可溶性盐类的清洗用清水洗涤；硅类难溶物用1%的氢氟酸溶液擦洗；钙类难溶物视其厚薄可分别用1%、2%、4%的稀盐酸及5%的六偏磷酸钠清洗；腐败物可用酒精、丙酮等擦洗。六偏磷酸钠和酒精无毒，基本属于生态性保护材料；但盐酸是一种强酸，容易形成酸雾，对人体健康危害较大，对环境、水体和土壤亦可造成污染，因此不属于生态性保护材料。氢氟酸虽然是一种弱酸，但有强烈刺激性气味，有剧毒，可致人体灼伤，有强腐蚀性，可腐蚀金属、玻璃和含硅的物体，对生态环境有较大影响，因此也不是生态性保护材料。

其二，黏接技术。黏接是用胶黏剂将已拼对的陶质档案碎片进行黏接。常用的胶黏剂主要有硝基纤维素、聚醋酸乙烯酯、环氧树脂等。环氧树脂和聚醋酸乙烯酯因其性质相对稳定，无毒害，均为生态性保护材料，但硝基纤维素不是。

其三，补配技术。补配是对陶质材料残缺部位的修复，常用的材料有石膏粉、滑石粉、聚醋酸乙烯乳胶、虫胶清漆、环氧树脂黏合剂等。其中，石膏粉受热释放出二氧化硫等有毒物质，污染大气，危害生态环境，不属于生态性保护材料；滑石粉是天然物质，具有耐火性、抗酸性、熔点高、化学性质不活泼等特性，对生态环境无影响，属于生态性保护材料；虫胶清漆是将虫胶颗粒溶于酒精而制成的，对人体和环境无损害，但不耐酸碱和日光暴晒，基本上属于生态性保护材料；聚醋酸乙烯、环氧树脂等材料是生态性保护材料。

其四，加固技术。加固分为机械加固和黏接加固两类，目标是提高器物表面坚牢度，起到预防性保护作用。常用的加固方法有喷涂加固法、滴注加固法、浸泡加固法和玻璃钢加固法等。[1] 常见的加固保护材料有环氧树脂黏合剂、丙烯酸清漆和三甲树脂等。

其中，三甲树脂用作加固材料时，是以甲苯和丙酮为溶剂的，其性能稳定、耐老化，但因为甲苯和丙酮为有毒物质，对人体和生物有害，污染环境，为非生态性保护材料；丙烯酸清漆尽管具有良好的耐光性、耐热性和防霉性，但其中的丙烯酸是一种挥发性液体，有毒，对人体、生物和生态环境有影响，因此也是非生态性保护材料；相较而言，环氧树脂黏合剂是生态性保护材料。

(5) 棉麻载体材料保护技术分析

棉麻载体材料在一定条件下可发生水解反应和氧化反应等化学腐蚀，如棉麻中的纤维素与水发生反应时，β1,4糖苷键发生断裂，生成一系列水解纤维素。在光、水的作用下，棉麻纤维素也可能氧化降解。此外，棉麻载体材料还时刻受到各种生物的腐蚀。棉麻载体档案的生态性保护技术主要有除污、消毒、加固等技术。

其一，除污技术。主要是除尘和去泥垢，轻微者可用吸耳球、镊子等工具除尘，严重者可用蒸馏水、酒精等溶剂溶解以去除泥垢。一般来说，采用手工和机械的工艺对棉麻载体材料进行的保护，被认为是生态环境友好型的技术，符合载体与记录材料生态性保护技术基本要求。上述技术方法中，酒精基本属于生态性保护材料，但需在通风良好的情况下使用，且用量少。

其二，消毒技术。消毒是棉麻制品生态性保护的重要环节，一方面可以消除有害微生物对棉麻制品的进一步损害，另一方面可以消除棉麻制品上的病毒和有害菌对人体的危害。一般是用环氧乙烷进行熏蒸消毒。环氧乙烷杀虫灭菌广谱性好，灭菌和杀虫效率高，但其化学性质活泼，遇高温或明火有燃烧爆炸的可能，有剧毒，可危害人体健康，对生态环境有损害作用，因此，它是非生态性保护材料。

其三，加固技术。加固有丝网加固、高分子化合物渗透加固等。[2] 丝

---

[1] 李钢，等．四川地区潮湿气候环境下的馆藏陶瓷器文物的保护与修复［J］．文物保护与考古科学，2006（3）：60-64．

[2] 龚德才．古代纺织品保护研究［J］．中国文化遗产，2004（3）：72．

网加固一般是用胶黏剂的蚕丝网热压加固。而高分子化合物渗透加固则是用聚甲基丙烯酸甲酯、乙基纤维素、聚对苯二甲酸乙二酯等高分子加固。

蚕丝网热压加固和聚甲基丙烯酸甲酯加固因系机械操作,规程简单,为生态性保护技术。聚对苯二甲酸乙二酯具有耐磨性、耐酸碱性、可回收、可再循环利用,且对人体和生态环境无损害,属于生态性保护材料。乙基纤维素物理化学性质稳定,具有热稳定性、抗霉性、耐酸碱性、不易燃烧性、抗老化性,对人体无毒害,对生态环境友好,可回收可降解。因此,乙基纤维素和聚对苯二甲酸乙二酯均为生态性保护材料。

(6) 木质载体材料保护技术分析

木质载体材料的主要化学成分是纤维素、半纤维素和木质素,其损坏原因主要有化学损坏、物理损坏和生物腐蚀等。如纤维素、半纤维素和木质素发生水解或氧化降解,或因为吸水膨胀、干燥收缩引起物理结构损坏,或者由于各种霉菌和昆虫导致损坏。木质载体档案生态性保护主要有脱水、加固等技术。

其一,脱水技术。脱水是适用饱水木质载体材料进行干燥脱水的技术方法。常用的脱水法有自然干燥法、硅胶干燥法、加热真空干燥法、醇-醚联浸脱水法、超临界液体干燥法等。[1]

自然干燥法是让木质材料内部水分自然蒸发,以达到脱水阴干的目的,要求放置于湿度较小的环境中。该种方法消耗资源少,对环境没有影响。硅胶干燥法使用的硅胶无毒无味,具有化学性质稳定、热稳定性好、机械强度高、可再生、可反复使用等优点。加热真空干燥法是在真空加压环境下让木质材料在47 ℃~70 ℃干燥脱水,对环境无任何影响。醇-醚联浸脱水法使用乙醇、乙醚等有机溶剂,其中乙醚有较大毒性,损害人体健康。超临界液体干燥法能消除干燥应力,可同时完成灭菌,对生态环境无影响。因此,除醇-醚联浸脱水法外,其他脱水技术属于生态性保护技术。

其二,加固技术。加固是在一定条件下用有机或无机材料渗入木质器物内部而起到填充加固的作用。主要方法有:甲基丙基酸甲酯浸透法、明矾渗透法、聚二乙醇填充法、蔗糖浸透法等。[2]

甲基丙基酸甲酯进入木质器物内部后聚合而成聚甲基丙基酸甲酯,这是

---

[1] 胡德高,等.考古出土竹、木、漆器脱水保护[J].中国文化遗产,2004(4):59-60.

[2] 刘秀英,等.木质文物的保护和化学加固[J].文物春秋,2000(1):50-59.

一种生态性保护材料。明矾是一种无机盐,具有解毒杀虫作用,对人体无毒副作用,对生态环境无污染。聚二乙醇无毒,具有良好的黏接性、抗静电性和柔韧性,对人体和生态环境无公害。蔗糖无毒、无腐蚀性,无生态危害,是理想的填充加固剂。由此可知,甲基丙基酸甲酯浸透法、明矾渗透法、聚二乙醇填充法、蔗糖浸透法都属于生态性保护技术。

(7) 胶（照）片载体材料保护技术分析

胶（照）片有黑白胶（照）片或彩色胶（照）片,银盐胶（照）片或非银盐胶（照）片之分。在不利因素影响下,胶（照）片可能产生影像变色、片基老化、明胶变性等损坏。影像变色是胶片中的银粒子与空气中的硫物质及酸性物质发生系列反应而变色的。片基老化是在高温、高湿、酸碱和氧化剂等因素综合作用下而发生的水解和氧化降解过程。明胶变性是由于酸碱反应、酶解反应、络合反应等而发生的。胶（照）片档案材料生态性保护主要有密封、去污、影像恢复等技术。

其一,密封技术。主要包括两种：一是低温密封。可放入塑料袋中在低温环境下保持恒温恒湿。二是热压加膜塑封。用热压加膜机将照片密封在塑料薄膜内,使之与外部空气隔绝。[1]

低温密封既实现了档案保护的低温环境要求,又保持了恒温恒湿,对胶（照）片载体材料的生态性保护非常有利。热压加膜塑封能隔绝周围环境如空气湿度的不良影响,且能耗较低,对环境和生态均无影响。但压膜过程经历高温,且其中的材料聚乙烯塑料薄膜与照片黏合在一起,对耐久性差的彩色照片有不利影响,不属于生态性保护技术。

其二,去污技术。污斑主要有油脂斑、霉斑、墨水斑等。去油脂斑常用汽油-甲苯混合液擦除。去霉斑常用五氯酚钠-硼砂水溶液、五氯苯酚-乙醚-酒精混合液等。去墨水斑主要用蒸馏水、冰醋酸、D-72显影液等保护材料。其中,五氯酚钠属中等毒类物质,受高热可放出腐蚀性烟雾,对人体和生态环境有危害。硼砂具有一定的杀菌作用,对生态环境无影响,基本属于生态性保护材料。五氯苯酚尽管可以防霉防腐,却有强毒性,燃烧时会释放出二噁英类化合物对环境造成持久污染。冰醋酸可广泛取材于自然界,对人和环境无害。D-72显影液中的对苯二酚受热会分解出有毒气体,对人体和环境有危害。

---

[1] 张建华. 照片档案的科学保护 [J]. 档案管理, 2000 (2)：19.

其三，影像恢复技术。恢复影像的技术主要是卤化再显影法。[1] 卤化再显影法的步骤主要是漂白、清洁和再显影三步。其中，典型的如 D-72 显影液是非生态性保护材料，因为其中的重铬酸钾系氧化剂，有一定的毒性，对生态环境有一定影响，且对人体健康有危害。硫酸具有强氧化性和酸性，可与许多物质发生反应释放二氧化硫等有害气体，对生态环境有较大影响。亚硫酸钠受高热分解产生有毒的硫化物烟气。可见，影像恢复技术不属于生态性保护技术。

(8) 磁质载体材料保护技术分析

磁质载体材料由底基和磁介质构成。底基材料主要有聚酯、玻璃、铝合金、醋酸纤维素酯等。磁介质主要有 $\gamma\text{-}Fe_2O_3$、Fe_3O_4、CrO_2、$\gamma\text{-}Co_xFe_{2-x}O_3$、$Fe\text{-}Co\text{-}Ni$、$Co\text{-}Ni\text{-}P$ 等。其中，底基的损坏主要有老化变质、表面污损、过度使用而磨损等。磁介质的损坏则表现为剩磁消失、噪声干扰、信号失真、串音、复印效应等。

其一，日常保护技术。结合磁质载体材料特殊的物理化学性能，其日常保护方法主要有使用抗磁性装具，远离外磁场，定期（每半年）重新卷绕，减少机械震荡，防污染和灰尘，防止频繁关机和启动，保持电源稳定，降低写电流，等等。[2] 这些技术方法基本不占用资源，对生态环境无任何影响，属于生态性保护技术。

其二，修复技术。主要包括三种：一是去除污斑，可用布蘸四氯化碳等有机溶剂擦除磁材料上的污斑。二是磁带剪接，可用磁带切割机切除损伤部分磁带，然后用胶纸黏接或直接搭接。三是消除复印效应，可采取经常卷绕、降低环境温度、靠近一个很弱且方向相反的磁场等措施。[3]

去污斑所用四氯化碳蒸气有较高毒性，遇火或炽热物可分解为光气和氯气等，光气和氯气有剧毒，对人体和生态环境有较大损害。

(9) 口碑（人）载体保护技术分析

口碑档案的载体是人，因此也称为"活态"档案。口碑（人）载体的损坏，通常表现为档案的文化生境"破碎"，传人消亡，传承缺失，档案失传等。

---

[1] 郭莉珠. 档案保护技术学教程 [M]. 北京：中国人民大学出版社，2008：359-362.
[2] 张建华，郭莉珠. 软磁盘档案的科学保护 [J]. 档案学通讯，1999 (6)：50-51.
[3] 郭莉珠. 档案保护技术学教程 [M]. 北京：中国人民大学出版社，2008：362-363.

口碑（人）载体的生态性保护是要保护口碑档案的传播者及其生态环境，维护其文化生境。其中包括口碑（人）载体的修复，即通过经济、法规、教育、科技等手段，强化口碑档案传播者的主人翁意识，提升其文化保护的自觉意识，建立起档案保护的生态环境。

因此，口碑（人）载体的生态性保护，更加强调如前所述的整体保护、民间参与保护、绿色保护、健康保护等生态保护理念，是一种生态性保护方法。

（10）字迹记录材料保护技术分析

字迹记录材料按色素可分为炭黑、颜料、漆料、染料四大类。其中以炭黑为色素成分的字迹记录材料有墨、墨汁、碳素墨水、黑色油墨、静电复印墨粉等。以颜料为色素成分的字迹记录材料有彩色油墨、蓝黑油墨、印泥、铁盐线条、红蓝铅笔等。以漆料为色素成分的字迹记录材料有生漆、熟漆、油漆等。以染料为色素成分的记录材料有酸性染料字迹、碱性染料字迹、冰染染料字迹、直接染料字迹等。

影响字迹记录材料耐久性的因素较多，主要由字迹色素成分及其与载体材料的结合方式决定，同时也受周围环境因素如光、温度、湿度、氧化剂、有害气体、灰尘、酸、碱等的影响。因此，记录材料的生态性保护，一方面要选择耐久性好的色素成分和结合方式的记录材料；另一方面也要加强环境条件的调控，消除其中的不利影响。而反映字迹记录材料受到损坏的主要表现是扩散、褪色、翘曲、剥落、龟裂等。档案信息的字迹记录材料生态性保护主要有加固、恢复与显示、回软、补缺、补画等技术。

其一，加固技术。加固是把涂料涂刷在字迹记录材料上面，形成保护膜而达到保护的作用。常用的加固涂料包括乙基纤维素、聚甲基丙烯酸甲酯、丙烯酸树脂、聚醋酸乙烯酯等，其中，前两种用以加固字迹，后两种可用以加固壁画和木漆画。[1]

乙基纤维素、聚甲基丙烯酸甲酯和聚醋酸乙烯酯是生态性保护材料。丙烯酸树脂具有一定毒性，对人体健康有危害，可破坏生态环境，不属于生态性保护材料。

其二，恢复与显示技术。字迹记录材料的恢复与显示技术，主要有物理法和化学法两种。物理法是用计算机技术或摄影方式将字迹显示在显示器或胶片

---

[1] 范宇权，等. 修复加固材料对莫高窟壁画颜料颜色的影响 [J]. 敦煌研究，2002（4）：45-56.

上的方法，如数字图像处理技术、可见光摄影法等。数字图像处理技术可修复褪色字迹或图像，可见光摄影法可显示污斑遮盖的字迹、扩散字迹或褪色字迹。化学法是利用化学反应将褪色字迹显示出来的方法，如蓝黑墨水字迹的恢复方法有硫化铵法、硫代乙酰胺法、黄血盐法、单宁（鞣酸）法等。[1]

从环保的角度看，可见光摄影法中用到的显影液 D-72 中的对苯二酚为非生态性保护材料，因其可分解出单质硫和二氧化硫等有毒物质。而数字图像处理技术若能降低电磁污染，同时能循环回收计算机相关配件中的有害物质，将对生态环境无影响，可以认为是一种生态性保护技术。

而化学法恢复字迹技术中，其中使用的硫化铵受热会分解出氨气和硫化氢，硫化氢有剧毒；硫代乙酰胺会分解出单质硫、二氧化硫等有毒物质，严重影响人体健康，破坏生态环境；黄血盐属于低毒类化合物，对环境有较大危害；单宁（鞣酸）具有一定毒性。上述各种化学法恢复字迹技术均不属于生态性保护技术。

其三，回软技术。回软是借助回软剂处理木器上彩绘图案的漆膜，以增加其塑性和弹性，延长其寿命的方法。常用到的回软剂有水、乙醇、丙二醇、丙三醇等。其中，乙醇基本属于生态性保护材料。丙二醇无毒无味，可作为吸湿剂、抗冻剂、润滑剂，对人体和生态环境无影响。丙三醇食用对人体无毒，对生态环境无害。上述材料都属于生态性保护材料。

其四，补缺技术。补缺是对龟裂、剥落的漆膜进行修补的技术。小裂纹可用环氧树脂胶乙醇溶液填充；较大裂缝或残破的漆膜可用环氧树脂黏结填补；漆皮脱落的可用乳香胶、松香、石蜡、环氧树脂等按一定配比混合熔化作胶黏剂进行修补。[2]

环氧树脂胶具有较好的抗压、抗拉伸、抗剥离、耐老化性能，无毒性，对人体和生态环境无害。松香是从松树油中提取的天然物质，无毒，对人体和生态环境无危害。石蜡、环氧树脂等均为生态性保护材料。

其五，补画技术。补画是对整块脱落的画色或图画中的破洞进行裱补的方法。对于颜色脱落的，先用立德粉调成的胶粉填平，干后再补色；对于有破洞的，先补洞托裱，再用立德粉调成的胶粉填平，最后补色。[3]

---

[1] 郭莉珠. 档案保护技术学教程 [M]. 北京：中国人民大学出版社，2008：352-355.
[2] 胡继高，胡东坡. 出土中国古代漆膜干缩翘曲分析及在修复粘结中问题的讨论 [J]. 文物保护与考古科学，2000（2）：14-18.
[3] 冷静，等. 浅谈油画档案制成材料的保护 [J]. 辽宁科技学院学报，2009（1）：74-75.

立德粉是一种无毒白色颜料，有较好的耐候性、遮蔽性和耐热性，对人体和生态环境无影响，是一种生态性保护材料。

7.2 数字档案信息生态性保护

电子时代，数字档案信息的存在是常态，相较传统纸质档案，数字档案信息的生态性保护体现在应用信息技术对数字档案信息进行数字化多媒体采集、存储、传输和利用，并在此过程的每个环节引入生态学理念和方法，给传统档案信息的生态性保护带来了新的挑战和问题。

7.2.1 数字档案信息生态性保护原则

数字档案信息生态性保护就是运用信息技术为数字档案信息提供一个良性的生成、传播和利用的保护环境，保证数字档案信息的及时准确传递，减少信息污染，节约信息传播资源，提高信息的保真度和完整性，净化信息利用的环境，充分实现信息共享和信息再循环，维护公民的信息权。从生态技术层面看，数字档案信息生态性保护的基本原则是：

其一，以人为本的原则。数字档案信息生态性保护系统由信息内容、信息人、信息网络组成。其中，信息人是保护系统的核心，是信息保护系统价值的主体。信息人包括数字档案信息的生产者、调配者、消费者、分析者、破坏者等。漠视信息数字化流通中的人本原则，就会导致信息人的异化，出现信息违法犯罪行为。因此，数字档案信息生态性保护的一切活动，都应围绕信息人的需要而展开和演进，坚持以人为本的原则，实现信息情报效用对于人的价值的最大化。

其二，节约资源的原则。数字档案信息生态性保护不仅要求具有较高的保护效率，而且要求提高保护技术资源的利用率，减少信息系统物质和能量的消耗，降低有害物质的排放量。这是生态技术系统"减物质化原则"在数字档案信息生态性保护中的应用。生态经济和技术文明要求数字档案信息生态性保护中应用较少的物质、能量和技术资源，达到既定的数字档案信息生态性保护的目标，从源头上节约资源和减少污染。因此，在构建数字档案信息生态性保护系统的软件和硬件时，应以绿色、高效、节能、健康为基本原则。

其三，循环增值的原则。数字档案信息是把"实体存在"的有形档案通过信息转化途径转变为"数字化存在"的无形档案信息的过程。这个过程是从"历史存在"到"现实再生利用"的过程，是实现数字档案信息被采集、改造、转化和共享的基础。为此，要求数字档案信息生态性保护系统应具备较强的信息保护能力，延长信息服务的时间，提高信息共享的效率，丰富信息服务的内容，维护信息内容的真实可靠性，提高信息循环再生的能力，减少信息传播环节的污染，促进信息价值的增值。因此，构建数字档案信息生态性保护系统应以信息的循环增值为原则。

其四，系统优化的原则。系统优化是生态学和系统论的有机结合。数字档案信息生态性保护是一个系统，除了信息和信息人，还有网络环境。只有系统中的每个要素都能发挥应有的保护功能，且能够整合形成系统功能的合力，数字档案信息的安全才能得到保证。因为，单项技术保护无论多么高效，如果无法优化整合成高效的系统功能，其最终的保护效能都是不够可靠的。数字档案信息生态性保护技术的推进是以技术群为单位进行的，所以有必要打破保护系统内不同技术间的壁垒，在整个技术系统的规模层次上进行系统优化，实现信息系统最大的保护效能。

7.2.2 数字档案信息生态性保护技术

数字档案信息生态性保护技术是指以生态学理论为指导，以信息技术为手段，对数字档案信息管理全程实现保护的技术。从信息技术与生态技术相结合的层面上看，数字档案信息生态性保护技术主要有以下方面：

（1）信息人安全保护

广义而言，信息人是指与数字档案信息有关的每个社会成员。信息人的安全保护就是建立起有利于满足信息人的信息需求，尊重他们的发展要求，保护他们的核心利益的信息生态环境。良性的信息生态环境有利于信息人自觉保护数字档案信息的安全，清除冗余、垃圾信息，成为信息的保护者，否则可能导致信息人异化为信息的破坏者。为此，要保护信息人，就应该倡导"无害、尊重、公正、允许和可持续发展"的理念。一方面，要建立一系列道德伦理规范、保护制度规范，形成一种追求共同利益的价值观；另一方面，要建立保护技术标准体系，并加强技术培训，不断提高信息人的信息保护技术水平。

例如，操作系统的安全要素包括身份鉴别、主访问控制、数据完整性、审计、客体重量、强制访问控制、隐蔽通道分析、标记、可信路径和可信恢复等。操作系统安全技术主要从端口保护、组策略安全部署和注册表控制、加密文件系统等方面，从数字证书到防火墙，从数据加密到密码验证对系统进行有效保护。尽管从技术上对操作系统安全进行了严密的保护，但这些技术的操作者是信息人，从某种意义上说，信息人的保护更为关键，如果信息人的安全保护缺失，进而发生信息人异化，那么再严密的保护技术也会形同虚设。又如，信息数据备份技术是数字档案信息安全保护的有效辅助措施，随着网络安全威胁的不断增加，对信息备份的技术要求也越来越高，需要从备份设备、备份策略、备份制度等方面综合考虑，但如果管理不到位，信息人的职业素养不高，数字档案信息数据备份则往往容易被忽略。

（2）信息内容安全保护

信息在数字化环境中的处理、传播和利用过程中，由于受各种因素干扰，其内容的完整与安全可能会受到影响，甚至丧失原有的内涵，造成所谓信息污染。为此，应从两个方面着手对信息内容进行保护：一是明确数字档案信息的生态位，即在信息生态系统中找准数字档案信息与其他信息资源之间依存与制约关系的定位，突出自身的信息优势，避免因定位不准而造成过度竞争伤害；二是把信息安全技术和系统安全技术整合到信息保护系统中加以考虑，促进数字档案信息生态系统的整体安全性。

例如，在数字档案信息保护系统中整合利用各种信息安全技术和系统安全技术，信息安全技术主要有信息加密、信息认证等技术。信息加密技术是在信息传递过程中实现保密的技术手段，有对称加密和非对称加密两种。信息认证技术主要用以验证信息发送者的真实性和信息的完整性，防止入侵者对系统进行主动攻击，主要有数字签名技术、身份识别技术和消息认证等。[1] 系统安全技术有数据库系统安全技术、防病毒技术等。数据库系统安全技术用以解决入侵者窃取数据库文件和非法伪造、篡改数据库文件内容的问题。防病毒技术大体可以分为病毒预防技术、病毒检测技术及病毒清除技术。[2] 在优化整合这些技术的基础上，要明确各种安全保护技术在数字档案信息生态性保护系统中的生态位，保证其功能得以充分发挥。

（3）信息网络安全保护

网络是数字档案信息传输和共享的重要环境，网络安全性能是数字档案信息安全的重要保障。信息网络是数字档案信息生态系统的重要组成部分，

---

[1] 冯惠玲. 电子文件管理教程 [M]. 北京：中国人民大学出版社，2002：126-128.
[2] 邹新国. 计算机信息与网络安全技术 [M]. 济南：黄河出版社，2008：159-165.

信息网络安全保护是数字档案信息生态性保护的重要内容。目前，危害网络信息安全的主要现象有非授权访问、破坏数据完整性、冒充合法用户、传播病毒、干扰系统运行、窃取信息、信息垄断、信息侵权、网络危机等。这些现象可称为网络信息生态失衡现象，其根源是信息安全保护系统各要素发展不平衡及其结构失调造成的。

目前，信息网络安全技术主要有防火墙技术、入侵检测技术、漏洞扫描技术等。防火墙技术是通过网络通信监控系统，监测、限制、更改进入系统的数据，对外部网络屏蔽被保护的信息和结构，实现内部网络系统的安全保护，主要技术有数据包过滤、代理服务器、监测型防火墙等。[1] 入侵检测技术是对计算机和网络资源的恶意使用行为进行识别和响应处理的一种技术，具有收集网络系统关键点信息，分析系统中是否存在违反安全策略的行为和遭到攻击的迹象等功能。漏洞扫描技术是一种自动检测远程或本机安全弱点的技术，常采用基于主机检测的被动式检查和基于网络检测的主动式检查两种策略。[2] 笔者认为，只有较好地把这些网络安全技术协调好，才能解决数字档案信息网络生态失衡的问题。

（4）信息权利安全保护

数字档案信息相对于主流档案信息而言，是弱势文化信息。但信息数字化和网络化为数字档案信息的传播与交流提供了有利的条件。当然，这一过程也同时加剧了强势信息对弱势信息的同化，可能使数字档案信息更加边缘化，使其信息平等权受到一定的威胁。为此，在数字档案信息生态性保护系统中，应充分关注信息权利安全保护功能的建设，这也是保护数字档案信息生态性平衡的重要工作。

为此，在政策和管理上，应鼓励各地方政府和民间组织建立尽可能多的、品质更高的数字档案信息网站，倡导对各民族生成的数字档案信息多样性的和谐与宽容精神。在技术上，应加强对数字档案信息人进行技术培训和技术援助，在信息保护技术方面给予支持。

7.3 自然环境生态性保护技术

档案信息在一定的环境下被保存与利用，其中包括自然环境，如自然界

---

[1] 李剑. 信息安全导论 [M]. 北京：北京邮电大学出版社，2007：66-75.
[2] 冯惠玲. 电子文件管理教程 [M]. 北京：中国人民大学出版社，2002：133.

的光、热、水分等。在档案保护中，防光、防潮、防热、防虫、防霉等要求处处可见，足见自然环境对档案信息生态性保护的重要影响。本书为论述清晰，拟把档案信息生态性保护技术中的自然环境分为档案库内与档案库外两类，并分别进行研究。

7.3.1 库内自然环境生态性保护

库内自然环境是库房内环绕档案信息周围的各种自然因素的总和。对于库藏档案信息而言，库内自然环境是影响其寿命的第一生态环境。概括起来，库内自然环境主要包括库房建筑与设备、库房温湿度、光线和空气污染、有害生物等要素。

（1）生态性库房与设备建设

生态性库房与设备建设是基于生态学原理的档案库房与设备建设规划、建造和管理的过程。其设计、建造、维护与管理必须以强化内外生态服务功能为宗旨，合理安排并组织库房建设和设备建设与其他相关因素之间的关系，使库房、设备和环境之间成为一个有机的结合体，达到经济、自然和人文三大生态目标，实现生态健康的净化、绿化、美化、活化、文化等方面的需求。本质上，生态性库房与设备建设是一个生态系统，通过组织和设计将物质和能源在这个系统内部进行有序的循环和转换，以获得一种高效、低耗、无废、无污、生态平衡的档案库房建筑与设备使用环境。

①生态性库房与设备建设原则

其一，设计理念的生态性。树立可持续发展建筑设备观，协调建筑设备与气候之间、建筑设备与环境之间的相互关系，达到"天人合一"的境界。

其二，建材选择的生态性。选择的建筑设备材料应具有无公害、可降解、无污染、可再生的特点，达到"绿色健康"的生态标准。

其三，经济观念的生态性。树立循环经济的建筑设备观，主体绿化设计合理，清洁能源被广泛利用。

②生态性库房与设备建设实践

在具体建设与实践中，档案库房建筑设计应遵循适用、经济、节能、环保、美观的原则。适用即达到防潮、防光、防尘、防霉、防热、防虫、防火、防盗、防震、防有害气体的要求。经济就是库房建筑既要节约开支，又要达到最大的保护效果，在经济能力与库房智能化管理上寻找最佳的平衡点。节能即降低能耗，是我国倡导的低碳循环经济的组成部分。环保即无环境污染，保护生态平衡，实现人、建筑、环境的和谐。美观就是既要体现现代建筑的美学效果，蕴含文化品位和内涵，又要追求区域性特色。具体而言，库房选址要做到防水、防潮、防空气污染、防火、防尘以及考虑将来扩建的需要；建筑内库房布局要做到结构合理、功能完备、安全方便、兼顾长远的要求；建筑围护结构，包括屋顶、墙体、门窗和地面等，不但要做到上述"十防"的要求，还要满足节能、环保、绿色的生态性建筑要求。

库房设备是馆藏保护的基本条件，主要包括空气调节装置、安防设备、照明设备、装具等。空气调节装置主要是空调系统，有集中式、局部式、半集中式等，其作用是调节库内温湿度、净化空气、促进空气流通等。安防设备包括安保系统设备和消防系统设备，如防盗抢装置、防火装置等，其作用是保障库藏档案的安全。库房照明设备能满足管理者维护库藏需要即可，亮度不宜太高，以白炽灯为宜。装具是指用于存放档案的各种柜、架、箱、盒、袋、夹等包装材料。库房设备的选择与安装，应尽量做到节能环保、健康安全，经济实用、方便灵活，以人为本、人物和谐，智能控制、高效整合。

（2）库内温湿度生态性调控

温湿度过高或过低都会降低档案信息的寿命。高温会加速各种不利因素对档案载体材料的破坏作用，如水解、生虫长霉、字迹扩散、氧化、影像分解等。温度过低，则可破坏载体材料结构，降低强度，减少寿命。高湿可增加载体材料的含水量，加速水解反应，利于有害生物的生长繁殖，使字迹褪色等。湿度过低则可导致载体材料发脆，耐久性下降。

①库内温湿度生态性调控的基本原则

其一，以各地方独特的气候为调控基础，在国家相关温湿度标准区间内确定各地区最适宜温湿度标准。

其二，节约能源，注重利用太阳能等可再生性清洁能源。

其三，应与各地经济条件相适应，任何库房温湿度调控都应在当地经济条件允许的范围之内。

其四，温湿度调控应具有系统性、整体性特点，并与库房建筑进行一体化设计，具备中央控制的功能。

其五，充分考虑档案耐久性要求、人的身体健康和工作条件。

②库房温湿度生态性调控方法

档案信息的库房温湿度标准，应在满足上述基本原则的基础上，充分参考我国档案馆、图书馆、博物馆的库房温湿度标准，以及部分国家的档案库房温湿度标准，如表7-1、表7-2、表7-3、表7-4所示。经过认真比较分析，笔者建议将档案信息馆藏库房（不包括胶片和金属文物库房）的温湿度范围定为：温度22 ℃~24 ℃，相对湿度55%~60%。

表7-1 档案库房温湿度标准[1]

课题指标	温、湿度范围	采暖期	夏季
温度（℃）	14~24	≥14	≤24
相对湿度（%）	45~60	≥45	≤60

表7-2 图书馆古籍特藏书库温湿度要求[2]

课题指标	温、湿度范围	昼夜允许波动范围
温度（℃）	16（冬季）~22（夏季）	±2
相对湿度（%）	45（冬季）~60（夏季）	±5

表7-3 各类不同材质文物的适宜温湿度标准[3]

材料质地	藏品种类	适宜温度（℃）	适宜相对湿度（%）
纤维质类	书法、绘画、手稿、纸张	14~18	50~65
	织绣、服饰、皮革	16~20	50~65
金属类	金、银、铜、铁、锡、铅	18~24	40~50
陶瓷类	陶、瓷、壁画	18~24	50~60
竹木类	竹、木、漆	16~20	50~60
甲骨类	牙、骨、角	12~28	58~62

---

［1］郭莉珠. 档案保护技术学教程［M］. 中国人民大学出版社，2008：191-192.
［2］图书馆古籍特藏书库基本要求（草案）［J］. 国家图书馆学刊，2006（3）：29-31.
［3］王成兴，尹慧道. 文物保护技术［M］. 合肥：安徽大学出版社，2005：28.

表 7-4 世界部分国家档案馆库房温湿度标准[1]

国家或馆名	温度（℃）	相对湿度（%）
法国国家档案馆	14~24	50~55
美国国家档案馆	20~24	50~60
美国犹州家谱协会	15~24	50~60
英国丘园档案馆	15~25	50~60
加拿大	17	55
马来西亚	21~24	50~65
日本	22	55
新加坡	21~24	50~65
苏联国家档案馆	14~18	50~65
联合国档案馆	20~24	46~54

库房温湿度生态性调控应做好以下工作：

其一，准确测量库房内外温湿度。

其二，保证库房可密闭性和可通风性。密闭和通风是库房温湿度调控的前提条件，不能进行密闭和通风的库房，是很难调控好温湿度的。密闭库房可以防止或减弱库外不适宜温湿度对库内的影响，以保持库内温湿度的相对稳定状态。

其三，利用空调系统进行增温或降温处理，将库内温湿度调节在标准范围之内。空调设备调控温度的方法是目前各种温度调控方法中较为有效的方法，它可以连续运转，调节速度快，易于控制，温度升降较为均匀，安全可靠，但耗能较大，若能降低能耗，则不失为一种很好的生态性温度调控技术。

其四，利用节能环保的降湿处理技术。降湿分为去湿机降湿和吸湿剂降湿两种。去湿机降湿速度快，效率较高，但耗能较大；去湿剂主要有氯化钙和硅胶两种，其中，氯化钙的粉尘对人体健康有危害，对生态环境有一定污染，不是一种生态性保护技术材料；对保存在容器中的档案应采用无色硅胶降湿，因为无色硅胶是一种生态性保护材料。

随着经济和技术的发展，恒温恒湿控制系统是库房温湿度调控的发展方

---

[1] 郭莉珠．档案保护技术学教程［M］．北京：中国人民大学出版社，2008：193-194．

向。它将各种空气处理设备，如制冷、加热、去湿、加湿、过滤等设备组成一个整体，由位式调节器进行控制，实现库房温湿度的恒定调控，并融入楼宇自控系统中。它可以满足各个区间不同的温湿度控制需要，既有利于保护档案，又能以人为本，是生态性保护技术的发展趋势。如目前广西壮族自治区档案馆借助先进的技术设备，将信息、控制、管理、决策等环节完整地结合在一起，已经实现了馆区库房的防火、防盗、防尘、防光、防空气污染以及恒温、恒湿控制自动化。

（3）库内光线生态性防控

光是通过光化学反应来破坏档案的。光线中，紫外线的能量更高，危害更大。档案信息载体材料吸收光能并积累到一定程度后，就可引发一系列的光化学反应，强度剧烈下降，寿命缩短。载体材料的光化学反应表现为光降解作用和光敏化作用。光降解作用是载体材料吸收光能后化学键发生断裂，聚合度下降，分子量减小的一种现象。光敏化作用是在光敏化剂作用下载体材料吸收和传递光能而导致的降解反应。影响载体材料发生光化学反应的因素主要有光的能量、物质结构和环境条件等。

①库内光线生态性防控的基本要求

其一，库房光照度标准应既能满足实际工作需要，有利于工作人员的健康，又能最大限度地减少光对档案材料的损害。

其二，库房照明光源应选用以白炽灯为主的人工光源，且以节约能源和降低热效应为选择的重要条件。

其三，将生态库房建筑和设备的设计与档案库房光线生态性防控相结合，对库房防光进行前端控制。

其四，过滤紫外线的技术工艺和材料对环境和生态友好，可以循环再利用，可以回收分解。

其五，将档案的防光措施前移至档案载体材料的设计制造阶段。

②库内光线生态性防控技术

其一，确定合理的库房光照度标准，这是库房环境所要求的最低照度。例如，档案库房及其他业务技术用房的照度标准如表7-5所示。

其二，减少光的照度，选择合适的照明光源，如使用功率较低的白炽灯等人工光源；减少光照时间；加强库房防光措施，如窗户防光、设环形走廊、安装遮阳板等；用装具避光保存档案等。

其三，过滤紫外线，即利用物理和化学的方法过滤紫外线。应优先使用物理过滤法，化学过滤法中使用的水杨酸、二苯甲酮、苯并三唑、汽油、白铅粉等物质有毒性，对生态环境有危害，特别是对水体和大气可造成污染，不属于生态性保护材料。

其四，加强档案材料自身的抗光害能力，如选择耐光性好的载体材料、在材料中添加紫外线吸收剂等技术。

表 7-5　档案库房及其他业务技术用房的照度标准

档案用房名称	参考平面（m）	推荐照度（Lx）
档案库	离地垂直面 0.25	不低于 50
阅览室	离地垂直面 0.75	不低于 150
出纳台	离地垂直面 0.75	不低于 100
修裱、编目室	离地垂直面 0.75	不低于 150
计算机房	离地垂直面 0.75	不低于 200

（4）库内微生物生态性防治

在合适的温湿度条件下，库房内的储藏物可以为微生物提供营养物质，给档案带来损害。损害的方式主要有酶降解、酸降解、色斑污染和黏结纸张等。酶降解是指微生物分泌的各种酶将档案材料分解成各种可以直接吸收的小分子物质的过程。例如，纸张中纤维素被霉菌分泌的纤维素酶水解为纤维二糖，纤维二糖被纤维二糖酶水解成葡萄糖。酸降解是指微生物分泌的有机酸，如草酸、乳酸、丁酸、柠檬酸促进档案材料的水解反应。色斑污染是指微生物在生长繁殖时分泌出各种色素，形成黄、绿、青、褐、黑等色斑，遮盖字迹和图像。黏结纸张是微生物分泌的黏液使纸张结块。此外，微生物还分泌各种毒素，影响人的身体健康。

①库内微生物生态性防治基本原则

其一，坚持"以防为主，防治结合"的防治指导思想，统筹兼顾，前端控制，系统防治。

其二，所用防治材料，应具备环境、生态友好性，对人、畜以及其他生物无毒害作用，不污染环境，不破坏生态系统和生态平衡。

其三，防治材料可再循环利用，易于进行分解和回收。

其四，灭菌效率高，操作简便，不损坏档案，节约资源。

其五，优先考虑使用物理灭菌法。

②库内微生物生态性防治技术

微生物的预防主要是在库房内创造能够有效抑制微生物生长、繁殖的环境条件。目前使用的预防方法主要有：其一，严格控制库房的温湿度，温度为 22 ℃~24 ℃，相对湿度为 55%~60%；其二，保持库内清洁卫生，净化入库空气、检查入库档案等；其三，使用安全有效的防微生物药物，如香叶醇中草药型防霉剂等；其四，使用气调法，即调节保管环境的空气组分比例，用氮气或二氧化碳取代环境中的氧气，如在装有档案的聚氯乙烯塑料薄膜内充入纯度为 99.9% 的氮气，使袋内氧气含量下降至 1% 以下，密封保存。[1] 笔者认为，这些预防措施应系统考虑，统筹整合，形成生态性预防技术体系，在技术选择方面应提倡使用环保性较好的气调法防霉技术。

微生物杀灭方法分为物理灭菌法和化学灭菌法两类。物理灭菌法主要有冷冻真空干燥灭菌、真空充氮灭菌、微波灭菌等方法。化学灭菌法主要有酒精灭菌、臭氧灭菌、甲醛灭菌、环氧乙烷灭菌、肉桂醛灭菌等。

物理灭菌法中，冷冻真空干燥灭菌法和真空充氮灭菌法对生态环境友好，不排放有害物质，应属于生态性保护技术；微波灭菌法则有可能因为微波泄漏而对人体造成伤害，还可能出现档案被击穿及温度不均匀现象，属于非生态性保护技术。

化学灭菌法中，酒精基本上属于生态性保护材料；环氧乙烷为非生态性保护材料；臭氧是一种强氧化剂，灭菌效率高，广泛用于水和食品消毒，但高浓度的臭氧对人体和环境都会造成损害，不是生态性保护材料；甲醛有强烈刺激性气味，容易燃烧，有一定毒性，对人体有危害，污染生态环境，不属于生态性保护材料；肉桂醛是一种天然消毒剂，具有抗病毒、抗癌、抗溃疡等作用，对人体无害，对生态环境无污染，是一种生态性防治材料。

因此，在选择灭菌法时，应首先考虑物理灭菌法，而化学灭菌法则应优先使用肉桂醛灭菌法和酒精灭菌法。

（5）库内害虫生态性防治

有害昆虫对档案的危害主要表现在：其一，取食档案材料，如档案蠹好食松软纸张，毛衣鱼喜食有淀粉糨糊的书籍，白蚁以木质材料为食等；其二，蛀损档案材料，如咬损、腐蚀纸张等；其三，污染档案，如排泄物污染字迹与载体等。

---

[1] 郭莉珠. 档案保护技术学教程 [M]. 北京：中国人民大学出版社，2008：263-268.

①库内害虫生态性防治基本要求

其一,坚持"综合防治,整体推进"的害虫防治思想,统筹兼顾,组织协调,系统防治,将多种防治技术统一起来,进行一体化防治。

其二,前端控制,预防为主,创造不利于害虫生存的生态环境,破坏害虫发生发展的生理机制。

其三,防治技术和材料应是绿色和无公害的,具备环境与生态友好性,对人、畜以及其他生物无毒害作用,易于进行分解和再循环利用。

其四,防治材料化学性能稳定,杀虫效率高,操作简便,不损坏档案,节约资源。

其五,优先考虑使用物理防治害虫方法。

②库内害虫生态性防治技术

其一,严格控制库房温湿度,温度为 22 ℃~24 ℃,相对湿度为 55%~60%,抑制害虫的生长、发育和繁殖,减少虫害的发生。

其二,从建筑物的门窗、地面、屋顶、墙壁等方面切断害虫的进入渠道。

其三,做好档案入库前的检疫工作,一般入库前应放在观察室观察一段时间,确保无虫害后再行入库。

其四,定期检查,发现虫迹及时隔离处理。

其五,保持库内的清洁卫生。

其六,使用防虫驱避药物,如防蠹纸、樟脑、灵香草、除虫菊等天然植物型药物,对环境和人体健康无损害。

笔者以为,上述预防措施的任何一种单独使用,其效果都是微乎其微的,只有把这些措施构建成一个预防虫害技术体系,才能建立起一个不利于害虫生存的生态系统,切断害虫发生发展的生理机制。

库房害虫的杀灭方法分为物理杀虫法和化学杀虫法两类。物理杀虫法是指用物理方法破坏害虫的生理机能,以达到防治害虫目的的技术方法,主要有低温冷冻、真空充氮、置换充氮、远红外线辐照、微波辐照、γ射线辐照等。化学杀虫法是指用化学熏蒸剂在熏蒸箱、熏蒸室、真空熏蒸机中进行杀虫的技术方法,常用的熏蒸剂主要有硫酰氟、磷化铝、环氧乙烷等。

物理杀虫法方法简便、无毒排放、不污染环境、不会使害虫产生抗药性、不对人体造成危害、杀虫工艺流程耗能少,属于生态性保护技术,应推广使用。化学杀虫剂中,硫酰氟具强刺激性,有急性毒作用,损害人体健康,对环境有危害，特别是对水体造成严重污染，不属于生态性保护材料。磷化铝是一种高效杀虫剂，有剧毒，遇到酸、水或潮气时，放出剧毒的磷化氢气体，对人体和生态环境均有严重危害，是一种非生态性杀虫剂。可见，化学熏蒸剂杀虫技术尽管杀虫效率高，但不是生态性防治技术，应尽量避免使用。

库房害虫的无公害防治是档案生态性保护的重要内容，也是害虫防治的发展趋势。它是指充分利用自然防治资源，既要防治虫害，又要保护生态环境系统的一种防治理念和方法。目前植物性杀虫剂主要有山苍油、大蒜油、苦楝油、花椒油、柑橘油、黄樟油、肉桂油等。[1] 这些物质是纯天然植物油，具有防治效率高，使用简单、原料来源广泛，对人体健康和生态环境无任何影响。因此，笔者认为，库房害虫无公害防治技术符合库内害虫生态性防治的基本要求，应加强这方面的研究，并提倡广泛使用。

(6) 库内污染生态性防治

档案信息库房内的污染源主要有：一是装修及装具材料产生的有害物质，如各种涂料、板材、壁纸、胶黏剂等含有的甲醛、三氯乙烯、苯、二甲苯、酯类、醚类等；二是电器和建筑材料，除了产生空气污染，还有电磁波及静电辐射；三是部分污染物，如杀虫剂、蚊香、灭害灵等释放的有害气体；四是人体通过呼吸、皮肤汗腺等途径排出的污染物，如二氧化碳、二氧化硫、硫化氢、氨类化合物以及各种微生物。

库房内污染的预防措施有：

其一，对库内有害气体、灰尘等进行监测，掌握其变化状况和特征。

其二，控制污染源，减少污染物的排放，如装修材料和装具材料选用环境保护材料等。

其三，通风换气，保护室内外空气流通。

其四，保护室内清洁卫生，防止微生物蔓延。

其五，按照有关室内空气质量标准控制库房内的空气质量。

上述这些预防方法都属于生态性保护技术。

7.3.2 库外自然环境生态性保护

人类与自然环境的关系是对立统一的，人类要追求持续的发展就要顺应自然规律，从自然生态的角度出发，把自己当作自然中的一员，建立一个与

---

[1] 吴福中，等. 无公害防治储粮害虫的方法与建议 [J]. 粮油仓储科技通讯，2006 (3)：44-47.

大自然和谐相处的绿色文明。广义的自然环境保护是指运用现代环境科学理论与方法，协调人类与自然环境的关系，保护、改善和创建自然环境的一切人类活动的总称。这包括两个方面：一是保护和改善自然环境的质量，二是合理开发和利用自然资源。本书的库外自然环境保护是基于档案信息保护视角的环境质量生态性保护与改善。

（1）自然环境生态性监测

自然环境监测即通过对影响自然环境质量因素的代表值的测定，确定自然环境的质量及其变化趋势。这不仅包括影响环境质量的污染因子的监测，还包括对生物、生态变化的监测。主要有对污染物分析测定的化学监测；对物理或能量因子，如热、声、光、电磁辐射、振动及放射性等的强度、能量、状态进行测定的物理监测；对生物由于环境质量变化所发出的各种反应和信息，如群落、种落的迁移变化、受害症状等进行测定的生物监测。从信息技术角度看，自然环境监测是环境信息的"捕获—传递—解析—综合—评价"的过程。从科学研究的角度出发，自然环境监测必须研究污染物的时间、空间分布特征，并了解污染物的综合效应及环境污染的社会评价等特点。可见，自然环境监测是库外自然环境生态性保护的基础，是档案信息生态性保护体系构建的一项基础工作。

环境监测的污染物分析方法大致可以分为化学分析方法、光学分析方法、电化学分析方法、色谱分析方法和中子活化分析方法五类。化学分析方法主要有重量法、容量法、目视比色法等；光学分析方法主要有吸收光谱法、发射光谱法等；电化学分析方法主要有电位法、电导法、库仑法、极谱法等；色谱分析方法主要有气相色谱法、液相色谱法等。[1]

这些分析方法中，化学分析方法可能用到弱酸、弱碱、氧化剂，对人体健康和生态环境有一定影响，但残留物可分解，无毒害作用，属于非生态性分析方法。其余四类对人体健康和生态环境基本无影响，无有害分解产物和残留物，属于生态性分析方法。

（2）空气污染生态性防治

空气污染物可分为有害气体、气溶胶物质、灰尘和化学烟雾等。有害气体主要有二氧化硫、硫化氢、一氧化碳、二氧化碳、一氧化氮、二氧化氮、氟化氢、氯化氢、氯气等。气溶胶主要有硝酸雾、硫酸雾、碳氢化合物气溶

---

[1] 战友. 环境保护概论 [M]. 北京：化学工业出版社，2005：166-175.

胶等。灰尘就是不规则的固体颗粒，有粉尘、烟尘、雾尘等。光化学烟雾是一种强氧化性的混合物，主要成分是臭氧、有机醛类、过氧化乙酰硝酸酯等。

总体而言，空气污染物的危害是导致酸雨、温室效应、臭氧层的破坏等。对档案信息及其载体来说，其危害主要表现在：其一，增大档案材料的酸度，促进高分子化合物的水解降解；其二，促进银盐胶片发黄甚至影像消失；其三，使载体材料、记录材料发生氧化降解、光氧化降解等，字迹褪色；其四，增大档案材料的机械磨损，酸碱度、黏结成块、传播微生物等概率。此外，空气污染会直接或间接影响人体健康，如引起感官和生理机能不适，产生病理的变化，存在潜在的遗传效应，发生急性、慢性中毒等现象。

从整体上看，空气污染的生态性防治，应采取以下措施：一是利用洁净煤技术、除尘技术等方法，消除烟尘，降低排入大气中的粉尘含量；二是通过湿法脱硫、干法脱硫等技术消除燃料中硫的污染；三是除去排烟中的氮氧化合物；四是控制汽车尾气的排放，生产无公害汽车；五是绿化造林，净化大气；六是建立空气污染预警系统。[1] 经过以上措施处理后，可以消除污染物，残留物也无公害，可回收利用，因此这些方法均为生态性保护技术。

对于档案保护而言，空气污染的生态性防治主要采取的措施有：一是正确选择库房地址，把库房建在有良好环境条件的区域位置；二是加强入库空气的净化和过滤，如使用空调设备、空气净化系统以及活性炭吸附法等。活性炭是一种优良的固体吸附剂，对有害气体、溶胶颗粒、溶液中的有机和无机物质均有很强的吸附能力，物化性质稳定，耐酸、碱、热，可回收利用，不污染环境，不损害人体健康，是典型的生态性保护材料。因此，上述措施均为生态性保护技术。

（3）自然灾害生态性防治

自然灾害主要有水灾、风灾、火灾、泥石流、塌方、地震、高温、冰冻、冰雹、雷电、病虫害等，不但具有类型多、分布广、频率高等特点，如每年影响广西的台风就有3~4个，[2] 从4月份起广西就已经进入汛期，到

---

[1] 钟善锦，等.广西城市空气污染预报业务系统的建立[J].气象，2004（1）：59-62.
[2] 李忠波，白先达.广西农村自然灾害种类及防御措施[J].现代农业科技，2011（3）：320-330.

9月份才结束；而且具有多种灾害同步叠加的效应，如台风引发洪涝，洪涝造成泥石流、滑坡、塌方等一系列灾害的发生。自然灾害不但给人们的生命财产安全造成巨大损失，也严重影响档案信息的安全。例如，火灾、地震、泥石流、水灾等自然灾害将会给档案带来毁灭性的打击。因此，一方面要采取措施，积极预防灾害；另一方面要在自然灾害发生后，及时采取有效措施进行抢救，将损失减至最小。

自然灾害的生态性防治措施主要有：其一，建立科学的防灾规划和预案，要未雨绸缪，调查登记灾害易发地，制定防御灾害规划和应急预案；其二，加强防灾信息化建设，建立防灾减灾联动机制，充分调动群众参与的积极性；其三，加强领导，统一指挥，组织演练，提高防灾减灾的能力；其四，加强投入，完善基础设施建设；其五，加强教育，提高防灾减灾意识；其六，扩大植被，保护生态环境，减少水土流失。

灾后档案的抢救，以水灾和火灾后档案的抢救为例。水灾后纸质档案的抢救工作，先清除污泥，如可用机械刮除和水洗等方法；然后干燥，可采用自然干燥、去湿机干燥、真空冷冻干燥、常压低温干燥、远红外线干燥等方法。水灾后胶片的抢救工作，先用18 ℃的清水洗除污泥，再进行坚膜处理，后阴干。水灾后磁带的抢救工作，先擦除水迹和污迹，置于烘箱中50 ℃干燥，再用磁带机卷绕，并复制。火灾后纸质档案的抢救工作，可先用托裱等方法加固炭化纸张，再用翻拍法显示字迹。[1] 这些修复技术中，除了翻拍法显示字迹因使用非生态性的显影液和定影液等材料而不属于生态性保护技术，其他技术均为生态性保护技术。

(4) 生态环境修复

生态环境修复指利用生态环境系统的自我恢复能力和人工保护措施，使由于自然突变或人类活动而遭到破坏的生态环境系统获得恢复和重建的工作，即把受损的生态环境系统的结构和功能恢复到原来的状态。生态环境修复是生态环境退化的逆转过程，它需要生态环境系统的自我恢复与人为技术手段相结合。

生态环境修复的具体措施主要有：其一，严格控制工业企业的排放，减少大气污染；其二，加大退耕还林还草的实施力度，保证森林和植被面积的不断扩大；其三，加强生态环境建设和可持续发展战略的普及宣传教育，提

---

[1] 郭莉珠. 档案保护技术学教程 [M]. 北京：中国人民大学出版社，2008：364-368.

高民众的生态环境保护自觉性；其四，加强智力投入和开发，多渠道、多形式、多层次地搞好文化教育，不断提高民众的科技文化水平，为保护文化遗产提供智力基础；其五，建立充满活力的投资机制和保障体系，保障民间积极参与到生态环境修复和保护的各种建设中；其六，加强新型能源建设，积极发展生物能源，利用太阳能；其七，加强生态化工程建设，应用区域治理技术、国土改造技术、生物和生态技术，对国土进行开发、利用和保护的综合性措施；其八，加强环境污染的生物修复、物理修复和化学修复综合运用，建立起有效的生态环境修复保护体系。

因此，建立友好型的生态环境系统，实现生态环境系统各子系统的相互协调，进而实现档案信息库外自然环境的保护，最终将减轻档案信息库内环境保护的压力。

第8章 档案信息生态性保护的控制维度

作为管理活动一项基本职能的控制，本意是指人类对事物运动过程及其结果进行调节和引导的过程，以保证事物按已制定的规章、目标或下达的命令进行，也因此有人把控制的过程分为确定标准、衡量成效、纠正偏差。显然，控制也是一种保护的理念或手法，其通过控制手段保护事物处于其应有的状态。档案信息生态性保护中，对控制问题的认识，同样可以按照上述思想，从识别其中的"风险点"开始，明确控制的生态方向，进而确立控制的原则和方法，甚至细化为具体的控制指标，以评估档案信息生态性保护是否在合理状态。

8.1 档案信息生态性保护中的"风险点"

近年来，各级各部门对档案工作的重视程度不断加强，档案意识不断提高，档案安全早已被列入档案工作的重中之重。精准识别档案安全管理的"风险点"，是有效实施档案信息生态性保护的前提条件和重要基础。

8.1.1 档案实体安全隐患

档案实体是相对档案信息内容而言的，任何档案信息均需承载于一定的载体。从档案信息的实存形态看，档案载体和档案信息内容共同构成了一个微生态，档案信息生态性保护首先要消除档案实体或载体的安全隐患。

档案信息所依托的载体指承载信息内容的物质载体，如前所述包括传统的纸质载体和现当代唱片、胶片、磁盘、光盘等新型载体。各类载体受其理化属性及其外部环境的影响，可能存在诸多风险点，从生态系统的视角观察，主要包括：

其一，自然灾害。自然灾害对档案信息载体安全所造成的危害往往是触目惊心的,包括地震、火山爆发、泥石流、海啸、台风、洪水等突发性灾害,地面沉降、土地沙漠化、干旱、海岸线变化等在较长时间中才能逐渐显现的渐变性灾害,还有臭氧层变化、水体污染、水土流失、酸雨等人类活动导致的环境灾害。自然灾害属于宏观生态环境中的不确定性因素,其对档案信息载体的破坏往往是毁灭性的。

其二,人为破坏。人为破坏是指人们出于好奇、竞争、故意等原因,对档案信息载体进行恶意的破坏以达到毁坏档案数据的目的,是档案信息生态性保护中的故意破坏行为。人为破坏可能来自外部人员,也可能来自内部工作人员。人为破坏拥有自发性、主动性、目的性、破坏性等特点,如磁性载体被消磁。

其三,设备故障。设备故障是指档案信息载体由于长期使用或者运行出错而导致信息的安全性、完整性和可用性受到破坏,影响档案信息生态性保护中的有效防护。设备故障包括软件故障和硬件故障,软件故障的危害比硬件故障的危害更大,维护修复难度也更高。如光盘档案频繁使用或在电流不稳定状态下使用,其盘片容易损坏,进而影响其记录的档案信息的读取。

其四,操作失误。操作失误是指由于档案信息工作人员以错误的方法对档案信息设备进行操作导致设备运行出现错误,进而影响档案信息设备的整体运行并导致档案载体的损坏。该种行为影响档案信息生态性保护目标的实现。造成操作失误的主体是内部工作人员,一般情况下是无意发生的,如误把磁性载体档案消磁了。

其五,物理自然损坏。物理自然损坏是指档案信息载体在长时间使用后出现老化、响应速度减缓、运行速度慢等物理现象。物理自然损坏的风险具有客观性,是档案信息载体必然的一个发展方向,即任何档案信息载体从投入使用的那天起就开始有物理自然损坏的可能性,是档案信息生态性保护中需正视的一个客观因素。尽管物理自然损坏具有客观性,但是人们可以发挥主观能动性减缓其进度,如没必要的话,减少纸质档案的使用频率。

8.1.2 档案信息内容安全问题

档案信息内容风险管理主要表现为对包含机密的档案信息内容以及需要控制知晓、获取、利用范围的档案信息内容通过采取各种手段,以保证其信息内容不丢失、不泄密、不超范围传播。也就是说,档案信息内容的风险点主要应关注其在保密性、完整性、可用性方面的损害可能性，其直接关系到档案信息生态性保护。

其一，人员泄密。人员泄密是指具有保密性的档案信息内容被组织内部知晓该信息内容的工作人员泄露、对外传播，对档案信息内容的安全带来风险。人员泄密又可以分为有意识泄密和无意识泄密两种类型。其中，有意识泄密，是知晓保密性信息的人员出于获取利益、报复组织等方面的目的主动向外泄露、传播机密性信息，如某企业员工为了获取金钱回报而向对手公司提供本公司的机密技术档案文件。无意识泄密是组织对工作人员信息安全教育不足、信息工作人员由于缺乏足够的信息安全意识或者人员操作失误导致涉密档案信息内容泄露，如档案信息工作人员缺乏信息安全意识，未对涉密文件进行加密处理导致信息泄露。

其二，系统漏洞。这里提到的系统漏洞对档案信息内容保护带来的风险主要指档案计算机信息系统。系统漏洞是指应用软件或操作系统软件在逻辑设计上的缺陷或错误，被不法者利用，通过网络植入木马、病毒等方式攻击或控制整个电脑，窃取电脑中的重要资料和信息内容，甚至破坏系统。在不同种类的软、硬件设备，同种设备的不同版本之间，由不同设备构成的不同系统之间，以及同种系统在不同的设置条件下，都会存在各自不同的安全漏洞问题。[1] 而且系统漏洞的存在范围很大，包括信息安全系统本身及其支撑软件，网络客户和服务器软件，网络路由器和安全防火墙等。换言之，即在这些不同的软、硬件设备中都可能存在安全漏洞问题。

档案信息系统一旦存在信息安全漏洞，想获取机密档案信息内容的不法分子便会有机可乘，其可能利用系统漏洞对档案信息系统进行攻击和控制，窃取电脑中保存的重要资料和加密信息。

其三，外部攻击。外部攻击通常指存储档案信息的计算机信息系统遭受外界的恶意进攻。因为在传统环境下，档案信息内容对载体具有依赖性和不可分离性，档案保存在档案馆库房中，这就意味着档案的实体和信息内容都存在于库房中，只要做好库房的安全管理就可以保障档案信息的安全保护。但在信息时代，数字档案信息数量呈指数增长，数字档案信息内容和载体的相对可分离性加剧了档案信息内容遭受安全风险的程度。比如黑客可以利用

---

[1] 百度百科. 系统漏洞 [EB/OL]. [2020-07-20]. https://baike.baidu.com/item/%E7%B3%BB%E7%BB%9F%E6%BC%8F%E6%B4%9E/10512911?fr=aladdin.

安全漏洞对档案信息系统进行恶意攻击，窃取档案机密信息，或者通过植入木马、病毒等方式破坏档案信息系统，导致档案信息内容的完整性、可用性遭受破坏。

8.1.3 档案信息网络安全隐患

随着互联网技术和信息技术的不断发展和进步，网络环境下档案信息安全问题也不断呈现在人们面前。网络环境是将分布在不同地点的多个多媒体计算机物理上互联，依据某种协议互相通信，实现软、硬件及其网络文化共享的系统。档案信息在网络环境下的利用率越来越高，档案信息利用的网络化成为发展的必然趋势。但是由于网络的共享性、开放性等特征决定了网络的脆弱性，网络环境下档案信息生态性保护存在着严重的隐患，很容易受到各种因素的影响，造成档案信息泄露、假冒、篡改等问题，给档案信息生态性保护带来威胁和风险。

其一，网络环境下档案信息管理风险。

首先是档案工作人员知识缺失的管理风险。网络环境下，档案信息保护侧重于计算机安全技术保护、网络安全保护这些新领域，这就要求档案工作人员掌握一定的计算机技术知识和网络安全管理知识。然而我国档案工作人员组织队伍中，相当一部分人没有接受过正规的计算机安全培训，缺乏计算机与网络安全的相关知识，缺乏网络环境下对档案信息生态性保护的安全意识，容易由于操作的失误和日常工作的疏忽致使档案信息在网络环境中泄露、丢失。

其次是档案信息生态性保护管理制度缺失的风险。网络环境下档案信息生态性保护需要有组织制度和相应管理办法的支持，而当前网络环境下档案信息保护管理办法和相关的管理制度不够健全导致档案信息生态性保护受到严峻的风险挑战。为了确保档案信息的生态安全，国家层面虽然研究出台了相应的管理规章制度，但缺乏相应的具体实施方案，缺乏针对性和可操作性强的指导性的文件制度。

其二，网络环境下档案信息设施风险。网络环境下档案信息生态性保护所面临的档案信息设施风险主要有软件设施风险和硬件设施风险。

软件设施风险：软件设施风险主要包括档案管理系统风险和档案网站风险。首先，档案管理系统及其服务器的安全管理是网络环境下档案信息生态性保护工作的核心内容，其安全运行与保密程度高低事关整个档案信息生态性保护工作。档案管理系统在网络环境下存在系统漏洞和网络漏洞，不法分子可以通过这些漏洞攻击进入档案管理系统，影响信息系统的正常运行，而系统中存储的档案信息也会因此遭受盗用和丢失。其次，档案网站是档案馆对外提供线上档案服务、发布最新开放的档案信息、进行档案宣传的窗口，不法分子可以在网络环境下攻击档案馆网站，篡改和破坏档案网站中的档案信息内容，破坏档案网站的运行稳定性，导致档案网站崩溃。

硬件设施风险：网络环境下档案信息生态性保护的硬件设施风险主要表现为计算机安全风险。信息时代，电子文件通过计算机存取，计算机是存取电子文件的重要载体，计算机安全风险控制的主要目标是保护计算机资源以免受损坏、替换、盗窃和丢失。影响计算机安全的因素主要有两种：一是人为或者自然现象造成的计算机硬件故障，包括磁盘故障、主板、芯片、存储器等方面的故障，如由于工作人员日常计算机操作不当，对计算机采用直接切断电源的方式开关机，长此以往就会损坏计算机主板和芯片等硬件设备的功能，造成主板损坏、数据丢失等安全问题；二是人为或者自然现象造成的计算机软件故障，包括数据交换错误、病毒入侵、黑客袭击等，比如不法分子可以通过计算机系统漏洞对计算机进行攻击，窃取计算机中存储的档案信息，或者是植入木马、病毒程序，导致计算机系统运转失灵，破坏计算机系统。

其三，网络环境下档案信息资源风险。网络环境下档案信息资源尤其是数字档案信息资源受到比传统环境下更大的风险威胁。传统环境下的档案信息资源的保护只要做好人员管理和库房安全管理就可以很大程度上确保档案信息资源保护工作安全无虞，然而在网络环境下档案信息的安全风险因素大大增加，主要表现在以下方面：首先，网络环境下档案信息资源容易泄露。网络为档案信息利用打破了时空的限制，提供了更方便快捷的平台，然而带来便利性的同时也大大增加了档案信息尤其是涉密档案信息泄露的风险。网络环境下不法分子可以通过网络入侵档案信息系统，窃取重要档案信息，导致涉密档案信息泄露。其次，网络环境下档案信息资源容易被篡改。电子环境中数字档案可以毫无痕迹地被篡改，威胁档案信息的真实性、可靠性和凭证性。再次，网络环境下档案信息容易被删除。网络环境中的档案信息大部分是以数字档案信息的形式存在。数字档案信息与载体的相对可分离性使得档案信息很容易在无声无息情况下被删除，破坏了档案信息的完整性和可用性。最后，网络环境下档案信息资源容易被未经授权者私自复制或者使用。

网络环境中未经授权者可以通过攻击档案信息系统、计算机系统或者是破解安全密匙的方式，在未被授权的情况下擅自复制和使用，给档案信息生态性保护带来严重威胁。

其四，网络环境下档案信息通信风险。网络环境下档案信息通过网络通信通道传递，打破了时空的限制，可以随时随地通过网络传输用户所需要的档案信息，为档案用户利用档案信息和档案馆开展档案服务工作提供了极大的便利，然而档案信息通过网络进行传递时的通信过程也隐含各种各样的风险。首先，网络环境下档案信息传递承受窃听、截取风险。不法分子可以通过网络通信通道的漏洞在档案信息传递过程中截取或者窃听重要的档案信息，导致档案失密风险。其次，档案信息通信过程会受到通信干扰，导致档案信息乱码、失真甚至消失，如在通信过程中由于受到人造磁场或者自然电磁场的影响，处于通信过程中的档案信息会出现乱码和无法识别，给档案信息生态性保护带来极大的安全风险。

8.1.4 档案信息管理风险

档案信息管理风险归根结底是管理主体的问题，而管理主体最终要落实到人。人员风险是指在档案信息保护中，由于单位、组织对人员缺乏管理、教育等原因，工作人员的疏忽，或者外部人员出于好奇、恶意窃取档案信息的目的，从而对档案信息生态性保护带来危害和损失。人员风险又可以分为内部人员风险和外部人员风险。

（1）内部人员风险

内部人员风险指的是产生档案信息的单位、组织的内部工作人员对档案信息的安全保护带来的风险，主要包括内部人员泄密、保管不当造成档案信息丢失等。

①内部人员泄密风险

内部人员通常知晓涉密的档案信息以及拥有接近档案信息源的权利，如果组织、单位不重视对内部人员的安全管理、安全教育工作，那么可能会导致内部人员泄密，对档案信息生态性保护带来极大的风险和危害。内部人员泄密行为又可以分为无意泄密行为、违反规章制度泄密行为和有意泄密行为。

其一，无意泄密行为。无意泄密行为是指内部工作人员处于非主观的无意识的情况下使涉密档案信息对外泄露或者在不被允许的范围进行传播的行为。比如，工作人员在利用计算机进行工作时不清楚计算机的电磁波辐射会造成秘密信息的泄露，在未采取任何防止电磁波辐射入侵的情况下就利用计算机打开重要的或涉密的档案信息文件夹，给不法分子提供了窃取机密的机会。又如，由于工作人员缺乏安全保密意识，未针对涉密档案信息进行及时的分类并存储在保密措施更严格的环境中，将普通档案信息和涉密档案信息混杂在同一个存储器中，从而导致档案信息的泄露。再如，工作人员有档案信息安全保护意识，但是在对重要档案信息进行加密保护时，加密级别过低，密码简单容易被破解，也会造成档案信息的泄密。

其二，违反规章制度泄密行为。组织、单位通常会对档案信息生态性保护制定相应的规章制度来规范内部工作人员的信息安全行为，以达到保障档案信息生态性安全的目的。但是在一些情况下工作人员会违反规章制度的要求，造成档案信息的泄密。比如，在计算机发生故障时，根据相关的规章制度规定应该要事先进行消磁处理并在维修过程中派遣专人对维修过程进行监督，但是相关工作人员为了工作的方便和对档案信息安全的重视不够，忽视规章制度的要求，采取最便于自身工作开展的方式直接将计算机送修且不安排专人监修，就会导致档案信息泄密。又如，规章制度要求用于处理涉密档案信息的计算机不可联网，但是部分工作人员出于工作便利的考虑将这些计算机直接联网，甚至使用互联网进行机密档案信息的传递，这些违反档案信息生态性保护的规章制度的行为都会造成不同程度的信息泄密情况。

其三，有意泄密行为。竞争对手的情报机关为了获取其他组织的重要机密信息，往往会采用金钱收买、美色诱惑甚至策反其他组织工作人员等方式窃取重要的机密信息。比如，组织内部的程序员和信息系统管理人员被策反，就会泄露信息安全系统软件的保密措施和方式，获得使用计算机的口令或密匙，进而打开档案信息安全管理系统，窃取档案信息安全管理系统的重要信息；又如，组织内部的工作人员被收买，这些被收买的人员出于获取利益的目的就会将计算机保密系统中的文件、资料、信息对外提供，造成信息泄露。

②人员对档案管理不当带来的风险

组织的内部工作人员由于对档案的管理不当会导致档案损毁、档案信息丢失等严重后果，人员对档案保管缺乏安全管理意识、组织对工作人员缺乏安全管理教育等都会给档案信息生态性保护带来破坏性的风险。

其一，档案损毁风险。档案损毁包括对档案载体的损毁和对档案信息内容的损毁。其中，对档案载体的损毁又分为对传统载体的损毁和对新型载体的损毁。档案传统载体包括金石、缣帛、简牍、纸张等，对传统载体档案的管理不当很容易给档案带来损毁风险，比如将纸质档案保存在潮湿的环境中，纸张容易受潮软化、发霉、发生粘连等，最终导致纸质档案损毁。档案的新型载体包括胶片、唱片、光盘、磁盘等，新型档案载体的特殊性使得载体的损毁通常无法用肉眼识别出来（除非外观明显损坏），损毁风险更大。比如用于存储电子档案的磁盘由于工作人员管理不当，未注意对磁盘的保管环境和利用环境进行消磁处理，磁盘受到电磁的干扰导致无法再被计算机设备读取。另一方面是对档案信息内容损毁。对于传统载体的档案来说，档案载体受到损毁将同时导致档案信息内容损毁，比如纸质档案发霉后档案中的文字无法辨别。但是对于新型载体的档案来说，信息内容与载体具有相对可分离性，因此档案信息内容受到损毁的风险需尤为关注，比如存储在磁盘中的档案信息由于工作人员管理不当保存在磁场环境中，由于电磁的干扰导致磁盘中的档案信息内容乱码甚至消失。

其二，档案丢失风险。内部工作人员对档案管理不当还会造成档案丢失风险。档案丢失会导致严重后果，一方面会造成档案涉密信息的泄露，另一方面会破坏档案信息的完整性。档案丢失通常发生在工作人员整理档案环节和提供档案借阅查询环节。其中，整理环节中由于工作人员粗心大意或者将需要整理的档案材料反复在不同办公室搬运都会造成档案丢失，比如工作人员粗心大意，将一份重要档案和其他废弃文件放在一起丢弃，就会导致这份重要档案丢失。提供借阅查询环节中，工作人员不按照规章制度规定的程序进行档案的借阅查询服务，很容易造成档案丢失的严重后果。比如，工作人员出于对查询者的信赖，直接给查询者提供查询利用服务，甚至允许查询利用者进入库房，并疏忽对查询利用过程的监督，就会导致不法分子有机会直接窃取档案。再如，借阅查询结束后，工作人员将档案暂时搁置在办公室中，未按照规章制度的要求马上将取出的档案放回原处，导致档案遭受丢失风险。

（2）外部人员风险

外部人员风险是指在档案信息生态性保护中来自外部人员有意或者无意的行为给档案信息安全带来的风险，来源主体是除机构、组织和单位工作人员以外的其他人员，统称外部人员。外部人员给档案信息生态性保护带来的风险又可分为有意行为风险和无意行为风险。

①有意行为风险

外部人员造成的有意行为风险是指外部人员有意识的、主观性的行为给档案信息安全带来的风险。风险产生主体是单位、组织外部人员，行为特征是有意性和有目的性。外部人员有意行为风险包括以下几个方面：

其一，窃取档案实体。外部人员可以利用单位、组织对档案实体安全管理不到位的漏洞，进入单位内部存放档案的办公场所窃取档案实体。根据规章制度的规定，单位、组织要采取严密的安全措施保障档案实体的安全，不允许与档案工作无关的人在非程序步骤下接触到本单位、机构的重要档案。然而，有些单位出于工作便利未将档案及时送往库房保管，将重要的档案存放在办公场所，甚至是外人可进入的对外办公场所，这就给不法分子制造了窃取档案实体的机会。

其二，通过网络窃取档案信息。随着电子文件的广泛兴起，电子文件成指数增长，许多单位、机构开始采用方便快捷的电子行文方式，在此基础上便会产生大量的电子档案。这些电子档案通常保存在单位的计算机信息系统以及档案信息系统中，在通信网络上进行传输。不法分子可以利用传输线路的网络漏洞、档案信息安全系统漏洞、防火墙漏洞等系统漏洞通过网络远程入侵到存储重要档案信息的计算机中，窃取档案信息。

其三，破坏档案信息系统。破坏档案信息系统与窃取档案和档案信息不同，破坏档案信息系统目的不在于档案信息的窃取而在于损坏档案信息管理系统，然后向系统拥有主体索取修复费用。比如，黑客对档案信息管理系统植入木马、蠕虫等网络病毒，造成档案信息系统不可运行或者操作失灵，系统一旦感染病毒就难以修复，黑客可以以此要挟向系统拥有者索取修复费用，如2017年在我国境内大规模爆发的"比特币"病毒。2017年5月12日20点左右，国内部分高校学生反映电脑被病毒攻击，文档被加密，接下来的几天时间内国内大部分高校的电脑被植入这类病毒并且往其他行业扩散。这类木马会将受感染电脑中的DOCX、PDF、XLSX、JPG等114种格式文件加密使其无法正常打开，并弹窗"敲诈"受害者，要求受害者支付3比特币作为"赎金"，约合人民币五六千元。这种木马一般通过全英文邮件传播，木马程序的名字通常为英文，意为"订单""产品详情"等，并使用传真或表格图标，极具迷惑性。收件人容易误认为是工作文件而点击运行木马程序。病毒植入是典型的破坏信息系统的方式，对档案信息保护带来极大的风险。

②无意行为风险

外部人员无意行为风险是指本单位以外的人员无意识的、非主观性的行为给档案信息安全带来的风险，其特征是无意性和非目的性。通常情况下，外部人员接触到档案的机会是查询利用环节，这是给档案信息生态性保护造成无意行为风险的主要环节，其中主要包括以下几个方面：

其一，查阅过程无意间对档案实体的损害。保存在档案馆中的档案大多是孤本，仅此一份，如果档案实体受到损坏后果往往难以补救。外部人员在查阅档案过程中，如若缺乏档案保护意识以及对相关规章制度不了解，比如对档案进行折叠、标记甚至撕毁，都会对档案实体造成不同程度的损害。比如某档案利用者在查阅档案过程中，为了便于记录有用的档案内容，出于平时阅读图书折页的习惯，对记载有自己需要的档案内容相应的档案页进行折叠，长此以往导致折叠部分字迹模糊、纸张破损等。虽然档案查询利用者本意并非要对档案实体进行破坏，但其无意间或下意识的行为会给档案实体的完整与安全带来风险和破坏。

其二，查阅过程无意间将档案原件带走。档案利用者在查阅档案过程中，可能出现无意间将档案原件与自己带来的文件混杂在一起，在离开阅览室的时候夹杂在档案利用者自带物品中便被带离档案馆。在这种情况下档案利用者并非出自自身意愿有目的地窃取档案原件，而是在无意间由于疏忽大意而导致档案被自己带走。每卷档案中包含许多文件，这些文件之间拥有历史联系，缺少任何一件都会导致案卷的完整性和历史联系性受到破坏，给档案信息的完整性、安全性和可用性等生态性保护带来风险。

其三，无意破坏通信线路。档案信息需要通过通信线路传递，若通信线路遭受破坏将会导致档案信息传递终止、传递信息消失等严重后果。外部人员在不知情的情况下可能对档案信息的通信线路造成破坏，从而给档案信息安全构成风险，比如，建筑公司员工在修路过程中无意间用挖掘机挖断了档案信息传递专用的通信线路，造成档案信息传输中断、档案信息受损等。

8.1.5 档案信息生态环境风险

档案信息生态性保护的环境风险可以划分为自然环境风险和社会环境风险，这两类风险点涵盖的内容不一样，会以不同的方式给档案信息生态性保护带来不同类型的风险。

（1）自然环境风险

自然环境是人类赖以生存的物质基础，是环绕人们周围的各种自然因素的总和，如大气、水、植物、动物、土壤、岩石矿物、太阳辐射等。[1] 自然环境给档案信息生态性保护提供物质资料的同时，也可能给档案信息生态性保护带来各种各样的风险和挑战，主要包括环境污染风险和自然灾害风险两类。

其一，环境污染风险。环境污染指自然的或人为的破坏，向环境中添加某种物质而超过环境的自净能力而产生危害的行为，或由于人为的因素，环境受到有害物质的污染，使生物的生长繁殖和人类的正常生活受到有害影响。由于人为因素使环境的构成或状态发生变化，环境素质下降，从而扰乱和破坏了生态系统和人类的正常生产和生活条件的现象。[2] 环境污染具有公害性、潜伏性和长久性等特征，会给档案信息生态性保护带来严峻的风险挑战，其类型主要有以下几种形式：

空气污染：空气污染通常是指由于人类活动或自然过程引起某些物质进入大气中，呈现出足够的浓度，达到足够的时间，并因此危害了人类的舒适、健康和福利或环境的现象。[3] 比较常见的空气污染物包括悬浮微粒、一氧化碳、硫氧化物、氮氧化物和碳氢化合物等。空气污染会对档案实体造成严重的破坏，进而给档案信息生态性保护带来风险和挑战。例如空气污染中的有机酸会使不耐酸的档案字迹褪色，促使档案纸张纤维素水解，也使胶片受到危害，如试验证明醋酸蒸气会使胶片发黄、褪色。另外酸对档案制成材料均有不同程度的危害，对纸张纤维的危害尤为明显。以二氧化硫气体为例，它的存在使档案纸张含酸量增加，导致档案纸张纤维的聚合度、纸张耐折度、绝对抗张力和白度降低，严重加速纸张老化。同时氧化性物质会促使某些不稳定的字迹材料褪色，氧化性物质也使胶片的片基、音像带的带基等其他载体材料被氧化，导致载体机械强度下降。

此外，空气污染气体及其二次污染物质会附着在灰尘上，灰尘因吸附不同的物质而呈酸性或碱性，灰尘落在档案上，则会给档案带来酸或碱，从而危害档案。[4]

---

[1] 百度百科. 自然环境 [EB/OL]. [2020-07-20]. https://baike.so.com/doc/5377717-5613859.html.

[2] 百度百科. 环境污染 [EB/OL]. [2020-07-20]. https://baike.so.com/doc/2445413-2585126.html.

[3] 百度百科. 空气污染 [EB/OL]. [2020-07-20]. https://baike.so.com/doc/1253437-1325632.html.

[4] 阴春枝. 论空气污染与档案保护的关系 [J]. 兰台世界, 2010 (14): 52-53.

光污染：光污染又称光害，是人类过度使用照明系统而对自然环境产生的危害。光对档案的破坏已经成为档案界的共识。实际上紫外线光、强光会对档案造成不同程度的破坏，造成档案字迹模糊、档案纸张变黄变脆、照片档案影像变得模糊，磁盘、硬盘等档案载体也会受到损害。1997年，学者孟献明曾经进行"光对档案破坏作用的积累效应和后效应"的实验，实验结果表明在光照后档案字迹颜色发生了变化，且光作用具有积累效应和后效应。积累效应即如果档案长期或经常受到光的破坏，多次短时间的光照产生的影响累加起来其破坏作用是巨大的。后效应指光对档案的破坏作用小但存在于光照时且存在于光照后，光对字迹耐久性的巨大影响，光的破坏作用有后劲且后劲很强。[1] 孟献明的实验结果充分表明了光污染给档案信息保护工作带来的严峻风险以及对光污染防治的重要性。

电磁污染：电磁污染，又称电磁波污染或射频辐射污染。电场和磁场的交互变化产生电磁波。电磁波向空中发射的现象，称为电磁波辐射或电磁辐射。过量的电磁波辐射就造成了电磁波污染即电磁污染。由于电磁波无色、无味、无形、无踪，加之污染既无任何感觉，又无处不在，故被科学家称为"电子垃圾"或"电子辐射污染"。电磁污染是一种无形的污染，已成为人们非常关注的一类生态性公害，它给档案带来的危害实在不可小觑。电磁污染会影响电子设备的正常工作，受到电磁污染影响的电子系统或者电子设备可能出现操作失灵和操作障碍。例如，档案管理系统受到电磁污染后由于电磁干扰会出现系统操作错误，导致操作失灵，出现数据损坏、丢失的情况；存储档案信息的磁盘、硬盘、光盘受到光污染的影响出现失磁，导致无法读取这些新型载体中存储的档案信息和数据，严重破坏档案信息的完整性、可用性。

其二，自然灾害风险。自然灾害是指给人类生存带来危害或损害人类生活环境的自然现象，它给人类的生产和生活带来了不同程度的损害。自然灾害具有广泛性、不确定性、频繁性、不可避免性等特征。给档案信息生态性保护带来风险和直接性危害的自然灾害主要包括下列几种形式：

地震灾害：我国地质类地震发生频率极高，因为我国处于环太平洋地震带上。我国位置很容易受到三大板块之间强烈作用的影响，再加上我国青藏高原受板块运动影响快速升高，使我国成为世界上受地震影响最为严重的国

---

[1] 孟献明. 光对档案破坏作用的积累效应和后效应 [J]. 档案学研究. 1997 (4): 4.

家之一。地震的波及范围十分广阔，且地震的破坏性十分巨大，在地震范围的一切人、物和建筑等往往会遭受相当严重的破坏，一个地区常常因为地震毁于一旦。一旦发生地震，在受灾区域的档案部门和档案工作人员将会受到严重的威胁，面临的是不可逆的灾难。

处于地震发生地区的档案馆，其档案库房往往会因为地震而震塌、震毁，存放档案的档案柜与档案装具等因为房屋倒塌被砸毁，档案资料因此被掩埋在一片废墟之中。如果地震的同时遭遇暴雨或地震导致档案馆中的水路管道被破坏后，档案被长时间埋于废墟中，档案资料就会混合水与泥土等形成档案砖，这样的档案即便被抢救出来也难以复原。另外抢救出来的档案受潮后，也会因为缺乏安全场所保存而受到地震引发的其他地质灾害和恶劣天气的二次损害。此外存储在计算机硬盘、磁盘等设备中的电子档案在地震中比纸质档案更容易受到严重损害，因为存储电子档案的计算机等设备极易在地震发生时被倒塌的房屋砸坏，即使被抢救出也可能再也无法读取和恢复。比如1995年日本神户地震时，震区的部分电子文件数据信息就因为地震致使存储电子文件的设备损毁而消失。我国档案馆受地震灾害较严重的是2008年"5·12"汶川大地震，据四川省档案局统计资料显示，"5·12"大地震发生后，四川省内档案馆库和档案受损严重，阿坝、绵阳、德阳、成都、广元、雅安6个地震重灾区的国家综合档案馆馆藏档案共计4 257 379卷，有612 848卷档案在严重受损的危房之中受到严重损毁，43 915平方米档案馆舍受到不同程度损坏，档案资源承受了巨大的损失。因此在档案信息生态性保护中做好防震减灾的工作，对降低档案受损风险至关重要。

滑坡、泥石流灾害：滑坡、泥石流等地质类灾害的形成是多种因素共同作用的结果。其发生的因素主要有以下几种：地形条件，地形陡峭且便于水的囤积；地质条件，地质主要为松散的岩层或土壤结构；气候条件，有短时间内大量的降雨等。发生地质灾害的地方一般岩石层构成复杂且不稳定，降水后水积聚并渗入岩体使岩石夹层软化，进而形成滑动面，当降雨突然转强时，便会发生崩塌。泥石流形成与崩塌滑坡类似，受到长时间降水的影响，山体土质和岩石逐渐松动，这些松动的土质和岩石等为泥石流提供了大量物质条件，当雨量突然变大时，极易发生山体崩塌并会伴随着大量积水转变成泥石流。

滑坡、泥石流一旦发生会对处于山区的档案馆产生摧毁性危害。如1986

年发生的四川乡城县泥石流,导致乡城县档案馆建筑被泥石流冲毁撞坏,大量泥水混合物由档案馆的窗户冲进档案馆内,将档案文件埋于泥石中,严重破坏了档案资料,使县档案馆蒙受巨大损失。

气象类灾害:在我国给档案信息生态性保护带来风险的气象类自然灾害主要为台风和洪涝灾害。

第一,台风灾害。我国海岸线长1.8万千米,沿海省份有沈阳、河北、天津、山东、江苏、上海、浙江、福建、广东、广西、海南等,其中大部分沿海省份会受到台风的影响,台风会给档案部门的信息保护带来风险和危害。台风巨大的风能量会使其沿途经过的档案馆建筑受到破坏,甚至被台风吹倒,将档案资料掩埋或破坏。台风中,档案装具倾倒、受损,会造成档案从装具中散落出来,引起排列顺序的混乱,甚至被台风吹离档案库房。另外台风天气经常会伴随强降雨,若档案库房因为特大台风遭受破坏后再遭遇强降雨,档案资料会受雨水的二次损害。

第二,洪涝灾害。洪涝灾害给档案资料带来的危害更为直接,当巨大的洪涝灾害发生时,如果档案馆防护措施不当,洪水可直接将档案馆淹没,大量的档案资料浸泡在水里,导致档案遭受严重损害无法阅读甚至无法恢复。如纸质档案载体受水浸泡或存放在潮湿空气环境下的时间过长,就会因湿度过高失去韧性,极易损毁,直接导致档案资料损毁;而如果档案资料用的是胶订,受水泡影响,胶水受潮软化粘连在纸张上,使纸质档案无法翻阅,在其干燥后就会形成档案砖;有些档案资料的印刷字迹由于墨迹易溶于水,档案资料一旦被水浸泡字迹就会变得模糊不清或字迹直接消散,使档案失去可阅读性进而失去价值;尤其是新型的计算机硬盘载体,遭受水灾后数据将直接丢失,无法恢复。

(2) 社会环境风险

社会环境是指人类生存及活动范围内的社会物质、精神条件的总和。广义来说,包括整个社会经济文化体系;狭义来说,仅指人类生活的直接环境。按包含要素的性质和功能分为不同种类。简单来说,社会环境,就是对我们所处的社会政治环境、经济环境、法制环境、科技环境、文化环境等宏观因素的综合。[1] 给档案信息生态性保护带来安全管理风险的社会环境因

---

[1] 百度百科. 社会环境 [EB/OL]. [2020-07-20]. https://baike.baidu.com/item/%E7%A4%BE%E4%BC%9A%E7%8E%AF%E5%A2%83/2987845? fr=aladdin.

素主要有以下几个方面：

战争环境风险：战争会给社会的发展和人民生活的稳定带来极其严重的危害，对人民生命安全财产和物质财产造成毁灭性的破坏，战争会给档案信息生态性保护带来方方面面的风险。

首先，战争会对档案馆建筑造成严重破坏。战争一旦发生就无法避免使用现代武器，比如各类炸弹，这些现代武器对城市建筑造成灭顶之灾，档案馆建筑也无法幸免。战争中档案馆建筑会因为现代武器的使用而倒塌、起火，档案馆中的档案库房是存放档案的安全基地，相当于保护档案安全的"子宫"，档案馆建筑在战争中一旦遭受损毁，档案的安全也将面临严峻的风险。

其次，战争会导致档案损毁。档案是人类历史发展的真实记录，是统治阶级对国家进行统治的工具，古往今来战争一旦发生必先"毁其宗庙"，即首先彻底摧毁这个国家的档案，使其失去统治的工具和凭证。因此战争中档案就会成为"第一目标靶子"，是敌方的首要破坏对象，战争对档案信息生态性保护带来的是致命的、具有彻底摧毁性的风险。

再次，战争会导致档案流失异国。战争中敌方不仅会对档案进行破坏，还会对档案进行掠夺，将属于他国的档案掠夺至自己国家，导致档案流失异国。战争中档案流失异国会破坏档案之间的历史连续性，造成历史文明的断层，给国家档案信息的完整性、可用性和保密性带来严峻挑战。

政治环境风险：所谓政治风险就是一个国家，由于政治方面的原因引发局部性、全国性的战争，动乱、工人罢工、学生群众示威游行、群众性内乱以及其他不测事件，导致人民生命、财产严重受到损害，国家、社会利益严重受到侵害的可能性。政治风险是一个国家所有各类风险中级别最高、损失最大、危害最严重的风险。[1] 所谓政治环境风险是指政治局势不稳定给档案信息生态性保护带来的各式各样的风险。档案信息生态性保护面临的政治环境风险主要有以下几个方面：

一是政策变动风险。档案事业的发展对国家相关政策有很强的依赖性。档案事业的发展资金来源于政府财政拨款，在很大程度上说，若档案事业不受国家政府部门重视，支持档案事业发展的相关政策发生变动，就会影响到档案事业的发展，档案信息生态性保护作为档案工作的一个组成部分也必将

---

[1] 聂富强. 中国国家经济安全预警系统研究 [M]. 北京：中国统计出版社，2005：31.

受到牵连，从而给档案信息生态性保护带来风险。

二是政治内乱风险。国家由于政权变更、宗族矛盾、社会利益冲突等矛盾可能会发生骚乱和武装冲突，保存统治阶级重要档案文件的档案馆会成为政治问题引起的社会骚乱和武装冲突的攻击对象。而政治内乱中以档案馆为袭击目标会给档案馆以及保存在档案馆中的档案的安全带来极大的风险，有些档案甚至会遭遇灭顶之灾。

经济环境风险：经济环境风险是指在经济发展不景气，发生经济危机、经济萧条和经济倒退的经济环境中，国家政府减少对档案部门的财政拨款，档案部门缺乏国家政府资金上的经济支持而给档案信息生态性保护带来的各种各样风险。

首先，工作人员的配置不足。例如由于经济萧条的影响，档案部门必将减少工作人员的配置投入。工作人员配置不足对给档案信息生态性保护带来风险：一是工作人员承担的业务工作过多导致其无暇顾及或者忽视档案信息生态性保护中出现的细节问题，这些细小的问题积少成多就构成了档案信息的灾难性风险；二是由于缺乏人手，档案部门无法安排专职的档案信息生态性保护人员，工作人员在承担日常工作业务的同时兼管档案信息生态性保护工作，容易导致顾此失彼，为档案信息生态性保护带来原本可以避免的风险。

其次，档案安全设备配备不足。具备必需的档案安全设备设施是档案库房进行安全管理的基础，更是对档案信息进行生态性保护的基础性条件。档案安全设备配备主要包括安装库房的安全监控系统、消防设备、档案的保护与管理维护设备，以及建立和完善档案数字信息安全设施。这些档案安全设备一般属于信息技术类设施，价格昂贵，购买设备需要投入较多的资金。在经济萧条的环境中，政府会减少对档案馆的财政拨款，缺乏资金的档案馆无法配备相关的安全设备，这给档案信息生态性保护带来安全风险。

再次，档案安全设备的维护不够。档案信息生态性保护设备在投入使用后需要长期定时进行维护，否则将会由于长期运行而老化，无法继续工作。在经济萧条的情况下，档案部门缺乏足够的资金，而档案安全设备的维护通常费用较高，档案部门由于无法支付高昂的设备维护费用可能会将此项工作暂时搁置，出现问题或者损坏的档案信息安全设备得不到及时的维护，会造成档案信息数据丢失、存储介质损坏等问题，缺乏安全设备的保障会给档案信息生态性保护带来极大的安全风险。

法制环境风险：法制环境风险是指在档案信息生态性保护过程中，若缺乏相关法规制度的保障而导致档案信息生态性保护工作无法开展。无法可依、法规制度的缺位难以消除档案信息生态性保护中存在的安全风险，因此建立健全档案信息生态性保护法规制度体系对风险的预防具有至关重要的作用。

健全的档案信息生态性保护法规制度体系应该包括：档案库房管理规定，档案定期清点制度，档案出入库登记交接制度，档案阅览室管理规定，档案安全保密制度，涉密信息内容范围规定，教育培训制度，涉密档案、设备定期检查管理制度，涉密计算机、移动存储介质保密管理制度，涉密计算机维修、更换、报废管理制度，值班制度，档案安全事故报告制度，文件归档制度，日常安全巡查制度，中心控制室管理制度，计算机机房（数据中心）管理制度，电子文件（档案）管理制度，档案鉴定制度，网站信息审核制度，档案评估制度，奖惩制度等。[1] 制度健全与否，科学合理与否，是否具有可操作性，这些直接关系到档案信息生态性保护的成效。因此建立健全档案信息生态性保护法规制度是避免、减少档案信息生态性保护过程中风险点出现的重要手段、重要路径。

文化环境风险：文化环境风险是指由于文化习俗、民族、宗教、道德风尚、价值观念以及思维方式等社会因素，导致在社会文化中对档案的认识不足、重视程度不够、人们缺乏档案意识而给档案信息生态性保护带来的风险。档案信息生态性保护中的文化环境风险主要体现在以下几个方面：

一是对档案信息生态性保护不够重视。由于社会文化环境中价值观念和思维方式的影响，社会大众以及档案工作人员对档案缺乏足够的认识，对档案信息生态性保护不够重视，忽视对档案信息生态性保护的日常细节管理，导致档案管理风险点滋生，日积月累的细小风险最终汇聚成为严重破坏档案信息生态性保护的巨大风险。

二是缺乏档案信息生态性保护意识。档案工作人员受到传统档案工作思维的影响，认为档案信息保护只要保护好档案库房中档案实体的安全即可，忽视了对电子环境中档案信息整体生态的保护、新型档案存储载体的生态性保护以及档案信息设备的生态性保护等，给档案信息生态性保护带来巨大的安全风险和安全隐患。

---

[1] 方昀，刘守恒．档案馆档案安全风险评估内容分析和评估指标研究［J］．档案学研究，2011（6）．

总之，识别档案信息生态性保护的风险点是精准防范、化解风险的前提，有助于将生态风险点发生的可能性降到最低，为档案信息生态性保护未雨绸缪，防患于未然。

8.2 档案信息生态性保护的控制原则

尽管生态性保护系一种系统性保护思想，如前所述，是从事物本身到其周围环境乃至思想观念的全面考量，但保护的对象仍然具有唯一性，即档案信息自身，是从生态学的视野开展的对档案信息自身的保护。为此，档案信息生态性保护的控制原则，也可以由档案信息自身的特征中抽取。从档案信息自身的特点看，其生态性保护的控制原则，主要是维护并控制其完整性、准确性和真实性。该"三性"直接保证了档案信息的"档案"特色，而非变为了其他事物。

由此，可以把档案信息生态性保护的控制原则确立为完整性控制原则、准确性控制原则和真实性控制原则。

8.2.1 档案信息生态性保护的完整性控制原则

档案信息生态性保护的完整性控制原则确保档案信息未经授权不能进行改变，即档案信息在形成过程当中保持不被偶然或蓄意地删除、修改、伪造、乱序、重放、插入等破坏和丢失。维护完整性对实现档案信息生态性保护意义重大。这里按档案整理单元"由小到大"的顺序分别分析其中"件""卷""套""全宗"的完整性。

（1）**档案信息"件"的完整性**

在文书档案中，"件"就是指围绕某个事件而形成的相关文件及其附件的集合。"件"的构成没有确定的文件数目，既可以由一个文件构成一"件"，也可以由多个文件构成一"件"。例如，来文与复文构成一"件"，请示与批复构成一"件"。一"件"档案信息中所有信息的集合构成一个完整的档案信息"件"。档案信息"件"的完整性是保证档案信息完整无缺。

（2）**档案信息"卷"的完整性**

"卷"是一组具有有机联系的价值和密级相当的文件集合体，是档案的基本保管单位。一"卷"档案信息中所有信息的集合构成一个完整的档案信息"卷"。

（3） 档案信息"套"的完整性

"套"的完整性是指一个独立科技或工程项目中所有档案信息的总和。一般具有成套性的特点，要求成套管理，成套利用。根据成套性的特点，其管理实践必须要保证档案的完整无缺，齐全成套。如果在成套的档案中缺少任何一部分，档案的价值就会大打折扣。一个课题或项目中的所有档案信息集合构成一个完整的档案信息"套"。

（4） 档案信息"全宗"的完整性

"全宗"是指一个独立的立档单位所形成的所有档案的集合，它们之间的联系是它们的形成者是相同的。档案信息"全宗"的完整性是要维护一个"全宗"的信息集合的完整。一个单位所有档案信息集合构成一个档案信息全宗。档案信息"全宗"的完整性是要把具有同一个立档单位的档案信息组在一个集合内，从而保持了"全宗"的完整性。

8.2.2 档案信息生态性保护的准确性控制原则

档案信息的准确性控制对于档案参考凭证价值和其生态性保护的实现有决定性的影响，所以，确保档案信息的准确性是十分必要的。准确性的保证主要依赖于技术的选择和运用。这里主要是指通过元数据，对档案信息相关的背景信息予以准确固化记录，确保从元数据上保障数字档案信息的可信，保证其不被更改，其含义与档案信息的真实性基本等同（"8.3 档案信息生态性保护的控制方法"有详细论述），这里主要强调元数据技术的采用。

8.2.3 档案信息生态性保护的真实性控制原则

一般意义上，"真实"的概念被解释为："具有可信或者完全可以赞同的。""可信"这个术语是指"因为符合或基于事实而值得赞同或相信"。真实的档案信息就是能够被证实是可信的、与最初形成时一致、没有被擅自改动或毁坏的档案信息。真实性是指档案信息内容、结构和背景信息即使经过传输迁移等处理后依然保持不变，与形成时的原始状态一致。真实性是保证档案信息行政效力的根本，是真实的历史凭证，反映社会实践活动，构成备以考察的价值，得以作为社会记忆永久保存。

档案信息凭证价值的发挥取决于其真实性的保证，尤其对于数字档案信息来说，因为其自身易改性的特点，仅依靠传统管理方法其真实性是无法保证的。因此，近年来，防护数字档案信息被破坏的技术层出不穷，典型如数字水印技术，它成为保护数字档案信息真实性的主要手段之一（"8.3 档案信息生态性保护的控制方法"有更详细具体论述）。

8.3 档案信息生态性保护的控制方法

从控制原则到控制方法，是对档案信息生态性保护问题在控制视域下的进一步细化与具体化。从控制活动构成的要素看，主要需明确四个要素，即谁来控制、控制的对象是谁、控制的具体内容、控制的目标。由于控制的对象是谁是明确的，即档案信息，所以只需重点关注其他三个要素，即谁来控制、控制的具体内容、控制的目标。也就是说，需确认其中的主体维，明确其中具体的活动维，设定合适的控制目标即要求维，如图 8-1 所示。在明确上述"三维"基础上，档案信息生态性保护的控制行为才有明晰的思路，即控制方法。

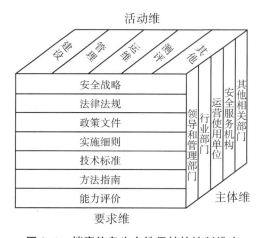

图 8-1　档案信息生态性保护的控制维度

相关概念的理解如下：

控制的主体维，指在档案信息生态性保护中采取控制行为的各个相关利益方与责任方。主要包括档案信息系统运营使用单位、行业主管部门、数字安全服务机构、第三方认定机构以及其他相关单位和部门。

活动维，指在档案信息生态性保护中需实施的控制活动具体包括哪些工作内容。具体如方案咨询、规划设计、集成建设、安全监理、安全评价、运维保障、事件防范、监测预警、应急处置等。

要求维，指在档案信息生态性保护中，控制的目标是什么，其中可以细化为工作、安全目标、能力目标等。

8.3.1 明确档案信息生态性保护的控制主体

明确档案信息生态性保护的控制主体，才可以使具体的控制活动有执行者，不至于流于口号或推理。一般来讲，档案信息生态性保护的控制主体主要是档案实体管理机构、档案行业主管部门、信息安全管理部门、安全服务能力认定机构等，它们承担各自职责，又相互联系。

（1）档案实体管理机构

这是具体开展档案收集、整理、鉴定、保管、统计、提供利用的档案实体管理机构，在我国主要是各级各类国家档案馆，以及单位内部档案室等。它们具体履行档案载体与档案信息内容的控制任务，以保证档案的真实性、完整性与凭证性，最终实现生态性保护。

（2）档案行业主管部门

档案行业主管部门以各级档案行政管理机构及相关的行业主管部门为主，他们制定本行业和领域档案信息生态性保护中的控制原则、标准与规范，如《档案管理违法违纪行为处分规定》《文件材料归档范围和档案保管期限规定》等，同时与一般的信息安全管理部门配合开展安全监督检查。

（3）信息安全管理部门

档案信息是信息大家庭中的一员，其生态性保护中的控制行为，受其上位类信息安全管理部门的影响，在我国主要指国务院下设的国家信息安全办公室或相关的信息安全指导委员会或信息网络主管部门。该类部门具体开展对信息安全控制的监督、检查和指导，负责信息安全控制规范的制定。

（4）档案信息安全服务能力认定机构

该类机构受政府相关管理部门委托或履行社会第三方监督职责，主要负责对档案实体管理机构或服务机构的组织能力、实施能力、资源保障能力、过程控制能力等方面进行评估，并出具评估结果，推动档案信息生态性保护上的控制行为得到规范与有效执行。在我国，相关的认定机构主要是各级各类档案行业协会或信息管理安全认定机构。

（5）其他主体

其他主体包括档案信息安全研究机构或其他相关行业组织等，如档案行业的安全管理专业协会咨询机构。

8.3.2 明确档案信息生态性保护的控制内容

对于信息生态性保护的控制内容,目前有比较成熟的参考标准,主要是美国国家标准和技术研究所(NIST)发布的《信息技术安全服务指南》(NIST SP 800—35)和《推荐的联邦信息系统和组织的安全控制》(NIST SP 800—53)。档案信息系信息家庭中的一员,其生态性保护的控制内容具体也可参考上述标准,具体可划分为安全管理类、安全运行类和安全技术类,如表8-1所示。

表 8-1 信息生态性保护的控制内容的参考标准

类型	NIST SP 800—35		NIST SP 800—53A (SP 800—53R4)	
	序号	名称	序号	名称
安全管理	1	认证许可	1	安全评估与认证
	2	安全架构设计	2	规划
	3	风险管理	3	风险评估
	4	安全策略	4	系统和服务采购
	5	安全程序	5	安全程序
	6	IT产品安全评估		
安全运行	7	培训	6	意识和培训
	8	应急计划	7	应急计划
	9	事件处理	8	配置管理
	10	检测	9	维护
安全技术	11	防火墙	10	介质保护
	12	入侵检测	11	物理与环境保护
	13	公钥基础设施	12	人员安全
			13	系统和信息完整性
			14	安全控制
			15	审计和职责
			16	身份鉴别与认证
			17	事件响应
			18	系统和通信保护

其中，安全管理类主要关注档案信息生态性保护中对系统安全与风险管理的控制，主要包括安全评估与认证、规划、安全架构设计、风险评估、风险管理、安全策略、安全程序、系统和服务采购等方面。

安全运行主要关注档案信息生态性保护中实施管理控制的具体内容，包括培训、应急计划、事件处理、配置管理、维护、检测以及人员安全等方面。

安全技术主要关注档案信息生态性保护中的技术控制规范，主要包括防火墙、安全控制、身份鉴别与认证、系统和通信保护等方面。技术风险是指由软硬件配置不合适、维护不当等因素引起的风险。安全技术方面的风险只要防范得当，大部分风险是可以规避的。

8.3.3 明确档案信息生态性保护的控制目标

档案信息生态性保护的控制目标，是以"整体、协调、循环、再生"的理念为指导，以生态学和保护学相结合的技术方法为手段，合理使用自然和社会两种资源，最终构建一种对档案信息的稳定、平衡、有序的保护体系。它不仅要实现对档案信息自身的高效保护，也要营造一个自然、和谐、健康、舒适的档案信息管理环境，最终实现档案信息、人、自然与社会的和谐统一。也就是说，要求建立保护系统内部各要素和外部环境各要素之间的联系，维持保护系统内部及系统与外部环境的生态平衡，维护档案信息生态型保护可持续发展的理想状态。

8.4 档案信息生态性保护的风险控制评估

档案信息生态性保护的风险控制评估是一项系统工程，涉及面广，它依据档案信息生态性保护的对象、基本原则、方法与手段，具体设置控制评估的考核指标，以此作为风险评估控制的准绳。结合前述的研究成果，档案信息生态性保护的风险控制评估可以从如下方面考虑。

8.4.1 物理安全风险控制评估

物理安全是指存储档案信息的库房、计算机设备及工作场所内外的环境条件必须满足档案信息安全、计算机设备和管理人员的要求，以达到生态性保护的要求。从而需要对各种灾害、故障等情况进行科学的评估，以在需要时采取应对措施，将损失降到最低限度。

具体可以设置如下风险控制评估的标准：

其一，库房周围环境。库房是否建在电力、水源充足，自然环境清洁，通信、交通运输方便的地方。

其二，库房周围 100 米内有无危险建筑。危险建筑指易燃、易爆、有害气体等存在的场所，如加油站、煤气站、煤气管道。

其三，有无监控系统。监控系统指对系统运行的外围环境、操作环境实施监控（视）的设施，及时发现异常。可根据使用目的不同配备监视设备，如红外线传感器、监视摄像机等设备。

其四，有无防火、防水措施。防火指库房内安装有火灾自动报警系统，或有适用于档案库房和计算机机房的灭火器材，如卤代烷 1211 和 1301 自动消防系统或灭火器。防水指库房和计算机机房内无渗水、漏水现象，如库房和机房上层有用水设施的需加防水层，有暖气装置的库房和机房沿机房地面周围应设排水沟，应注意对暖气管道定期检查和维修，应装有漏水传感器。

其五，库房有无环境测控设施（温度、湿度和洁净度），如温湿度传感器。温度控制指库房和机房有空调设备，库房温度保持在 14 ℃ ~ 20 ℃，机房温度保持在 18 ℃ ~ 24 ℃。湿度控制指库房相对湿度保持在 50% ~ 65%，机房相对湿度保持在 40% ~ 60%。洁净度控制指库房、机房和设备应保持清洁、卫生，进出库房和机房换鞋，库房和机房门窗具有封闭性能。

其六，有无防雷措施（具有防雷装置，接地良好）。库房和计算机机房是否符合 GB157《建筑防雷设计规范》中的防雷措施。在雷电频繁区域，是否装设有浪涌电压吸收装置。

其七，有无备用电源和自备发电机。一旦断电，为防止数据丢失，需备用电源；或者，在断电情况下，为及时挽回损失，需自备发电机。

其八，是否使用 UPS。UPS（Uninterruptible Power System），即不间断电源，是一种含有储能装置，以逆变器为主要组成部分的恒压恒频的不间断电源，主要用于给单台计算机、计算机网络系统或其他电力电子设备提供不间断的电力供应。

其九，是否有防静电措施。当采用地板下布线方式时，可铺设防静电活动地板；当采用架空布线方式时，应采用静电耗散材料作为铺垫材料。通信设备的静电地板、终端操作台地线应分别接到总地线母体汇流排上，定期（如一周）对防静电设施进行维护和检验。

其十，是否保证持续供电。设备是否采用双路市电供电，提供冗余备份，并配有实时告警监控设备，是否与空调、照明用电分开，专线供电。

其十一，是否有防盗措施。中心有人值班，出入口安装防盗安全门，窗户安装金属防护装置，库房和机房装有无线电遥控防盗联网设施。[1]

8.4.2 管理安全风险控制评估

管理安全在档案信息生态性保护中发挥着规范和制约的作用，是一种控制下的理想状态。档案信息生态性保护中的管理安全风险控制评估可从如下方面考虑：

其一，是否配备专门的档案信息安全管理组织机构和专职的档案信息安全管理人员。档案信息安全组织机构的成立与档案信息安全管理人员的任命必须有有关单位的正式文件。

其二，是否有相应的规章制度。具体包括：

有无健全的档案信息安全管理的规章制度，而且规章制度上墙；

是否严格执行各项规章制度和操作规程，有无违章操作的情况；

是否有档案信息安全人员的配备，相关人员调离是否有严格的管理制度。

其三，设备与数据管理制度是否完备。设备实行包干管理负责制，每台设备都应有专人负责保管（包括说明书及有关附件）；在使用设备前，应掌握操作规程，阅读有关手册，经培训合格后方可进行相关操作；禁止在计算机上运行与业务无关的程序，未经批准，不得变更操作系统和网络设置，不得任意加装设备。

其四，是否有登记建档制度。登记建档是做好档案信息安全工作的前提。一些技术资料对档案信息安全工作很重要，要注意收集和保存。例如：策略文档（如法规文件、指示）、系统文档（如系统用户指南、系统管理员手册、系统设计和需求文档、采购文档）以及与安全相关的文档（如审计报告、风险评估报告、系统测试结果、系统安全计划、安全策略），都可提供系统使用的或计划的安全控制方面的信息；任务影响分析报告或资产重要性评估报告，可提供有关系统和数据重要性及敏感性的信息；设计资料，如网

---

[1] ZULI. Cluster Analysis. [EB/OL].[2020-07-15]. http://www.statsoft.com/textbook/stcluan.html#joining.

络拓扑结构图，综合布线结构图等；安装资料，包括安装竣工及验收的技术文件和资料、设备升级及维修记录等。

其五，是否有完整的档案信息安全培训计划和培训制度。开展档案信息安全教育是为了使所有人员了解档案信息安全的基本常识及档案信息安全的重要性。要坚持经常的、多样化的安全教育工作，广播、图片、标语、报告、培训班等都是可以采用的宣传教育方式。

其六，各类人员的安全职责是否明确，能否胜任档案信息安全管理工作。应对档案信息管理人员严格分工，使其职责分明；要对档案信息管理人员定期进行安全培训及考核，对关键岗位人员，应该持有相应的认证。

其七，是否有紧急事故处理预案。为了减少档案信息系统故障的影响，尽快恢复系统，应制定故障的应急措施和恢复规程以及发生自然灾害时的应急措施，制成手册，以备参考。

8.4.3　网络安全风险控制评估

信息时代，越来越多的档案信息在网络上传输，而网络作为一种构建在开放性技术协议基础上的信息流通渠道，它的防卫能力和抗攻击性较弱。当档案信息在网络上传输时，由于网络设备的故障或网络服务器遭受到病毒、黑客的袭击等，都可能使档案信息被人篡改或破坏，从而使网络中存储或传递的档案数据丢失。为此，需对网络安全风险控制进行专门评估[1]。

其一，是否有计算机病毒防范措施。众所周知，计算机病毒对档案信息生态性保护的影响可以称得上是灾难性的。尽管人类已和计算机病毒斗争了数年，并已取得了可喜的成绩，但随着网络的发展，计算机病毒的种类急剧增多，扩散速度大大加快。计算机病毒有不可估量的威胁性和破坏力，因此计算机病毒的防范是网络安全性建设中重要的一环。计算机病毒防范措施包括：备有病毒预防及消除的软、硬件产品，并能定期升级；设置客户端级防护、邮件服务器级防护和应用服务器级防护。

其二，是否有防黑客入侵设施。防黑客入侵设施主要是设置防火墙和入侵检测等设施。防火墙是为了监测并过滤所有内部网与外部网之间的信息交换，保护内部网络敏感的数据不被偷窃和破坏，并记录内外通信的有关状态

---

[1] 郭振民，胡学龙，姜会亮. 网络与信息系统安全性评估及其指标体系的研究 [J]. 现代电子技术，2003（9）：9-11.

信息日志。防火墙有三种类型,包括过滤防火墙、代理型防火墙和状态监测型防火墙。入侵监测系统处于防火墙之后对网络活动进行实时检测,它们可以和防火墙及路由器配合工作,通过对计算机网络或计算机系统中若干关键点收集信息并对其分析,从中发现网络或系统中是否有违反安全策略的行为和被攻击的迹象。

其三,是否有访问控制措施。访问控制是指控制访问网络档案信息系统的用户之间建立连接时,为了防止非法连接或被欺骗,就可实施身份确认,以确保只有合法身份的用户才能与之建立连接。

其四,是否有审计与监控措施。审计与监控是记录用户使用计算机网络系统进行所有活动的过程,它是提高安全性的重要工具。它不仅能够识别谁访问了系统,还能指出系统正被怎样地使用。系统事件的记录能够迅速和系统地识别问题,并且它是后面阶段事故处理的重要依据。另外,通过对安全事件的不断收集与积累,可以加以分析,有选择性地对其中的某些站点或用户进行审计跟踪,以便对发现或可能产生的破坏性行为提供有力的证据。除使用一般的网管软件和系统监控管理系统外,还应使用目前较为成熟的网络监控设备或实时入侵检测设备,以便对进出各级局域网的常见操作进行实时检查、监控、报警和阻断,从而防止针对网络的攻击与犯罪行为。

8.4.4 信息实存状态风险控制评估

要保证在系统中传输、存储的档案信息自身状态是安全的,不被截取、篡改或盗用,我们应对档案信息自身状态进行风险控制评估,目标是实现相关档案数据传输加密、数据完整性鉴别和抗抵赖、信息存储的安全。[1]

其一,是否采取加密措施。档案的本质属性是原始记录性,而计算机和网络的虚拟性使得档案信息的这一特性无法保证,而且有些档案信息有密级限制,不宜公开在网络上传输,所以档案信息在网络上传输时必须通过加密来保证其安全。信息加密技术是保护传输信息免受外部窃听的最好办法,其可以将信息变为只有授权接收者才能还原并阅读的编码,其过程就是取得原始信息并用发送者和接收者都知道的一种特殊信息来制作编码信息形成密文。

其二,是否有信息完整性鉴别技术。目前,对于动态传输的信息,许多

---

[1] 项鑫. 信息网络的风险分析与安全评价 [D]. 北京:北京邮电大学,2002:4-6.

协议确保信息完整性的方法大多是收错重传、丢弃后续包的办法，但黑客的攻击可以改变信息包内部的内容，所以应采取有效的措施来进行完整性控制，这对于档案信息来说至关重要。主要的防范技术有：一是报文鉴别。与数据链路层的 CRC 控制类似，将报文名字段（或域）使用一定的操作组成一个约束值，称为该报文的完整性检测向量（Integrated Check Vector，简称 ICV）；然后将它与数据封装在一起进行加密。传输过程中由于侵入者不能对报文解密，所以也就不能同时修改数据并计算新的 ICV。这样，接收方收到数据后解密并计算 ICV，若与明文中的 ICV 不同，则认为此报文无效。二是校验和。一个极简单易行的完整性控制方法是使用校验和，计算出该文件的校验和值并与上次计算出的值比较。若相等，说明文件没有改变；若不等，则说明文件可能被未察觉的行为改变了。校验和方式可以查错，但不能保护数据。另一种方式是加密校验和，将文件分成小块，对每一块计算 CRC 校验值，然后再将这些 CRC 值加起来作为校验和。只要运用恰当的算法，这种完整性控制机制几乎无法攻破，但这种机制运算量大，并且昂贵，只适用于那些完整性要求保护极高的情况。三是消息完整性编码（Message Integrity Code，简称 MIC）。使用简单单散列函数计算消息的摘要，连同信息发送给接收方，接收方重新计算摘要，并进行比较，验证信息在传输过程中的完整性。这种散列函数的特点是任何两个不同的输入不可能产生两个相同的输出，因此，一个被修改的文件不可能有同样的散列值。单向散列函数能够在不同的系统中高效实现。

其三，是否确保信息数据库的安全。一个组织最核心的信息通常以数据库的形式保存和使用，保证数据库安全对于档案信息来说有至关重要的作用。对数据库系统所管理的数据和资源提供安全保护，一般包括物理完整性、逻辑完整性和元素完整性等。物理完整性，即信息能够免于物理方面破坏的问题，如断电、火灾等；逻辑完整性，能够保持数据库的结构，如对一个字段的修改不至于影响其他字段；元素完整性，包括在每个元素中的数据是准确的。要实现以上所述对数据库的安全保护，一种选择是安全数据库系统，即从系统的设计、实现、使用、管理等各个阶段都要遵循一套完整的系统安全策略；二是以现有数据库系统所提供的功能为基础构造安全模块，旨在增强现有数据库系统的安全性。

其四，是否有信息防泄漏措施。信息防泄漏包括信息审计系统和密级控制两方面。所有网络活动都应该有记录，信息审计系统能实时对进出内部网络的信息进行内容审计，以防止或追查可能的泄密行为。为了满足国家保密法的要求，某些重要或涉密网络，应该安装使用信息审计系统。由于档案信息的密级不同，可以公开的范围也不相同，可以根据信息保密级别的高低划分公开范围，并对用户划分访问权限，进行分组管理，并且是针对安全性问题而考虑的分组。也就是说，不同安全级别的信息有不同的公开范围，而每一等级的用户只能访问与其等级相应的系统资源和数据。

其五，是否有防抵赖技术。防抵赖技术确保用户不能否认自己所做的行为，同时提供公证的手段来解决可能出现的争议，它包括对数据源和目的地双方的证明。常用方法是数字签名。数字签名采用一定的数据交换协议，使得通信双方能够满足两个条件：接收方能够鉴别发送方所宣称的身份，发送方以后不能否认他发送过数据这一事实。比如，通信的双方采用公钥体制，发送方使用接收方的公钥和自己的私钥加密的信息，只有接收方凭借自己的私钥和发送方的公钥解密之后才能读懂，而对于接收方的回执也是同样道理。另外，实现防抵赖的途径还有采用可信第三方的权标、使用时戳、采用一个在线的第三方、数字签名与时戳相结合等。

8.4.5　系统安全风险控制评估

这里的系统安全，指的是计算机整个运行体系的安全。计算机技术是影响信息时代档案信息生态性保护的关键因素，在档案信息运行过程中，技术对其安全保障起着支撑作用。在计算机上处理档案信息时，硬件、软件出现故障或误操作、突然断电等都会使正在处理的档案信息丢失，造成无法弥补的损失。所以我们需要采取一系列措施保证系统的稳定，确保档案信息在有效的控制状态下的安全。系统安全风险控制评估的内容主要包括[1]：

其一，是否有系统操作日志。系统操作日志指每天开、关机，设备运行状况等文字记录。系统操作日志详细记录了系统操作状况，以便事后分析和追查系统损坏的原因，为系统提供进一步的安全可靠性。

其二，是否进行系统安全检测。计算机系统的安全性取决于系统中最薄弱的环节，应及时地发现系统中最薄弱的环节，最大限度地保证系统的安全。对计算机和网络进行安全检测可及时发现系统中存在的漏洞或恶意的攻击，从而实现动态和实时的安全控制。系统安全检测工具通常是一个系统安

---

[1]　张勇．数字档案信息安全保障体系研究［D］．苏州：苏州大学，2007：43.

全性控制评估分析软件,其功能是用实践性的方法扫描分析计算机或网络系统,检查报告系统存在的弱点和漏洞,建议补救措施和安全策略,达到增强网络安全性的目的。

其三,是否有操作系统防破坏措施。操作系统紧贴裸机,形成人机界面,它集中管理系统的资源,控制包括用户进程在内的各种功能进程的正常运行。它是计算机系统赖以正常运转的中枢,它的安全性将直接影响到整个计算机系统的安全。而当前操作系统最大的缺陷是不能判断运行的进程是否有害。操作系统应当建立某些相对的鉴别标准,保护操作系统本身在内的各个用户,制约有害功能过程的运行。我们常用的 NT 服务器,其缺省状态的安全性很低,为了提高其安全水平,必须按照一定的程序对缺省配置进行修改,使之成为更安全的环境。

其四,是否进行系统信息备份。日常备份制度是系统备份方案的具体实施细则,应严格按照制度进行日常备份,否则将无法达到备份方案的目标。此外,还要认真完成一些管理工作,如:定期检查,确保备份的正确性;将备份盘保存在异地——一个安全的地方(如专门的磁盘库);按照数据增加和更新速度选择恰当的备份数据。系统备份不仅备份系统中的数据,还要备份系统中安装的应用程序、数据库系统、用户设置、系统参数等信息。另外,对上网的档案信息系统,还需要对服务器甚至整个网络进行数据备份,预防灾难发生。

其五,是否有灾难恢复系统。虽然我们采用各种方法来提高系统的安全性,但在实际工作中并不存在百分之百的安全,难免会遇到各种各样的问题。当系统因人为或自然因素受到破坏时,我们应使它能够尽快地恢复正常工作,把损失控制在最小范围。为此,我们要采用备份和恢复系统。备份和恢复系统不仅能在系统硬件发生故障或人为失误时,尽可能快地全盘备份并恢复运行计算机系统的数据和系统信息,也能在入侵者非授权访问或对网络攻击及破坏数据完整性时起到保护作用。

第9章 广西壮族自治区档案馆实证研究

广西壮族自治区档案馆（后面简称"广西档案馆"）成立于1959年8月，1960年8月正式开馆，隶属广西壮族自治区（后面简称广西）党委办公厅管理，属于文化事业单位，其基本任务是集中统一管理广西区级党政机关、团体、企事业单位形成的具有永久保存价值的档案、广西历史档案和有关资料。截至2018年年初，广西档案馆共有馆藏356个全宗583 425卷又369 465件，录音录像及电影胶片档案4 449盘，照片档案40 598张，实物档案833件，资料6万多册，档案排架总长度5 000多米。馆藏档案分为清代档案、民国档案、革命历史档案、中华人民共和国成立后档案和音像档案五大部分。馆藏人口档案295 641卷，目前已向社会开放档案10万多卷。目前，馆内设办公室、档案馆（室）业务指导处、经济科技档案业务指导处、法规科教处、档案收集保管处、档案编研利用处、档案保护技术处、档案信息化工作处等部门。馆区总建筑面积为2.2万平方米，其中档案库房6 022.96平方米。

9.1 广西档案馆档案信息生态性保护现状

广西档案馆在实施档案信息保护过程中，由于广泛采纳了创新、协调、绿色、开放、共享等生态理念和具体措施，取得了良好的效益。

9.1.1 广西档案馆档案信息生态性保护的具体措施

近年，随着档案管理理念的日益进步，广西档案馆档案信息的管理开始注重生态性保护，主要表现在：

其一，档案馆库建设坚持生态理念。馆库严格按照国家《档案馆建筑设计规范》进行设计、建设，布局合理，留有足够空间，注重其中的生态防护功能。比如：部分档案库房建有环型走廊，利于防温防潮，预留的库房空间能满足 30 年内接收档案的需要，保障了档案工作的可持续发展；库房设有温湿度自动控制、防火、防盗报警系统，配备了计算机、缩微、复印、扫描等现代化管理设备。

其二，档案信息管理与开发与广西整体社会生态和谐互动。广西档案馆积极开发档案信息资源，千方百计为当地经济建设和各级机关、团体、企事业单位或个人的编史修志、工作查考、学术研究、宣传教育等提供档案服务，取得了良好的社会生态效益和经济效益。如 1999 年 3 月，广西档案馆就被列为自治区级爱国主义教育基地，坚持覆盖人民群众的档案资源体系的建设理念；同时，坚持与时俱进，按照国家档案局关于印发《全国档案事业发展"十三五"规划纲要》和《广西壮族自治区档案事业发展"十三五"规划》要求，坚持档案信息的管理与开发为广西"两个建成"（与全国同步全面建成小康社会、基本建成西南中南地区开放发展新的战略支点）服务，相互促进，实现了与广西社会生态的和谐共生。

其三，档案信息生态性保护工作积极回应信息时代对电子档案管理的需求。伴随广西电子政务与档案信息化工作的迅速发展，广西档案馆档案数字资源数量呈几何级增长。如到"十三五"末，馆藏电子资源比"十二五"末增长 30% 以上，预期在今后不长时间，档案数字资源将成为广西档案馆档案信息资源的主体之一。为此，面对新形势，广西档案馆重新构建了以档案数字资源齐全收集、高效管理、长期保存、便捷利用为目标的档案数字资源管理策略，其中特别强调生态性保护理念的执行。如建成了覆盖档案收集、管理、存储、利用和公众服务等全生命周期的业务需求，实现广西统一的档案信息管理和保存，确保数字档案资源的真实、完整、可用、安全；建立了广西区级统一的档案信息利用平台，实现数字档案资源的有效整合与分层次多渠道共享利用，从而提升实体档案和数字档案的现代化管理水平，更好地服务于广大人民群众；提出并正在实施数字档案馆生态系统建设，具体建设内容涉及局域网、政务网与互联网中的应用系统等完整生态系统，如图 9-1 所示（图中黑体字部分表示新建，其他表示利旧）

其建设周期分为三个阶段，分别是：

第一阶段（基础体系与系统搭建阶段）：2018—2019 年；

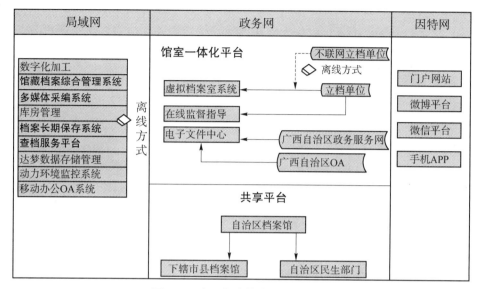

图 9-1 广西数字档案馆应用系统

第二阶段（深化应用阶段）：2019—2020 年；

第三阶段（重构应用支撑体系，全面推广与数字档案馆评测）：2020 年以后。

9.1.2 广西档案馆档案信息生态性保护的综合效益

广西档案馆借助档案信息化和数字档案馆建设中诸多生态性手段的推动，大大改变了过去档案馆中存放着大量的纸质文件由于查找不便、检索困难，利用率极低的局面，实现了档案信息的高效环保传递与处理，提高了档案利用效率。与此同时，也实现了档案机构的可持续发展，最大限度地优化广西档案馆资源配置，促进档案事业与其他各项事业协调发展。具体如下：通过建设数字档案馆，解决了立档单位、档案馆对大量档案数字资源收集、积累、归档、移交、长期保存工作中存在的问题，实现对档案数字资源的前端控制和全程管理，可以有效防止国家信息资源的流失，维护广西记忆的真实、完整、有效与安全，使数字档案馆真正成为永久保存、保护和开发利用城市数字记忆的基地。通过建立数字档案信息加工系统，对传统档案进行异质处理，形成传统档案的数字化副本，将数字化副本进行本地、同城、异地（辽宁）备份，极大提高了传统档案信息安全保存的系数。同时，建立多渠道的档案利用平台提供数字化副本的在线利用，不仅可以提供更加方便快捷的档案信息服务，而且可以最大限度地保护档案原件。数字档案馆通过政务外网为各部门提供档案数字资源的"一对一"服务，可以使各部门在线利用到本单位的档案数字资源，从而使各单位利用档案开展部门工作、利用档案进行领导决策更加方便，真正使"死档案"变为"活信息"，使"档案库"变为"知识库"。

9.2 广西档案馆档案信息生态性保护障碍

广西档案馆在实施档案信息生态性保护过程中，有针对性采取了生态性保护措施，但综合效益还不够显著，究其原因主要有以下三个方面：

9.2.1 技术风险难以规避

在技术风险评估方面，主要考虑到在实施档案信息生态性保护中，对档案信息化管理所依托的 IT 行业技术高速发展所带来的风险。原因在于，IT 行业技术日新月异，原来采用的先进设备三五年后可能就不再满足新的应用要求，甚至已不符合行业的新标准，原生产厂商也不再生产，备品备件已难寻找，甚至原生产厂商也已不复存在。原来采用的操作系统、应用系统软件已成为过时产品，失去了普遍性，无法与新的技术形成无缝链接，等等。这些技术的未来发展前景，在某种程度上很难预测，规避风险很难。同时，课题的技术结构、课题的规模以及课题实施方的技术能力和经验对数字档案馆建设的成败影响也是很大的。比如其具体建设内容包括服务器系统、网络系统、安全保障和存储备份及数据存储基地建设等，不仅涉及信息系统的建设，还有较大规模的自动化控制系统的建设，在资源配置和进度控制上存在较大的风险。另外，还包括在对海量数据进行存储和处理时存在的风险，以及网络系统建设不到位、安全指标无法达到标准所产生的风险、数据不兼容所导致的系统无法正确运行所带来的风险等技术上的风险。

9.2.2 管理风险存在不确定性

在管理风险评估方面，主要从课题管理的角度考虑到相关的风险，这里是把广西数字档案馆建设作为一个课题推进的，其中蕴含生态性保护的思想。考虑的主要风险是：如果课题管理不利，可能造成课题实施出现资源、时间、资金的低效使用和运转，由此必将导致课题建设实施过程中各个工作阶段和环节出现质量问题，最终使课题建设实施达不到所要求的质量标准。比如课题建设方的业务人员、决策人员已经确定，但承建方的技术人员、课题管理人员、课题监管者等组织尚未落实，存在很多的不确定性。信息化课题的建设过程中不被控制的需求变更是课题陷入混乱、不能按进度执行或软件质量低劣的共同原因，需求的不明确性会为课题带来很大的风险。

9.2.3 组织风险传导压力

组织风险是指档案馆在运行生态性保护过程中因为组织的决策、组织、协调和实施等行为失当及偏误所造成的风险。组织风险发现的原因可以从以下方面查找：组织结构设计不合理；组织管理制度设计不合理；管理跨度不适当，过宽或过窄；领导人员的经营理念、风格以及偏好与企业目标、经营环境有偏差；团队人员配备不协调；组织缺乏与内部和外部必要的沟通与协调等等。在组织风险评估方面，主要考虑到管理层对课题的不重视、管理层和业务层对课题的不配合可能带来的风险。考虑到广西数字档案馆的承建单位自身的组织机构变动，也可能带来不确定性的风险。另外，资金未能按时到位也是常见的组织风险之一，作为课题建设的广西数字档案馆受政府资金分批拨付影响，资金到位情况可能与课题实施进度不匹配，可能会造成课题工期延后或课题停工情况。

9.3 广西档案馆开展档案信息生态性保护的策略分析

从大的方面讲，档案信息生态性保护中的管理措施与技术措施需并重，需综合考虑各保护要素间的协调与统一，注重绿色发展与可持续发展，注重生态学理念的指导与贯彻。当前，广西档案馆档案信息的保护工作，正在积极实践上述思想。

9.3.1 广西档案馆档案信息生态性保护的整体指导思路

广西档案馆档案信息生态性保护工作是以《广西壮族自治区档案事业发

展"十三五"规划》为指导的,其中明确了"十三五"期间广西档案馆档案信息工作的指导理念是创新、协调、绿色、开放和共享,提出了"十三五"期间档案工作"六化同步"的生态性发展目标,即档案治理法治化、档案资源多样化、档案利用便捷化、档案管理信息化、档案安全高效化、档案队伍专业化,力求实现各要素间的和谐统一,尤其强调了其中"绿色环保、节能高效"的生态理念。创新的手段是通过加强数字档案信息,提高电子档案管理水平,推进数字档案馆(室)建设,扎实推进档案信息生态性保护目标的实现,如强调了档案安全保障的基本条件,应急机制、灾难恢复机制更加完善,档案安全防范体系更加健全,档案实体和档案信息安全保障能力全面提升等。

9.3.2 广西档案馆档案信息生态性保护中的风险应对举措

结合上述风险评估,广西档案馆档案信息生态性保护中采取了相应的对策,主要表现在:

在技术风险应对上,本着课题的实际要求,选用了合适、成熟的技术,强调不能无视课题的实际情况而选用一些虽然先进但并非课题所必需且自己又不熟悉的技术,如前述提到的各类切实可行的档案信息生态性保护技术。同时要求课题成员对课题所要求的技术掌握透彻,在技术应用之前,针对相关人员开展好技术培训工作,同时积极借鉴目前国内已有的成功案例及相关领域专家的支持。

在管理风险应对方面,为降低课题建设内容复杂性给课题实施带来的风险,选择了具有实施经验的承建单位(北京北咨信息工程咨询有限公司)和课题经理,同时选择具有大型信息化课题咨询和监理经验的课题监理公司,协助建设单位做好课题管理工作。在课题管理过程中,将风险计划列入课题计划中,定期对课题风险进行动态检查。如,在课题实施初期,对课题需求进行了详细调研,根据调研结果优化设计方案,同时充分考虑课题实际情况,如子系统资源需求、子系统的制约关系、资源限制、课题总工期限制等因素,参考同类课题实施经验,制订了切合实际的详细的课题基准计划,制定详细的课题实施方案。在课题实施过程中,对课题质量、进度、投资等要素进行监控,敦促课题按计划进行,对于课题实施中出现的非预期情况进行分析,尽快采取恰当的措施进行处理,根据变更(课题范围变更、需求变更、方案变更、工期变更等）调整基准计划，即对课题基准计划进行动态管理。在应用软件需求调研阶段，利用用户界面原型来收集高质量的需求，并可运用分阶段交付的方法不断完善改进应用系统。对于分包风险，对总包商所选分包商的资质、技术及经济实力进行严格审查，并要求总包商在分包合同签订和课题启动前，明确课题总包商及分包商的工作范围。上述管理风险的应对方案具体体现在《广西壮族自治区档案馆 2019—2020 年度数字档案馆信息系统建设课题初步设计方案》中。

在组织风险应对方面，为了规避和降低课题的组织风险，课题建设单位从领导层开始对本课题建设给予高度重视，通过召开课题动员大会动员管理层、业务人员对课题建设给予支持和配合，挖掘潜在的需求，同时与承建单位课题实施人员一起对课题设计的业务流程、业务数据进行梳理，对业务流程进行优化设计，现时划分子系统分别进行管理。在课题建设过程中做好课题计划，并将课题沟通计划纳入课题计划中。针对各子系统实际情况，采用了监理例会、专题会议、电话、邮件等多种方式及时沟通协调各方，保障课题实施按计划顺利进行。另外，在课题招标时选择了抗风险能力较强的课题实施单位，以避免因课题款支付不及时而延误课题工期。而在课题实施过程中，选择了几个具有代表性的单位作为试点单位在课题试用期内试用，实施单位在试用期间对反馈问题和需求提升建议进行快速跟进开发和修改，待系统稳定后再对所有单位用户进行分批集中培训，全面推广到所有单位中使用，并通过制定各系统运行管理办法确立运行管理模式，保障系统长效稳定协调运转。

参考文献

[1] 郭莉珠．档案保护技术学教程［M］．北京：中国人民大学出版社，2008．
[2] 麻新纯．广西壮族历史记录生态型保护研究［M］．北京：中国致公出版社，2011．
[3] 唐跃进．光盘信息存储与技术［M］．北京：中国档案出版社，2005．
[4] 金波，丁华东，倪代川．数字档案馆生态系统研究［M］．北京：学习出版社，2014．
[5] 张美芳．档案害虫的化学防治［M］．北京：中国档案出版社，2005．
[6] 岳丽，刘大亮．非物质文化遗产网络生态场的构建及实施［M］．青岛：青岛出版社，2018．
[7] 王成兴，等．文物保护技术［M］．合肥：安徽大学出版社，2005．
[8] 王连．生态视角下的工业建筑遗产保护研究［M］．长春：东北师范大学出版社，2020．
[9] 周耀林．可移动文化遗产保护策略［M］．北京：北京图书馆出版社，2006．
[10] 郭宏．文物保存环境概论［M］．北京：科学出版社，2001．
[11] 王磬岩，张同升，刘红纯．中国国家公园生态系统和自然文化遗产保护措施研究［M］．北京：中国环境科学出版社，2018．
[12] 周耀林．档案文献遗产保护理论与实践［M］．武汉：武汉大学出版社，2008．
[13] 刘天齐．环境保护［M］．北京：化学工业出版社，1996．
[14] 冯惠玲．电子文件管理教程［M］．北京：中国人民大学出版社，2001．
[15] 高德明．生态文明与可持续发展［M］．北京：中国致公出版社，2011．
[16] 傅荣贤，韩雷．和谐信息生态环境构建——以中国古代文献信息生态观为视角［M］．北京：知识产权出版社，2015．

[17] 毛志锋，等．居住区生态文明的评估与对策［M］．北京：中国致公出版社，2011．

[18] 任亮，南振兴．生态环境与资源保护研究［M］．北京：中国经济出版社，2017．

[19] 张敏．论生态文明及其价值［M］．北京：中国致公出版社，2011．

[20] 战友．环境保护概论［M］．北京：化学工业出版社，2005．

[21] 郑段勇．当代美国博物馆［M］．北京：科学出版社，2003．

[22] 娄策群．网络信息生态链运行机制与优化方略［M］．北京：科学出版社，2019．

[23] 张承志．保藏学原理［M］．北京：北京科学技术出版社，1999．

[24] 张绍荣．网络文化生态场域治理研究［M］．北京：人民出版社，2020．

[25] 铁源．民间文物保护方法与品相价值［M］．北京：华龄出版社，2003．

[26] 包庆德．生态创新之维：深层生态学思想研究述评［J］．南京林业大学学报，2008（3）：68-78．

[27] 洪富艳．构建生态型政府的理论探讨［J］．政治学与公共管理，2009（4）：62-64．

[28] 魏光兴．生态学的学科特征及其向其他学科的参透［J］．甘肃科技纵横，2004（4）：23-24．

[29] 张向先．我国信息生态学研究现状综述［J］．情报科学，2008（10）：1590-1600．

[30] 薛勇民．走向深层的环境伦理研究——国内近年来深生态学思想研究综述［J］．晋中学院学报，2009（4）：43-46．

[31] 王宏哲．生态型城市评价指标体系构建的探讨［J］．中国环境管理，2003（6）：55-56．

[32] 尚喜雨．对生态学学科地位与现状的反思［J］．平顶山学院学报，2007（5）：115-118．

[33] 孔繁德．关于《生态保护学》学科建设若干问题初探［J］．中国环境管理干部学院学报，2006（6）：10-13．

[34] 唐跃进．我国档案文献遗产保护的思考［J］．档案学通讯，2007（5）：31-34．

[35] 徐品坚．图书资料和纸质档案的科学保护［J］．洛阳师范学院学报，

2002（1）：142-144.

[36] 彭同江，等．非金属矿物材料与生态环境保护［J］．中国建材，2001（4）：68-70.

[37] 耿硕，徐彦红．高校档案管理生态系统要素及其相互关系研究［J］．北京档案，2019（12）：37-39.

[38] 洪紫萍．生态材料学的内涵探讨［J］．浙江大学学报（理学版），2000（7）：444-448.

[39] 沈大娲，等．铁质文物保护的封护材料［J］．涂料工业，2009（1）：17-19.

[40] 杨佳佳．基于生态位视角的我国档案学科定位探究［J］．档案与建设，2019（6）：14-18.

[41] 姚如富，等．纳米材料在金属文物保护中的应用［J］．安徽教育学院学报，2007（3）：88-92.

[42] 马晴，魏扣，郝琦．档案生态系统构成要素及其关系研究［J］．档案学通讯，2016（6）：20-24.

[43] 惠路华．新型石质文物保护材料的应用探索［J］．化工新型材料，2006（7）：8-10.

[44] 金波，倪代川．数字档案馆生态系统档案资源培育探析［J］．档案学通讯，2017（2）：49-53.

[45] 陶琴，郭莉珠，等．磁性载体材料信息耐久性研究［J］．档案学研究，2004（5）：55-57.

[46] 丁家友，聂云霞．数字档案资源生态安全的演进路线探析［J］．档案学研究，2016（2）：93-100.

[47] 洪坤，等．仿生无机材料在石质文物保护中的应用［J］．材料科学与工程学报，2006（6）：948-950.

[48] 詹长法．预防性保护问题面面观［J］．国际博物馆（全球中文版），2009（3）：96-99.

[49] 元炯亮，等．生态技术系统构建的原则和方法［J］．中国人口·资源与环境，2003（6）：109-112.

[50] 张东华，鲁志华．档案信息传播中的信息生态保护［J］．兰台世界，2009（12）：32-33.

[51] 夏红兵．档案信息生态系统的剖析［J］．兰台世界，2013（20）：27-28.

[52] 倪代川, 金波. 档案生态研究述评 [J]. 档案管理, 2011 (6): 74-78.

[53] 王宁宁. 体育非物质文化遗产生态治理研究 [J]. 当代体育科技, 2019 (28): 231-232.

[54] 孙瑞英. 基于生态学视角的信息异化问题研究 [J]. 情报理论与实践, 2011 (4): 5-9.

[55] 薛梅, 等. 基于信息内容保护的安全体系模型研究 [J]. 华东师范大学学报 (自然科学版), 2006 (1): 92-99.

[56] 吕竑海. 非物质文化遗产的传承困境及其生态重构 [J]. 大众文艺, 2018 (13): 3.

[57] 刘家真, 程万高. 古籍保护与开发的策略与建议 [J]. 中国图书馆学报, 2009 (5): 15-20.

[58] 王宏, 聂玉梅. 档案信息环境的保护与治理 [J]. 理论观察, 2000 (3): 113-114.

[59] 宋梦青, 郭胜溶, 方美林. 云南少数民族档案生态环境建设研究 [J]. 办公室业务, 2016 (16): 136-142.

[60] 申华敏, 等. 文化遗产的环境系统特征承载力及保护原则 [J]. 环境科学与技术, 2006 (6): 58-88.

[61] 李昕. 论非物质文化遗产保护的基本原则 [J]. 兰州学刊, 2007 (12): 181-183.

[62] 张松. 非物质文化遗产的保护机制初探——基于中日比较视角的考察 [J]. 同济大学学报 (社会科学版), 2010 (3): 26-33.

[63] 王金柱. 非物质文化遗产与文化生态建设 [J]. 内蒙古师范大学学报 (哲学社会科学版), 2007 (1): 59-63.

[64] 聂云霞, 甘梅, 张加欣. 基于生态位的社区档案资源生态格局构建模式探析 [J]. 档案学通讯, 2016 (4): 96-100.

[65] 江金波. 论文化生态学的理论发展与新构架 [J]. 人文地理, 2005 (4): 119-124.

[66] 李秀彬, 等. 中国生态保护和建设的机制转型及科技需求 [J]. 生态学报, 2010 (12): 3340-3345.

[67] 王永桂. 非物质文化遗产地方保护体系的三维构架 [J]. 郑州航空工业管理学院学报 (社会科学版), 2011 (1): 107-110.

[68] 陶琴. 档案害虫生态特性防治技术 [J]. 中国档案, 2014 (1): 68-70.

[69] 吴平. 少数民族原生态文化保护体系创新与发展 [J]. 西南民族大学学报（人文社科版），2009（11）：78-81.

[70] 沈伟光. 感怀浙江档案良好生态 [J]. 浙江档案，2015（5）：12-13.

[71] 崔淑霞. 论我国档案保护技术标准的体系建设 [J]. 档案学通讯，2007（1）：62-67.

[72] 谢花林，李波. 城市生态安全评价指标体系与评价方法研究 [J]. 北京师范大学学报（自然科学版），2004（5）：705-710.

[73] 汪东云. 摩岩石刻文物保护防风化研究现状及深化方向 [J]. 重庆建筑大学学报，1997（2）：106-112.

[74] 马贤惠，颜勇. 民族地区修复生态环境与治穷致富问题研究 [J]. 贵州民族研究，2004（4）：27-32.

[75] 陈燕. 生态博物馆：旅游开发与文化保护的和谐统一——建立云南元阳哈尼族梯田文化生态博物馆的构想 [J]. 红河学院学报，2009（12）：6-10.

[76] 王永桂. 非物质文化遗产地方保护体系的三维构架 [J]. 郑州航空工业管理学院学报（社会科学版），2011（1）：107-110.

[77] 尹绍亭，乌尼尔. 生态博物馆与民族文化生态村 [J]. 中南民族大学学报（人文社会科学版），2009（5）：28-34.

[78] 晏月平，廖炼忠. 原生态民族文化开发性保护与经济协调发展 [J]. 经济研究导刊，2008（12）：216-218.

[79] 冯倩. 论原生态民歌及其保护 [J]. 河南机电高等专科学校学报，2010（1）：51-53.

[80] 房若愚. 新疆少数民族传统信仰中的生态保护意识 [J]. 新疆师范大学学报（哲学社会科学版），2007（1）：94-99.

[81] 黄幼霞. 浅析北路壮剧的民间性 [J]. 广西大学学报（哲学社会科学版），2008（2）：120-123.

[82] 马树春. 论民歌文化资源整体性保护模式——以广西为例 [J]. 中南民族大学学报（人文社会科学版），2009（2）：45-49.

[83] 王小波. 图书馆生态学研究现状分析 [J]. 太原科技，2008（9）：15-16.

[84] 赖碧淡. 从民族宫地下图书馆水淹事件谈古籍文献的保护 [J]. 福建图书馆理论与实践，2006（2）：63-65.

[85] 党洪莉. 我国图书馆生态学研究综述 [J]. 情报探索，2009（8）：39-40.

[86] 尤瓦尔·赫拉利. 未来简史 [M]. 北京：中信出版社, 2017.

[87] 凯文·罗宾斯, 弗兰克·韦伯斯特. 技术文化的时代：从信息社会到虚拟生活 [M]. 合肥：安徽科学技术出版社, 2004.

[88] JACQUES D, ERIC P. Archive Fever: A Freudian Impression [M]. Chicago: The Johns Hopkins University Press, 1995.

[89] CHRISTOPHER D. Surveillance, power, and modernity: bureaucracy and discipline from 1700 to the present day [M]. Cambridge: Polity Press, 1994.

[90] SYAMALENDU S. Experiencing history through archives: restoration of memory and repair of records [M]. New Delhi: Munshiram Manoharlal pub, 2004.

[91] CHARLES S T, MARION F M, DAVID E. A discussion of research on the effects of temperature and relative humidity on museum objects [M]. New York: Allworth Press, 1997.

[92] BERTRAND L. Les collections photographique: guide de conservation preventive [M]. Paris: ARSAG, 2000.

[93] STRANG T. Museum pest management [M]. Ottawa: ICC, Technical Appendices, 1992.

[94] SHIN M. Oxygen-free museum cases [M]. Los Angeles: The Getty Conservation Insitute, 1998.

[95] MARIA T J. ICCROM & ITALY: forty years for the safeguard of cultural heritage [M]. Rome: ICCROM, 2000.

[96] STAN L. Becoming a profession: conservation in the UK [J]. Journal of the society of archivists, 2002, 23 (2): 86-94.

[97] JANE E S, TIMOTHY J V. Observations on the drying of paper: five drying methods and the drying process [J]. Journal of the American Institute for Conservation, 1992 (2): 175-197.

[98] DAVID A W. Understanding the 9/11 Commission archives: control, access, and the politics of manipulation [J]. Archival Science, 2011 (11): 125-168.

后 记

本书是国家社科基金项目"档案信息生态性保护理论与实现研究（批准号：15BTQ071）"的成果结集。项目立项于2015年6月，结项于2020年12月，鉴定等级为良好。

说实话，书稿的撰写过程充满了艰辛！究其根源，在于选题的挑战性。它横跨了档案学、生态学、信息学、非物质文化遗产保护学等学科领域的思想和知识。这导致在很长一段时间内，书稿的撰写思路一再修正。再结合调研中反馈回来的残酷现实，进一步拉大了研究设想与现实对应的落差，甚至一度怀疑选题的可行性和合理性，一度令研究工作停滞。好在，经过研究团队的一再坚持，经过自项目立项后整整三年时间的沉淀、思考和准备，终于在2018年年底才算实质性启动了。后面的研究工作进展比较顺利。这一历程，切身体会到了何谓"台上一分钟，台下十年功"的味道。

在书稿即将付梓之际，要诚心地感谢研究团队六年来的付出，他们是：麻新纯，徐辛酉，归吉官，郑慧，陆旭安，黄世喆，李彩丽，饶圆。在具体分工中，陆旭安联系了调研单位，郑慧、饶圆等人提出了修改意见，归吉官执笔了第1~3章，麻新纯执笔了第4~6章，徐辛酉执笔了第7~9章，最后由麻新纯统稿和定稿。另外还征询了诸多学术界和实践界人士的意见和建议，此处不一一列出。感谢广西区档案馆、南宁市档案馆等单位接受我们的调研。感谢广西民族大学社会科学处在书稿管理中的提醒和指导。感谢北京理工大学出版社的赏识和对书稿的审校。

该书稿的出版得到了上述提到的国家社科基金项目的资助。

出书不仅在于承载作者的思考，也在于对接时代的需要。《国民经济和社会发展第十四个五年规划和2035年远景目标纲要》中提到：要构建生态文明体系，推动经济社会发展全面绿色转型，实现建设美丽中国的总体目标。《"十四五"全国档案事业发展规划》也明确提到至2025年，档案安全管理制度和工作机制更加完善，人防、物防、技防三位一体安全防范体系更加完备，提出要开展档案保护技术研究、专业技术人员培训和档案保护宣传工作，并与古籍保护、文物保护等机构进行跨行业合作交流。这反映出本书的出版体现强烈的时代性和必要性，对相关选题的研究也值得进一步深入。愿大家一道努力。

是为后记。

作者
2021 年 12 月 20 日